3訂版

遺言相談

標準ハンドブック

法律・税金・登記・不動産評価・信託 etc.
各分野の専門家がQ&A形式で解説!

弁護士
奈良 恒則

弁護士
麻生 興太郎

税理士・不動産鑑定士
佐藤 健一

行政書士
中條 尚

NPO法人相続アドバイザー協議会評議員
野口 賢次

弁護士
佐藤 量大［共著］

JN002338

日本法令

はしがき

　近年、相続は増え続けています。相続制度も家督制度から現行民法の均分相続となり、70数年が過ぎました。

　均分相続は、平等ですが公平ではありません。

　例えば、長男夫婦が家業を手伝い、親を介護し最期を看取りました。親の介護は、精神的、肉体的に負担を強いられます。

　現在、民法は寄与分制度を設けていますが、通常は親の介護や家業の手伝いが対価として長男の相続分に反映することはほとんどありません。いざ裁判となっても裁判官はすべての事情を総合的に考慮し判決を出しますが、法定相続分を変えることができません。義父（母）の世話を続けていた長男の妻の心情は察するに余りあります。

　そこで、令和元年の相続法改正では、一定の親族が被相続人の介護をした場合は特別寄与者として各相続人へ遺産取得割合に応じ、特別寄与料として請求できることになりました。しかし、介護の大きな労苦が対価に反映するかどうかは疑問です。

　均分相続は平等相続ですが、平等と公平の違いはわかりづらいです。

　わかりやすく、お正月のお年玉を例にとります。祖父が小学生、中学生、高校生の孫にあげたお年玉袋の中身が、一律1万円でしたら、それは「平等」です。しかし、通常は3,000円、5,000円、1万円と年齢に応じた金額が入っています。これが「公平」です。そして、平等の中に不平等（公平）を持ち込めるのは遺言しかありません。

　昨今の相続は複雑で多様化しています。離婚・再婚、お一人様、行方不明、被相続人が高齢なら配偶者も高齢です。認知症を発症していることも少なくなく、判断能力がなければ遺産分割ができません。もし資産家でしたら、相続税納税期限も考慮しなければなりません。

　このような状況および今後の社会情勢の変化に対応するためにも、遺産分割を不要とする遺言の必要性はさらに高まってきています。

　法務や税務はもちろん、不動産業や建築業、金融機関、生命保険業なども相続を避けて通ることはできません。相続に関わる者にとって

実務に即した遺言の知識は必須です。

　本書は、相続に関わる実務家に向けた実務書です。普段の遺言実務の中での疑問点や、類書にはない部分にも触れています。**Q**の内容も数多くの相続現場を体験した中で出会ったものを主なテーマとして選び、法的な裏付けをとりながら、各専門家の立場から実務に役立つようにまとめています。

　また、本書の執筆者は、全員が相続のプロを養成する研修・教育機関である、NPO法人相続アドバイザー協議会主催の相続アドバイザー養成講座の講師を長年務めた経験を持っています。また、多くの著者は現在も講師を務めております。そして、日頃から力を合わせて相続案件をともにしている5人でもあります。

　巷には相続の本が溢れています。遺言の本も数多くあります。しかしながら、多くの相続の現場を経験し、実務に沿って作成した遺言解説本はそう多くありません。

　そこで、相続の実務家の遺言実務を行う上で必要な知識を簡単に得るための手引きとして平成26年11月に「遺言相談標準ハンドブック」を執筆いたしました。

　3訂版では、平成30年の相続法改正の施行に伴い、自筆証書遺言の保管制度や自筆証書遺言の方式緩和など全体を通し改正内容も最新情報に改め、読みやすくしました。相続全般について解説した既刊の相続相談標準ハンドブック（改訂版）とともに本書が相続実務に関わる皆様に少しでもお役に立てばうれしい限りです。

　最近は遺言書作成の依頼が増えています。コロナ禍に背中を押され相続が現実味を帯びてきており、遺言書作成などの生前相続対策が顕在化してきた感があります。これら世のニーズに対応するためにも本書を一冊お手元に置いてくだされば と思います。

令和3年4月　執筆者一同

目 次

基 礎 編

作 成 編

Contents

見　直　し　編

Contents

相 続 発 生 後 編

Contents

　本書で用いている略語は次のとおりです。なお、法律、施行令、施行規則等の規定集、アラビヤ数字は「条」を、ローマ数字は「項」を、「号」は○で囲んだ数字を利用しています。

　　（略　　称）………（正式名）
　　　民　　………　民　　　法
　　民　　訴　………　民事訴訟法
　　民　　執　………　民事執行法
　　民　　附　………　民法附則
　　相　　法　………　相続税法
　　相　基　通　………　相続税法基本通達
　　戸　　籍　………　戸　籍　法
　　所　　法　………　所得税法
　　所　基　通　………　所得税基本通達
　　措　　法　………　租税特別措置法
　　財　基　通　………　財産評価基本通達
　　国　通　法　………　国税通則法
　　消　　法　………　消費税法
　　円滑化法　………　中小企業者等に対する金融の円滑化を図るための臨時措置に関する法律
　　登　税　法　………　登録免許税法
　　地　　法　………　地方税法
　　農　　地　………　農地法
　　信　　法　………　信託法
　　公　証　人　………　公証人法
　　　会　　………　会　社　法
　　不　動　登　………　不動産登記法
　　生　緑　法　………　生産緑地法
　　旧郵貯法　………　旧郵便貯金法
　　遺言書保管法　……　法務局における遺言書の保管等に関する法律

基礎編

遺言書

Q1　相続手続のフロー

相続が発生しました。
まず何から行えばよいですか。

◀相続フロー図▶

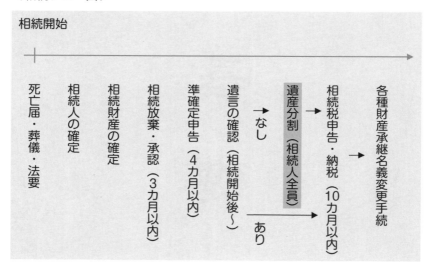

相続開始

死亡届・葬儀・法要

相続人の確定

相続財産の確定

相続放棄・承認（3カ月以内）

準確定申告（4カ月以内）

遺言の確認（相続開始後～）

遺産分割（相続人全員）
→なし
→あり

相続税申告・納税（10カ月以内）

各種財産承継名義変更手続

1　死　亡　届

　親族、親族以外の同居者、家主、地主、家屋もしくは土地の管理人、後見人、保佐人、補助人、任意後見人が、死亡の事実を知った日から7日以内（国外で死亡があったときは、その事実を知った日から3カ月以内）に、「死亡地」、「死亡者の本籍地」、「届出人の所在地」の区役所・市町村役場のいずれかの一カ所へ死亡届を提出します（戸籍86、87）。

【死 亡 届】

死 亡 届

令和 2 年 1 月 9 日 届出

東京都千代田区 長 殿

受理 令和 年 月 日	発送 令和 年 月 日
第 号	
送付 令和 年 月 日	長印
第 号	

書類調査	戸籍記載	記載調査	調査票	附 票	住民票	通 知

(1)	(よみかた)	みんじ 氏 いちろう 名	
(2)	氏 名	民事 一郎	☑男 □女
(3)	生 年 月 日	昭和 23 年 12 月 14 日（生まれてから30日以内に死亡したときは生まれた時刻も書いてください）	□午前 □午後 時 分
(4)	死亡したとき	令 和 2 年 1 月 9 日	☑午前 □午後 4 時 10 分
(5)	死亡したところ	東京都港区虎ノ門一丁目1	番地 番 1 号
(6)	住 所 （住民登録をしているところ）	東京都千代田区霞が関一丁目1	番地 番 1 号
		世帯主 の氏名 民事 一郎	
(7)	本 籍 （外国人のときは国籍だけを書いてください）	東京都千代田区丸の内一丁目1	番地 番
		筆頭者 の氏名 民事 一郎	
(8)(9)	死亡した人の 夫 ま た は 妻	☑いる（満 70 歳） いない（□未婚 □死別 □離別）	

(10) 死亡したときの 世帯のおもな 仕事と
□ 1. 農業だけまたは農業とその他の仕事を持っている世帯
□ 2. 自由業・商工業・サービス業等を個人で経営している世帯
☑ 3. 企業・個人商店等（官公庁は除く）の常用勤労者世帯で勤め先の従業者数が1人から99人までの世帯（日々または1年未満の契約の雇用者は5）
□ 4. 3にあてはまらない常用勤労者世帯及び会社団体の役員の世帯（日々または1年未満の契約の雇用者は5）
□ 5. 1から4にあてはまらないその他の仕事をしている者のいる世帯
□ 6. 仕事をしている者のいない世帯

(11) 死亡した人の 職業・産業
（国勢調査の年…の年の4月1日から翌年3月31日までに死亡したときだけ書いてください）

職業	産業

そ の 他	

届 出 人
☑ 1. 同居の親族 □ 2. 同居していない親族 □ 3. 同居者 □ 4. 家主 □ 5. 地主
□ 6. 家屋管理人 □ 7. 土地管理人 □ 8. 公設所の長 □ 9. 後見人
□ 10.保佐人 □ 11.補助人 □ 12.任意後見人 □ 13.任意後見受任者

住所	東京都千代田区霞が関一丁目1	番地 番 1 号
本籍	東京都千代田区丸の内一丁目1	番地 番 筆頭者 の氏名 民事 太郎
署名	民事 太郎 印	昭和51 年 12 月 28 生

事件簿番号	

【記入の注意】

鉛筆や消えやすいインキで書かないでください。
死亡したことを知った日からかぞえて7日以内に出してください。
死亡者の本籍地でない役場に出すときは、2通出してください（役場が相当と認めたときは、1通で足りることもあります。）。2通の場合でも、死亡診断書は、原本1通と写し1通でさしつかえありません。

▶ 「筆頭者の氏名」には、戸籍のはじめに記載されている人の氏名を書いてください。

▶ 内縁のものはふくまれません。

□には、あてはまるものに☑のようにしるしをつけてください。

▶ 死亡者について書いてください。

届け出られた事項は、人口動態調査（統計法に基づく基幹統計調査、厚生労働省所管）、がん登録等の推進に関する法律に基づく全国がん登録（厚生労働省所管）にも用いられます。

※法務省 HP より

【死亡診断書】

死亡診断書（死体検案書）

この死亡診断書（死体検案書）は、我が国の死因統計作成の資料としても用いられます。楷書で、できるだけ詳しく書いてください。

記入の注意

氏　名	民事　一郎	①男 ②女	生年月日	明治　昭和 大正　平成　令和　23 年 12 月 14 日 （生まれてから30日以内に死亡したとき は生まれた時刻も書いてください）　午前・午後　　時　　分

生年月日が不詳の場合は、推定年齢をカッコを付して書いてください。

夜の12時は「午前0時」、昼の12時は「午後0時」と書いてください。

死亡したとき	令和　2 年　1 月　9 日　　午前・午後　4 時　10 分

(12) (13)	死亡したところ 及びその種別	死亡したところの種別	①病院　2診療所　3介護医療院・介護老人保健施設　4助産所　5老人ホーム　6自宅　7その他
		死亡したところ	東京都港区虎ノ門一丁目1	番　地 番　1 号
		（死亡したところの種別1～5） 施設の名称	○○○病院	（　　　　　　　）

「5 老人ホーム」は、養護老人ホーム、特別養護老人ホーム、軽費老人ホーム及び有料老人ホームをいいます。

死亡したところの種別で「3 介護医療院・介護老人保健施設」を選択した場合は、施設の名称に続けて、介護医療院、介護老人保健施設の別をカッコ内に書いてください。

(14)	死亡の原因	I	(ア) 直接死因	脳出血	発病（発症） 又は受傷か ら死亡まで の期間	10時間
	◆I欄、II欄とも に疾患の終末期の 状態としての心不 全、呼吸不全等は 書かないでくださ い		(イ) (ア)の原因	動脈硬化症		4か月
	◆I欄では、最も 死亡に影響を与え た傷病名を医学的 因果関係の順番で 書いてください		(ウ) (イ)の原因		◆年、月、日等の 単位で書いてく ださい ただし、1日 未満の場合は、 時、分等の単位 で書いてください	
	◆I欄の傷病名の 記載は各欄一つに してください		(エ) (ウ)の原因		（例：1年3ヵ 月、5時間20分）	
	ただし、欄が不 足する場合は(エ) 欄に残りを医学的 因果関係の順番で 書いてください	II	直接には死因に 関係しないがI 欄の傷病経過に 影響を及ぼした 傷病名等			
		手術	1無　2有	部位及び主要所見	手術年月日	令和 平成　年　月　日 昭和
		解剖	1無　2有	主要所見		

傷病名等は、日本語で書いてください。

I欄では、各傷病について発病の型（例：急性）、病因（例：病原体名）、部位（例：胃噴門部がん）、性状（例：病理組織型）等もできるだけ書いてください。

妊娠中の死亡の場合は「妊娠満何週」、また、分娩中の死亡の場合は「妊娠満何週の分娩中」と書いてください。産後42日未満の死亡の場合は「妊娠満何週産後満何日」と書いてください。

I欄及びII欄に関係した手術について、術式又はその診断名と関連のある所見等を書いてください。紹介状や伝聞等による情報についてもカッコを付して書いてください。

(15)	死因の種類	1病死及び自然死 外因死 { 不慮の外因死 { 2交通事故　3転倒・転落　4溺水　5煙、火災及び火焔による傷害 6窒息　7中毒　8その他 その他及び不詳の外因死 {9自殺　10他殺　11その他及び不詳の外因} 12不詳の死

「2 交通事故」は、事故発生からの期間にかかわらず、その事故による死亡が該当します。

「5 煙、火災及び火焔による傷害」は、火災による一酸化炭素中毒、窒息等も含まれます。

(16)	外因死の 追加事項 ◆伝聞又は推定情 報の場合でも書い てください	傷害が発生 したとき	令和・平成・昭和　年　月　日　午前・午後　時　分	傷害が 発生し たとこ ろ	都道 府県 市 郡	区 町村
		傷害が発生し たところの種別	1住居　2工場及び建築現場　3道路　4その他（　　）			
		手段及び状況				

「1 住居」とは、住宅、庭等をいい、老人ホーム等の居住施設は含まれません。

傷害がどういう状況で起こったかを具体的に書いてください。

| (17) | 生後1年未満で
病死した場合の
追加事項 | 出生時体重
　　　　グラム | 単胎・多胎の別
1単胎　2多胎（　子中第　子） | 妊娠週数
　　満　週 |
| | | 妊娠・分娩時における母体の病態又は異状
1無　2有　　　　　　3不詳 | 母の生年月日
昭和
平成　年　月　日
令和 | 前回までの妊娠の結果
出生児　　　　人
死産児　　　　胎
（妊娠満22週以後に限る） |

妊娠週数は、最終月経、基礎体温、超音波計測等により推定し、できるだけ正確に書いてください。

母子健康手帳等を参考に書いてください。

(18)	その他特に付言すべきことがら	

(19)	上記のとおり診断（検案）する 病院、診療所、介護医療院若しくは 介護老人保健施設等の名称及び所在 地又は医師の住所 （氏名）　医師	東京都港区白金台1丁目3 法務　康	診断（検案）年月日　令和　年　月　日 本診断書（検案書）発行年月日　令和　年　月　日 番　地 番　6 号 印

② 相続人の確定

相続とは、「**相続人は、相続開始の時から、被相続人の財産に属した一切の権利義務を承継する。ただし、被相続人の一身に専属したものは、この限りでない。**」（民896）となっています。したがって、相続手続を行ううえで、**相続人**の確定が非常に大切になります。

相続人の確定については**Q2**を参照してください。

③ 相続財産の確定

遺産分割協議や相続税の申告をするにあたり、相続財産を特定しなければなりません。できるだけ早い段階で相続財産の総額を把握することで、円滑に遺産分割や相続税申告をすることが可能になります。

④ 単純承認・相続放棄・限定承認

「相続人は、自己のために相続の開始があったことを知った時から3箇月以内に、相続について、単純若しくは限定の承認又は放棄をしなければならない。」（民915）とされています。上記期間内に限定承認または相続放棄をしなかったときは、単純承認をしたものとみなされます（民921②）。単純承認すると、無限に被相続人の権利義務を承継することになります（民920）。

限定承認とは、相続によって得た財産の限度においてのみ被相続人の債務及び遺贈を弁済すべきことを留保して、相続の承認をすることをいいます（民922）。限定承認をしようとするときは、共同相続人全員が共同して、家庭裁判所に申述する必要があります（民923、924）。

相続放棄とは、各相続人が家庭裁判所に申述することによって初めから相続人とならなかったものとみなされる制度です（民938、939）。

相続放棄については**Q11**を参照してください。

5 準確定申告

　年の中途で死亡した人の場合は、相続人が、1月1日から死亡した日までに確定した所得金額及び税額を計算して、相続の開始があったことを知った日の翌日から4カ月以内に申告と納税をしなければなりません。これを「準確定申告」といいます。

6 遺言の有無

　被相続人の最終意思の尊重という趣旨から、遺言がある場合、遺産分割をすることなく相続人または受遺者に財産承継することが可能となります。

　公正証書遺言であれば、公証人役場で被相続人作成の遺言があるかどうか、検索ができます（平成元年以降の「公正証書遺言検索サービス」は全国のどの公証人役場でも検索できます）。公正証書遺言以外の場合であれば家庭裁判所において検認手続を行います。

　また、自筆証書遺言に関しては、民法の改正により、法務局で保管を申し出ることができるようになり、保管の有無の検索が可能となります（遺言書保管法10Ⅰ）。法務局で保管された自筆証書遺言は、遺言者死亡後の家庭裁判所における検認手続が不要となります（遺言書保管法11）（令和2年7月10日施行。**Q36**、**Q100**を参照）。

　これらに対し、法務局に保管されていない自筆証書遺言を発見した場合には、裁判所における検認（民1004）が必要となります。

7 遺産分割

　遺言で取得財産が包括的に定められている場合（例：妻に2分の1、長男に2分の1）や、遺言がない場合は、遺産に属する物または権利の種類及び性質、各相続人の年齢、職業、心身の状態及び生活の状況その他一切の事情を考慮して財産を分ける協議をします（民906）。

　遺産分割については**Q19**を参照してください。

8　相続税の申告・納税

　相続税の申告が必要な人は、相続の開始があったことを知った日の翌日から 10 カ月以内に相続税の申告・納税が必要となります。

　相続税については Q15、Q16 を参照してください。

9　各種財産承継名義変更等相続手続

　遺言により、または遺産分割協議終了後、財産承継名義変更手続を行います。公的な手続きも含め、主要な手続きは次のとおりです。なお、個々の事例により、手順・必要書類が異なりますので、請求・届出・申請・申立請求の際は必ず窓口にご確認ください。

【主な諸手続一覧】

手　続　き	窓　　口	期　　限	標準的必要書類
死亡届	市区町村役場	7 日 以 内（国 外 は 3 カ月以内）	死亡診断書または死体検案書
世帯主変更届	市区町村役場	14 日以内	届出人の印鑑、身分証　等
児童扶養手当認定請求書	市区町村役場	世帯主変更届と同時	戸籍謄本・除票含む住民票写し、所得証明書
国民健康保険資格喪失届	市区町村役場	14 日以内	健康被保険証
後期高齢者医療資格喪失届	市区町村役場	14 日以内	後期高齢者医療被保険者証
介護保険の資格喪失届	市区町村役場	14 日以内	介護被保険証
印鑑登録証の返却	市区町村役場	期限なし	印鑑登録証（カード）
住民基本台帳カード	市区町村役場	期限なし	住民基本台帳カード
運転免許証の返却	警察署	期限なし	運転免許証、戸籍謄本

手 続 き	窓 口	期 限	標準的必要書類
パスポートの返却	都道府県パスポートセンター	期限なし	パスポート、戸籍謄本
年金受給者死亡届	年金事務所	10日以内（国民年金は14日以内）	年金証書、戸籍謄本
未支給年金請求書	年金事務所	5年	年金証書、故人の除籍謄本、請求者の戸籍謄本、除票含む住民票の写し（世帯全員）、通帳コピー等
国民年金死亡一時金請求書	市区町村役場	2年以内	年金手帳、故人の戸籍謄本、請求者の戸籍謄本、除票含む住民票の写し（世帯全員）、通帳コピー等
国民年金遺族基礎年金請求書	市区町村役場	5年以内	年金手帳、故人の戸籍謄本、死亡診断書、所得証明書、請求者の戸籍謄本、除票含む住民票の写し（世帯全員）、通帳コピー等
国民年金寡婦年金請求書	市区町村役場	5年以内	年金手帳、故人の戸籍謄本、死亡診断書、所得証明書、請求者の戸籍謄本、除票含む住民票の写し（世帯全員）、通帳コピー等
遺族厚生年金請求書	年金事務所	5年以内	年金手帳、故人の戸籍謄本、死亡診断書、所得証明書、請求者の戸籍謄本、除票含む住民票の写し（世帯全員）、通帳コピー等
国民健康保険葬祭費	市区町村役場	2年以内（葬儀の日の翌日から）	葬祭費支給申請書、健康保険証、通帳コピー等、葬儀社の領収証原紙
健康保険の埋葬料（被保険者の場合）	年金事務所 健康保険組合	2年以内	健康保険埋葬料請求書、健康保険証、事業主の証明書、死亡診断書、通帳コピー等
労災保険葬祭料	労働基準監督署	2年以内	葬祭料請求書、死亡診断書

手 続 き	窓 口	期 限	標準的必要書類
労災保険遺族補償給付	労働基準監督署	5年以内	遺族補償年金支給申請書、死亡診断書、故人の戸籍謄本、請求者の戸籍謄本除票含む住民票写し（世帯全員）、所得証明書
高額療養費支給申請	市区町村役場（国民健康保険）年金事務所または健康保険組合（健康保険）	2年以内（療養費を支払った日から）	高額療養費支給申請書、健康保険証、医療費の領収書、通帳コピー等、戸籍謄本
かんぽ生命保険	郵便局	5年以内	保険証書、身分証明書、死亡診断書、会社所定の死亡証明書、除票含む住民票写し（世帯全員）、受取人の戸籍謄本
生命保険	保険会社	3年以内（請求期間は各生命保険会社で異なる）	死亡保険請求書、保険証券、身分証明書、死亡診断書、故人の住民票の除票、受取人の戸籍謄本及び印鑑証明書、最終保険の領収書
不動産	法務局	期限なし	申請書、遺産分割協議書、被相続人の戸籍・除籍・改製原の謄本・住民票除票、相続人全員の戸籍謄本・印鑑証明書、取得者の住民票、固定資産評価証明書
預金・郵便貯金	各金融機関・郵便局	相続に関し期限なし	相続手続依頼書、遺産分割協議書、遺言書、被相続人の戸籍・除籍・改製原の謄本、相続人全員の戸籍謄本・印鑑証明書、通帳、キャッシュカード
株式名義変更	証券会社、株式発行人	相続に関し期限なし	株式名義書換請求書、遺産分割協議書、被相続人の戸籍・除籍・改製原の謄本、相続人の戸籍謄本・印鑑証明書

基礎編

作成編

見直し編

相続発生後編

手続き	窓口	期限	標準的必要書類
普通自動車名義変更	陸運局	15日以内（変更の事由があった日から）	申請書、手数料納付書、自動車検査証、使用者の車庫証明書、自動車税納付済書、自賠責保険証、遺産分割協議書、被相続人の戸籍・除籍・改製原の謄本、相続人全員の戸籍謄本・印鑑証明書
電話名義変更	各契約会社	期限なし	承継届本人確認書類、被相続人及び相続人の戸籍謄本
遺言書の検認	家庭裁判所	遅滞なく	申立書、遺言書、被相続人の戸籍・除籍・改製原の謄本、相続人全員の戸籍謄本
相続放棄	家庭裁判所	3カ月以内	申立書、被相続人の住民票除票、被相続人の戸籍謄本、申立人の戸籍謄本
準確定申告	税務署	4カ月以内	確定申告書、確定申告書付表、給与の源泉徴収票、年金の源泉徴収票、配当通知書、社会保険料控除証明書、生命保険料控除証明書、医療費の領収書　等
消費税の申告	税務署	4カ月以内	確定申告書、確定申告書付表　等
相続税	税務署	10カ月以内	相続税申告書、被相続人の戸籍・除籍・改製原の謄本、相続人の戸籍謄本・住民票、印鑑証明書、相続関係図、所得税準確定申告書、贈与税の申告書、遺産分割協議書、贈与財産の明細、相続財産明細・債務明細等

※　個々の事例により、手順・必要書類が異なります。

※　請求・届出・申請・申立請求の際は必ず窓口にご確認ください。

※　戸籍等相続を証明する書面に代えて、法定相続情報一覧図の写しを提出することが可能な場合があります。

Q2 法定相続人と法定相続分

> 夫が先日、亡くなりました。
> 私たちには子供はいません。夫の両親は既に他界していますが、祖母は健在です。配偶者である私以外の相続人を教えてください。

【相続順位表】

第1順位	配偶者と子　　　　　（代襲相続—直系卑属）
第2順位	配偶者と直系尊属
第3順位	配偶者と兄弟姉妹（代襲相続—兄弟姉妹の子）

「直系」とは、縦の血縁関係を指します（曾祖父母—祖父母—父母—自分—子—孫—曾孫）。

「卑属」とは、自分より世代が下の者を指します（子—孫—曾孫）。

「尊属」とは自分より世代が上の者を指します（子—親—祖父母）。

1 相 続 人

「法定相続人」とは、被相続人が死亡し、相続が開始になったときに、相続する権利がある人を指します。民法で定められていて、配偶者（民890）、子（民887）、直系尊属（民889Ⅰ①）、兄弟姉妹（民889Ⅰ②）の4種類の立場の人です。しかし、相続順位というものが民法で定められていて、この順位が優先されます。上位の相続順位の人がいるときは、下位の人には相続権はありません。

(1) 配 偶 者

配偶者は常に相続人となります（民890）。

配偶者は、婚姻届を出している必要があり、婚姻関係のない内縁の妻や、愛人には相続権がありません。

(2) 子（第1順位）

　　子は相続人となります。実子（他者と特別養子縁組し、実親との親族関係が終了した実子は除きます（民817の9））、養子を問いません。胎児は、既に生まれているものとみなされ、相続できます。ただし、死産した場合ははじめから相続人とならなかったことになります（民886）。婚姻関係にない男女の間に生まれた非嫡出子（父親の相続の場合、認知が必要）の場合でも相続権があります。

(3) 直系尊属（第2順位）

　　被相続人に子がない場合（子全員が相続放棄した場合を含む）には、被相続人の父母（養親がいる場合には、その者を含む）が相続人となります。親等の異なる者の間では、その近い者を先にする（民889 I ①但書）規定となっているため、実親が亡くなっていた場合でも、養親がいる場合、養親が相続人になります（実親の直系尊属である祖父母が相続人になるわけではありません）。

(4) 兄弟姉妹（第3順位）

　　被相続人に子がなく、かつ直系尊属がない場合（相続放棄をした場合を含む）、兄弟姉妹が相続人となります。

2　代襲相続

　　第1順位の子と第3順位の兄弟姉妹には「代襲相続」が適用されます（民887 II・III、889 II）。「代襲相続」とは、本来相続すべき人が被相続人より先に死亡した場合、相続欠格（民891）、廃除（民892）で相続権を失った場合に、相続すべき人に代わって次の者が代わりに相続することをいいます。

　　・子の相続の場合　　　―　子の直系卑属
　　　　　　　　　　　　　　　　（被相続人からみて「孫・曾孫…」）

3　法定相続分

　法定相続分とは、被相続人による相続分の指定がない場合には、民法の定める相続分が適用されます（民900）。法定相続分は、一義的に定まるものです。しかし、相続財産は、何もせずに当然に法定相続分で分けられることにはなりません。遺産分割手続が必要となります。

4　各相続人の法定相続分

①　共同相続人が配偶者と子である場合

　　配偶者及び子の相続分は各2分の1です（民900①）。

　　子が複数いるときは、各自の相続分は相等しいものとされます（民900④本文）。

　　代襲相続人の相続分は、代襲相続人の親の法定相続分と同じです（民901Ⅰ本文）。代襲相続人が複数いる場合には、各代襲相続人の親が受けるべきであった相続分について、子が複数いるときと同様の方法でそれぞれの相続分を算出します（民901Ⅰ但書）。

　　従前、非嫡出子がいる場合には、その法定相続分は、嫡出子の半分であると規定していました（改正前民法900条4号但書前段）が、最大決平成25年9月4日は、「嫡出子と非嫡出子の相続分につき差を設けることは、遅くとも平成13年7月当時において、法の下の平等を規定する憲法14条1項に反し、違憲である」と判示しました。そこで、改正前民法900条4号但し書き前段を削除し、改正後の規定を平成25年9月5日以降に開始した相続について適用するという法律が成立し、同年12月11日から施行されました。これにより、平成25年9月5日以降に相続が開始した事案において、嫡出子と非嫡出子は、相続分は平等の割合となりました。詳しくは Q59 をご覧ください。また、これが契機となり、この改正が及ぼす社会的影響や配偶者保護の観点から平成30年の法改正の動きにつながりました。

基礎編

作成編

見直し編

相続発生後編

② **共同相続人が配偶者と直系尊属である場合**

　　配偶者の相続分は３分の２で、直系尊属の相続分は３分の１です。

　　直系尊属が複数いるときは、各自の相続分は相等しいものとされます（民900④本文）。

③ **共同相続人が配偶者と兄弟姉妹である場合**

　　配偶者の相続分は４分の３で、兄弟姉妹の相続分は４分の１です。

　　兄弟姉妹が複数いるときは、その相続分は相等しいものとされます（民900④本文）が、この中に父母の一方のみを同じくする兄弟姉妹があるときは、その相続分は父母の双方を同じくする兄弟姉妹の２分の１とされます（民900④但書）。

相 続 人	配偶者	その他の相続人
配偶者と子	1/2	1/2
配偶者と直系尊属	2/3	1/3
配偶者と兄弟姉妹	3/4	1/4

Q3 遺言の種類と特徴

遺言の作成を考えていますが、遺言には何種類かあると聞きました。それぞれの特徴などを教えてください。

遺言者の死亡により財産の無償移転が行われる（民985Ⅰ）という遺言の効力自体は、遺言の種類による違いはありません。ただし、遺言は法律に定める方式に従っていないと無効となってしまいますので（民960）、各遺言の特徴を押さえておくことは非常に大切です。

1 普通の方式による遺言と特別の方式による遺言

遺言には普通方式に従った遺言3種類と、普通方式によることが期待できない場合を規定した特別の方式の遺言4種類があります。家庭裁判所で行う証拠保全手続である検認は、公正証書遺言または、法務局で保管された自筆証書遺言以外のすべての遺言で必要になります（民1004、遺言書保管法11）。

なお、遺言書保管法は令和2年7月10日から施行されています（Q36参照）。

(1) 普通の方式の遺言

① 自筆証書遺言（民968）

自筆証書遺言は、自筆の遺言です。証人は必要ありません。

その全文、日付および氏名を自書し、印を押さなければいけません。ただし、自筆証書とこれに一体のものとして相続財産の全部または一部の目録を添付する場合には、その目録については、自書することを要しません。この場合、その目録の毎葉（自書によらない記載がその両面にある場合にあっては、その両面）に署名し、印を押さなければなりません（民968Ⅱ）。

また、加除その他の変更は、遺言者が、その場所を指示し、これを変更した旨を付記して特にこれに署名し、かつ、その変更の場所に印を押さなければ、その効力を生じません。

　　公正証書遺言と並んで一般的に多く利用される遺言の作成方法です（**Q4**参照）。

② **公正証書遺言**（民969、969の2）

　　公正証書遺言は、証人2人以上の立会いのもと、遺言者が遺言の趣旨を公証人の面前で、口授し、それに基づいて、公証人が、遺言者の真意を正確に文章にまとめ、公正証書遺言として作成するものです。遺言者が署名することができない場合は、公証人がその理由を付記して、署名に代えることができます。また、言語に障害がある方でも、公正証書遺言をすることができるようになりました。

　　原本は公証役場に保管されます。公正証書は方式の不備で遺言が無効になるおそれや、破棄、変造、隠匿のおそれがありません。また、家庭裁判所で検認の手続きを経る必要がないので（民1004）、相続開始後、速やかに遺言の内容を実現することができます。

　　自筆証書遺言と並んで一般的に多く利用される遺言の作成方法です（**Q5**参照）。

③ **秘密証書遺言**（民970）（**Q52**参照）

　　秘密証書遺言は、遺言の存在と内容を秘密にできる遺言で、要件は以下のとおりです。

ア）遺言者がその証書に署名し、印を押すこと。

イ）遺言者がその証書を封じ、証書に用いた印章をもってこれに封印すること。

ウ）遺言者が公証人1人および証人2人以上の前に封書を提出して、自己の遺言である旨ならびにその筆者の氏名および住所を申述すること。

エ）公証人が、その証書を提出した日付および遺言者の申述を封紙に記載した後、遺言者および証人とともにこれに署名し、

印を押すこと。

　文章の作成は自書でする必要がなく、パソコンで作成しても、第三者の代書でもかまいません。ただし、署名は自書しなければならず、封印は遺言に押した印鑑と同じものを押印しなければいけません。公証人は遺言の内容を確認することはできませんので、遺言の内容に法律的な不備があり、無効となってしまう可能性があります。なお、秘密証書遺言の方式に欠ける場合であっても、自筆証書の方式を具備できていれば自筆証書遺言として扱われます（民971）。

(2)　特別の方式の遺言

　特別方式の遺言は、遺言者が普通方式によって遺言をすることができるようになった時から6カ月間生存するときは、無効となります（民983）。また、死亡危急時遺言（民976Ⅳ）は証人の1人または利害関係人が遺言の日から20日以内に、船舶遭難者の遺言（民979Ⅲ）は証人の1人または利害関係人から遅滞なく、家庭裁判所に請求をして確認を得なければ効力が生じません。この確認とは、遺言者の真意にでたものかどうかを判定するための家庭裁判所の手続きです。

①　死亡危急時遺言（民976）

　死亡危急時遺言は、疾病その他の事由によって死亡の危急が迫っている者について方式が緩和される遺言で要件は以下のとおりです（**Q51**参照）。

　ア）証人3人以上の立会いをもって、その1人に遺言の趣旨を口授する。

　イ）口授を受けた証人がそれを筆記する。

　ウ）口授を受けた証人が、筆記して内容を遺言者および他の証人に読み聞かせまたは閲覧させる。

　エ）各証人が筆記の正確なことを承認した後、遺言に署名し押印する。

② **伝染病隔離者の遺言**（民 977）

　伝染病のため行政処分によって交通が断たれた場所にいる者のための遺言で、要件は以下のとおりです。

　ア）警察官 1 人および証人 1 人以上の立会いがあること。

　イ）遺言書は遺言者が作成すること。

　ウ）遺言者、筆者、警察官及び証人が署名し、印を押すこと（民 980）。

③ **在船者の遺言**（民 978）

　在船者の遺言の要件は以下のとおりです。

　ア）船長または事務員 1 人および証人 2 人以上の立会いがあること。

　イ）遺言は遺言者が作成する。

　ウ）遺言者、筆者、立会人および証人が署名し、印を押すこと（民 980）。

④ **船舶遭難者の遺言**（民 979）

　船舶遭難という事態を想定して定められた遺言のため、死亡危急時遺言よりさらに方式が緩和された遺言で、要件は以下のとおりです。

　ア）証人 2 人以上の前で、口頭で遺言をすること。

　イ）証人が遺言の趣旨を筆記して、署名および印を押すこと

２　自筆証書遺言か公正証書遺言かの選択

　実際に遺言を書いた人が自筆証書遺言あるいは公正証書遺言のどちらを選択したかの理由は様々です。それほど資産がなく費用をかけたくないので自筆証書遺言にする、自分の相続ではもめないと思うが万一もめた場合に備えて自筆証書遺言にする、検認手続という煩雑な手続きを避けるため公正証書遺言にする、子どもたちの相続争いが必至で法的に有効なものをきっちり作っておきたいので公正証書遺言にする等です。

　自筆証書遺言か公正証書遺言かの違いにより遺言の効力に違いはあ

りません。したがって、次に挙げるそれぞれのメリット、デメリットと遺言者の置かれている状況をふまえ、自筆証書遺言か公正証書遺言かの選択をするのがよいと思います。

(1) 自筆証書遺言

メリット

① いつでもどこでも自分で簡単に作成できる。

② 費用がほとんどかからない。

③ 誰にも内容を知られず秘密に作成できる。

④ 証人が不要。

⑤ 自筆のため、相続人が見たときに心情的説得力があり、想いを伝えやすい。

デメリット

① 自分で作成するので、形式要件を満たさず無効になってしまう可能性がある。

② 意思能力等の問題により遺言無効の場合がある。

③ 遺言書を紛失したり、生前に発見されたりすることがある。

④ 第三者に変造、偽造されるおそれがある。

⑤ 法務局での保管制度を利用しない場合、検認が必要。

ポイント

　自筆証書遺言の場合、必要に応じ、医療介護機関の関与を含め法律の専門家にチェックをしてもらい、平成30年の民法改正による法務局での自筆証書の保管制度を利用することでデメリットを減らすよう務めることが大切です。

　詳しくは**Q36**を参照してください。

(2) 公正証書遺言

メリット

・専門家である公証人が作成するので無効になる確率が限りなく少ない。

・原本が公証役場で保管されるので紛失や変造・偽造がない。再発行

ができる（**Q37**参照）。

・検認手続が不要なので速やかに執行できる。

デメリット

・費用と手間がかかる（**Q38**参照）。

・証人２人以上の立会いが必要とされているので、証人を通じて遺言の作成と内容が第三者に知られるおそれがある。

ポイント

　個々の事情においては、平成30年の民法改正による自筆証書遺言を検討する機会も今後は増えていくと思われます。ただ、資産が多い場合、相続関係が複雑な場合、高度な法律判断が必要な場合等依然として公正証書遺言のニーズはあると思われます。

　なお、公正証書遺言では作成まで時間がかかります。緊急性を要する場合、とりあえず自筆証書遺言を作成しておき、後日、同じ財産につき公正証書を作成するということも実務では行われています。これにより、遺言がないリスクを自筆証書遺言で回避し、法律的にもしっかりした公正証書遺言を最後に残すことが可能になります（「とりあえず遺言」に関しては**Q34**を参照）。

Q4 自筆証書遺言作成までの簡単な流れ

　　自筆証書遺言の作成方法や作成までの流れを簡単に教えてください。

1　自筆証書遺言の特徴

　自筆証書遺言は、費用がかからず、簡単にできるので、遺言者自身の判断で作成しがちですが、遺言は法律に定める方式に従っていないと無効になってしまいますので（民960）、特に注意が必要です。

2　法 改 正

　これまで、自筆証書遺言は、「遺言者が、その全文、日付及び氏名を自書し、これに印を押さなければならない。」とされていました（民968Ⅰ）が自筆証書遺言の方式について、一定の緩和が図られました。

　この改正は、平成31年1月13日から施行されています。

3　目録は自書が不要となること

　改正後の民法968条2項第1文は、自筆証書遺言「と一体のものとして相続財産…の全部又は一部の目録を添付する場合には、その目録においては、自書することを要しない。」とされました。

　詳しくはQ35を参照してください。

4　その他注意すべきポイント

(1)　日付氏名があること

　　・作成年月日のない自筆証書遺言は無効です（大決大正5年6月1

日）。

- ・平成 12 年 6 月「吉日」とした自筆証書遺言は無効です（最判昭和 54 年 5 月 31 日）。
- ・日付が特定できれば、「○年○月○日」のように記載しなくても有効です。例えば「遺言者の 77 歳の誕生日」等

(2)　押印があること

- ・実印である必要はありません。
- ・拇印、指印でも認めれらています（最判平成元年 2 月 16 日）

(3)　加除その他の変更が法律に違背がないこと（民 968 Ⅲ）

コラム「遺言の修正」（280 ページ）を参照してください。

5　共同遺言の禁止（民 975）

　遺言は、2 人以上の者が同一の証書ですることはできません。各自の遺言の自由、各自の撤回の自由を制約することになるので、共同遺言を禁止しています。

　ただし、最判平成 5 年 10 月 19 日では、作成名義の異なる 2 つの遺言者が別葉に記載され、契印がほどこされたうえ合綴されてはいるが、容易に切り離すことができる自筆証書遺言について、民法 975 条により禁止された共同遺言にあたらないとして、有効とされました。

6　自筆証書遺言の保管制度

　詳しくは Q36 を参照してください。

Q5　公正証書遺言作成までの簡単な流れ

公正証書遺言の作成方法や作成までの流れを簡単に教えてください。

　公正証書遺言は、遺言者が公証人に依頼して、公証人が作成する公文書です。遺言者が公証役場に行く場合は、どこの公証役場でもよいですし、病気等で公証役場に行くことができない場合は、公証人が出張することも可能です。その場合は、公証人は、自己が所属する法務局・地方法務局の管轄内で職務を行います（Q37参照）。

1　必要書類（Q39参照）

・遺言者の印鑑証明および実印
・遺言者と相続人との続柄がわかる戸籍謄本
・財産を相続人以外の人に遺贈する場合には、その人の住民票
・証人の免許証の写しおよび住民票ならびに認印
・不動産が含まれる場合には、登記事項証明書および固定資産評価証明書
・その他財産がわかる資料の写しまたは明細一覧表（メモ可）
　（例）
　・預貯金―残高証明書
　　金融機関名、支店名、口座番号、金額が記載が記載されているページの写し
　・有価証券―証券種類、発行者、証券番号・口数を記載した書面の写し

2　原案作成

事前に遺言者または遺言者から依頼を受けた者が公証役場へ行き、

基礎編

作成編

見直し編

相続発生後編

遺言内容を記した下書き（箇条書可）を提出します。もちろん、口頭でもかまいません。

3 証人の依頼 （Q40参照）

2人以上の証人を決めます。ただし、未成年者、推定相続人および受遺者ならびにこれらの配偶者および直系血族、公証人の配偶者、四親等内の親族、書記および使用人は証人になることはできません。

4 作成日当日の流れ

① 証人2名立会いのもと遺言者が遺言の趣旨を公証人に口授します。

② 公証人が、遺言者の口述を筆記します。

③ 公証人が、遺言者の口述を筆記し、これを遺言者および証人に読み聞かせ、または閲覧させます。

④ 遺言者および証人が、筆記の正確なことを承認し、署名、押印します。なお、遺言者が署名することができない場合は、公証人がその事由を付記して、署名に代えることができます（公証人39、民969④）。

Q6 遺言の効力

　古い日付の遺言は公正証書ですが、新しい日付のものは自筆証書遺言です。どちらの遺言が有効でしょうか。

1 遺言撤回自由の原則

　遺言者は、いつでも、遺言の方式に従って、その遺言の全部または一部を撤回することができます（民1022）。

　遺言の方式に従っていれば、公正証書遺言を公正証書遺言または自筆証書遺言でも撤回できますし、自筆証書遺言を公正証書遺言または自筆証書遺言で撤回することが可能です。

2 公正証書遺言　VS　自筆証書遺言

　どちらの遺言が有効かは、あくまで、遺言が作成された日時で決まります。つまり、遺言の方式に従っている場合、新しい日付のものが常に有効になります。公正証書か自筆証書かの違いでは決まりません。

3 複数の遺言の効力

　前の遺言が後の遺言と抵触するときは、その抵触する部分については、後の遺言で前の遺言を撤回したものとみなします。後の遺言に抵触している部分のみが撤回したものとみなすのであり、前の遺言全体を撤回とみなすわけではありません（民1023Ⅰ）。

　また、遺言が遺言後の売却等生前処分その他の法律行為と抵触する場合、後の法律行為と抵触している部分について前の遺言を撤回したものとみなします（民1023Ⅱ）。遺言後その不動産を売却した場合、遺言を書き直さなくても前の遺言は撤回されたことになります。

Q7 自筆証書遺言の日付

親が自筆証書遺言を作っていて、全部自分で書き、名前もハンコも押してあり、日付が令和3年4月吉日とありました。この遺言は無効であると言われました。納得できません。どうしてでしょうか。

1 日付の趣旨

自筆証書遺言において日付の自書が要求された（民968Ⅰ）のは、遺言作成時における遺言者の遺言能力の有無についての判断や、複数の遺言が存在する場合の各遺言作成時期の前後の確定などのため遺言の成立時期を明確にするためです。遺言者はいつでも遺言の方式に従って、その遺言の全部または一部を撤回することができるので（民1022）、各遺言の成立時期は明確でなければなりません。

2 吉日遺言

1の日付の趣旨からして、いわゆる吉日遺言については、特定の日を表示したものとみることができないことから、日付の記載を欠くものとして無効とされています（最一小判昭和54年5月31日）。

Q8 生前贈与と遺言

　父親は、同居し両親の面倒を見ている長男の私に全財産を相続させるとの遺言を書いていました。すでに母親は他界し、相続人は私と姉と弟の３人で、遺産は自宅の土地・建物と預金が少しです。父親は姉と弟には生前に贈与をしています。弟は遺言どおりで何もいらないと言っていますが、姉が私にも権利があると言っています。どうしたらよいでしょうか。

　弟と姉に行われたかつての贈与は「特別受益」として、その分は相続財産に戻したところで、それぞれの相続分を決めることになります。一方、弟と姉には遺留分の権利があります。この場合、それぞれが主張した場合には、相続開始時点の財産に生前贈与分を加算したところで遺留分の計算をしていくことになります。もし、遺留分などで争いになれば兄弟の縁は切れてしまうでしょう。長男が遺言を放棄し、あえて遺産分割協議を行い、その中で代償金にて調整するなどと柔軟な対応ができれば相続争いは回避できるかもしれません。

1　特別受益とは

(1)　特別受益の意義

　民法は、共同相続人間の平等を図るため、相続人に対して遺贈および一定の生前贈与といった財産分与とみられるものがなされている場合に、その遺贈等を「特別受益」と呼び、これを遺産分割時に清算する規定を設けてます。すなわち、遺産分割に際し、相続財産に特別受益である生前贈与を加えたもの（遺贈は相続財産に含まれ

ているので加算する必要はない）を相続財産とみなし（みなし相続財産）、これを基礎として各相続人の相続分（一応の相続分）を算定し、特別受益を受けた者については、この一応の相続分から特別受益分を控除し、その残額をもってその特別受益者が現実に受くべき相続分（具体的相続分）とするとしています（民903 I）。

このように、特別受益を相続分算定の基礎に算入する計算上の扱いを、「持戻し」といいます。持戻しは、特別受益が相続分の前渡しで被相続人の意思に合致することを根拠としています。

(2) 超過受益

特別受益が「一応の相続分」を超過する場合については、超過分を返還する必要はなく、ただその相続において新たに財産を取得することはできないとされています（民903 II）。

ただし、超過特別受益が他の相続人の遺留分を侵害するときは、その限度で遺留分侵害額請求の対象となります。

(3) 持戻免除の意思表示

被相続人が、持戻しをしなくてよいといういわゆる「持戻免除」の意思表示をした場合には、持戻しをしなくてもかまわないとされています（民903 III）。

持戻制度は、前記のとおり、持戻しをすることが被相続人の通常の意思にも適うということがその根拠とされているからです。

(4) 配偶者保護のための持戻免除の意思表示の推定規定

婚姻期間が20年以上の夫婦の一方である被相続人が、他の一方に対し、その居住の用に供する建物またはその敷地について遺贈または贈与をしたときは、その遺贈または贈与について持戻しの規定を適用しない旨を表示したものと推定することになりました（民903 IV）。詳しくは Q94 を参照してください。

(5)　特別受益の範囲

　特別受益として持戻しの対象となる財産は、「遺贈」または「婚姻、養子縁組のための贈与」もしくは「生計の資本としての贈与」です（民903Ⅰ）。

①　遺　　贈

　遺贈はその目的にかかわりなく、すべて持戻しの対象となります。

②　生前贈与

　ア　「婚姻、養子縁組のための贈与」

　　持参金、嫁入り道具、結納金、支度金など婚姻または養子縁組のために特に被相続人に支出してもらった費用がこれにあたります。

　イ　「生計の資本としての贈与」

　　「生計の資本」とは一般にかなり広い意味に解されています。生計の基礎として役立つような贈与は一切これに含まれます。

　　扶養義務に基づく援助はこれに含まれません。

　　教育費が特別受益にあたるか否かは、被相続人の生前の資産収入および家庭事情等具体的状況により異なります。

　ウ　生命保険金

　　死亡保険金請求権またはこれを行使して取得した死亡保険金は、原則として、特別受益となりません。しかし、保険金受取人である相続人とその他の共同相続人との間に生じる不公平が民法第903条の趣旨に照らして到底是認できないほどに著しいものであると評価すべき特段の事情があるときは、同条の類推適用により、死亡保険金請求権またはこれを行使して取得した死亡保険金は、特別受益に準じて、持戻しの対象となります（最二小決平成16年10月29日）。

基礎編

作成編

見直し編

相続発生後編

(6) 特別受益者の範囲

特別受益者となるのは特別受益を受けた「共同相続人」ですが、実務上、次のような者について問題が生じます。

① 代襲相続人

被代襲者が特別受益を受けた場合に、代襲相続人の特別受益となります。

次に、代襲者自身が直接特別受益を受けた場合については、代襲者が被代襲者の死亡等により共同相続人となる前に受けたものは特別受益に該当しませんが、相続人となった後に受けたものは特別受益に該当し、持戻義務を負うと解する見解が通説です（大分家審昭和49年5月14日家月27巻4号66頁、「昭和54年度高裁別家事審判官会同最高裁家庭局見解」家月33巻11号26頁）。

② 包括受遺者

包括受遺者が共同相続人の1人であればともかく、それ以外の第三者であるときは、被相続人としては持戻しを予定していないのが通常であると考えられ、このような場合は、持戻義務を否定する見解が多数説です。

③ 間接的受益者

相続人がその配偶者や子の特別受益を通じて間接的に経済的利益を受けている場合、これをその相続人の特別受益と解すべきでしょうか。

原則として間接的受益は特別受益と解すべきではありません。しかし、実質的に見て直接的受益と同視し得る事案もあり得るので、かかるときに、例外的に持戻義務が肯定されます。

④ 再転相続と特別受益

相続が開始して遺産分割未了の間に第二次の相続が開始した場合において、第二次被相続人から特別受益も受けた者があるときは、その持戻しをして具体的相続分を算定しなければなりません（最判平成17年10月11日）。

② 特別受益の評価

(1) 特別受益の評価の基準時

具体的相続分を算定する際に控除する特別受益額の評価時点は、通説および多数の審判例で相続開始時としています（例：大阪高決昭和58年6月2日判タ506号186頁）。つまり、過去になされた贈与であっても、その対象物の相続開始時の評価額にひき直して特別受益額とされるわけです。

(2) 贈与の目的物の滅失または価額の増減

受贈者の行為によって贈与の目的物が滅失したり価額の増減があった場合については、相続人間の公平を維持するため、その目的物が相続開始当時、贈与当時の状態のままで存するものとみなしたうえで、そのような状態の目的物を相続開始時の時価で評価するものとされています（民904）。

なお、受贈者の行為によらずに贈与の目的物が滅失したり価額の増減が生じた場合については、滅失のときは特別受益はないものと考え、価額の増減のときは、その増減した相続開始時の価額を基準として特別受益が算定されることになります。

(3) 評価が問題となる受贈財産

○ 金　銭

金銭の贈与を受けた場合について、最高裁昭和51年3月18日判決（民集30巻2号111頁・家月28巻10号50頁・判時811号50頁）は、遺留分算定の基礎となる財産の価額について、相続人が被相続人から贈与された金銭をいわゆる特別受益として加算する場合には、贈与の時の金額を相続開始の時の貨幣価値に換算した価額をもって評価すべきであるとしています。

基礎編　作成編　見直し編　相続発生後編

③ 生前贈与と相続税

(1) 相続開始前3年以内の贈与

　相続または遺贈により財産を取得した者が、相続開始前3年以内に被相続人から贈与を受けた財産がある場合には、いわゆる「生前贈与加算」の規定により贈与された財産を相続税の課税価格に加算して、相続税額を計算します。

　このときに生じる贈与税と相続税との二重課税を排除するために、その贈与税額を相続税の計算にあたって控除します（相法19）（**Q22**参照）。

(2) 相続開始前3年を超える贈与（贈与税）

　1年間に贈与を受けた財産の合計額が110万円を超える場合、贈与税の申告義務が受贈者に発生します。ただし、上記(1)の生前贈与加算の規定および贈与税額控除の適用はありません。したがって、相続税の考慮は不要となります。

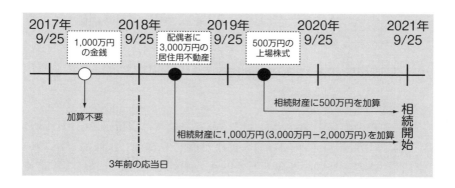

(3) 相続時精算課税贈与

　相続時精算課税制度を選択適用した場合の贈与税は、贈与を受けた財産価格の合計額が特別控除額2,500万円に達するまでは贈与税

はかりません。そして、贈与財産価格の合計額が 2,500 万円を超えたときからその超える部分について一律 20％の税率で計算した贈与税がかかります。

　相続税を計算するにあたって、上記(1)(2)の場合のように相続開始前 3 年以内あるいは超える贈与かの区別はありません。

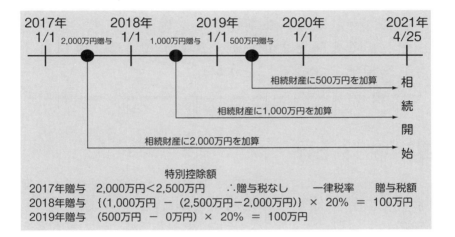

2017年 1/1	2018年 1/1	2019年 1/1	2020年 1/1	2021年 4/25

2017年贈与　2,000万円＜2,500万円　∴贈与税なし
2018年贈与　{(1,000万円 − (2,500万円−2,000万円))} × 20% = 100万円
2019年贈与　(500万円 − 0万円) × 20% = 100万円

４　特別受益と相続・贈与税との関係

　特別受益とは民法上の規定であり、上記❶の相続税・贈与税の規定とは全く無関係です。

　したがって、相続開始前 3 年以内あるいは超える贈与または相続時精算課税贈与による贈与税の申告の有無にかかわらず、ご質問のケースの贈与が相続人への生計の資本としての贈与と認定された場合、特別受益に該当します。具体的相続分の計算においては、その贈与した財産の価格を被相続人の相続財産に持ち戻し、その相続人の相続分から贈与の価格を控除しその残額をもってその者の相続分としなければなりません。

Q9 寄与分と遺言

　私は両親の世話をしています。母を看取り、現在は父を自宅で介護しています。父の財産は、自宅の土地と建物です。兄弟は姉と弟がいますが、姉は嫁入り支度として、弟はマイホームの購入として、それなりに生前贈与を受けています。寄与分があると聞きましたが、遺言がなくて、私は自宅を相続できるでしょうか。

1　寄与分とは

　「寄与分」とは、共同相続人中に、被相続人の財産の維持または増加について特別の寄与をした者がある場合に、他の相続人との間の実質的な公平を図るため、その寄与相続人に対して相続分以上の財産を取得させる制度をいいます（民904の2）。

　相続人が介護したとしても、子は親に対し扶養義務を持ちますので、通常の親の介護が寄与分として対価に反映することはほとんどありません。

　また、寄与分は共同相続人全員が話し合い、額を決めることになるので簡単にはいきません。決まらなければ家庭裁判所が判断を下しますが、その対価は期待するほどのものにはなりません。

　介護の先には必ず相続問題が待っています。平等は公平ではありません。このような場合は、親が生前に遺言により公平な相続分のバランスを取っておくことをお勧めます。

② 寄与分を受ける資格

(1) 共同相続人

　民法904条の2第1項に、「共同相続人中に」と規定されていること、および寄与分が相続分の修正要素とされていることから、寄与分を主張することのできる者は、現実に遺産分割に参加する共同相続人に限られます。

　よって、第1順位の相続人が共同相続人である場合に、第2順位以下の相続人（配偶者と子が共同相続人である場合の直系尊属や兄弟姉妹）に特別の寄与が存在したとしても、それらの者は寄与分の請求をすることはできません。

(2) 代襲相続人

　代襲相続人も、「共同相続人」である以上、寄与分を主張することができます。
　(i)　代襲相続人自らが財産の形成に寄与した場合に、その寄与分を主張することが許されます。
　(ii)　被代襲者が財産の形成に寄与した場合に、代襲相続人がその寄与分を主張することが許されます。

(3) 養　子

　養子縁組の前後を問わず寄与行為として主張できます。

(4) 相続人の配偶者の寄与

　これは、相続人の配偶者が、被相続人である義父の財産の維持、形成に特別の寄与をしたときに、これを寄与分として主張することが許されるか、という問題があります。見解が分かれています。

(5) 被相続人の前配偶者

　例えば、被相続人の財産の維持、形成に特別の寄与をした先妻が

死亡し、被相続人はその後再婚してから死亡した場合の相続におい
て、先妻の子が母の寄与分を主張できるか、という問題があります。
これについては、実務は、それが相続人の寄与と同視できる場合は
当該相続人の寄与分としての主張を認めています。

3 寄与分を主張するための要件

(1) 特別の寄与行為

① 寄与行為の根幹

寄与行為は、主として無償、もしくはこれに準じるものである
必要があります。相当の対価を得ていれば、すでに決済が済んで
いるからです。

② 「特別」な寄与行為

特別とは、身分関係に基づいて通常期待されるような程度を超
える貢献をいいます。夫婦間の協力扶助義務（民752）、直系血族
および兄弟姉妹の扶養義務（民877）、直系血族および同居の親族
の相互扶け合いの義務（民730）の範囲内での行為は、寄与分と
して相続分を修正する事由とは認められないからです。

(2) 寄与の類型・態様

① 事業従事型

被相続人の事業に関する労務の提供がある場合です。

特別の寄与といえるには、①特別の貢献（寄与行為）、ⅱ無償
性、ⅲ継続性、ⅳ専従性が必要となります。

また寄与行為の結果として、被相続人の財産を維持または増加
させていることが必要となります。具体的寄与分は、寄与相続人
が得られたであろう給付額から生活費相当額を控除し、それに寄
与期間を乗じることで算出します。

② 財産出資型

被相続人や被相続人の事業に財産上の給付をする場合です。

　　特別の寄与といえるには、ⅰ特別の貢献（寄与行為）、ⅱ無償性が必要となります。また寄与行為の結果として、被相続人の財産を維持または増加させていることが必要となります。

　　具体的寄与分は、動産または不動産の贈与の場合は、「相続開始時の価格×裁判所による裁量的割合」となります。

　　金銭の贈与の場合は、「贈与金額×貨幣価値変動率×裁判所による裁量的割合」となります。

　　不動産の使用貸借の場合は、「相続開始時の賃料×使用期間×裁判所による裁量的割合」となります。

③　**療養看護型**

　　被相続人の療養看護を行い、医療費や看護費用の支出を避けることによって相続財産の維持に寄与する場合です。

　　特別の寄与といえるには、ⅰ療養看護の必要性、ⅱ特別の貢献（寄与行為）、ⅲ無償性、ⅳ継続性、ⅴ専従性が必要となります。

　　また寄与行為の結果として、被相続人の財産を維持または増加させていることが必要となります。

　　寄与分が認められるには、介護保険における要介護度2以上の状態にあることが、特別な寄与が認められるための一つの指標になります。

　　具体的寄与分は、「単価（介護報酬基準等による）×日数×裁判所による裁量的割合」等により計算されます。

④　**扶養型**

　　特定の相続人のみが被相続人を扶養し、被相続人の支出を減少させ、その財産の維持に寄与する場合です。

　　寄与分が認められるには、ⅰ扶養の必要性、ⅱ特別の貢献、ⅲ無償性、ⅳ継続性が必要です。また寄与行為の結果として、被相続人の財産を維持または増加させていることが必要です。

　　具体的寄与分は、「扶養のために負担した額×裁判所による裁量的割合」により算出されます。

⑤　**財産管理型**

　　被相続人の財産管理をし、被相続人が管理費用の支出を免れる

などにより被相続人の財産の維持に寄与する場合です。

　特別の寄与といえるには、ⅰ財産管理の必要性、ⅱ特別の貢献、ⅲ無償性、ⅳ継続性が必要です。また、寄与行為の結果として、被相続人の財産を維持または増加させることが必要です。

　具体的寄与分は、「相当と思われる財産的割合×裁判所による裁量的割合」によって計算されます。

4 　遺言の必要性

　寄与分が認められるには、厳格な要件を満たす必要があり、簡単には認められないと考えるべきです。相続財産に寄与のあった相続人に対しては、遺言によって報いるのが無難といえます。

Q10　行方不明者と認知症

兄が 15 年以上も音信不通で、どこにいるのか
わかりません。また、高齢の母も認知症です。こ
の状況で相続が発生したら、このままでは遺産分
割ができないと聞きました。何かよい方法はある
でしょうか。

1　遺産分割協議の署名権者

　遺産分割協議には相続人全員の合意が必要です。

　相続人の中に次のケースに該当する者がいる場合については、注意
が必要となります。

(1)　相続人の中に行方不明者がいる場合

①　行方不明の場合のケース

　不在者財産管理人を家庭裁判所で選任することになります（民
25）。

　そして、不在者財産管理人が遺産分割協議をする場合は、権限
外行為に該当するため、家庭裁判所の許可があわせて必要になり
ます（民 28、103）。

②　7 年以上生死不明のケース

　失踪宣告を家庭裁判所に請求し、認められれば、通常の場合生
死不明から 7 年経った時点で死亡とみなされます（民 30、31）。そ
の死亡擬制の時点が被相続人の相続より前の場合には、子または
兄弟姉妹相続の場合、代襲相続の問題となります。

(2)　相続人の中に未成年者がいる場合

①　未成年者と親権者が利益相反（※）のケース

　家庭裁判所に特別代理人を選任することになります。

② 未成年者と親権者が利益相反していないケース

親権者が未成年の法定代理人として遺産分割協議に代理することになります。

例えば、祖父の相続で、父親が以前に死亡しているため未成年者が代襲相続人となった場合、未成年者とその母親（相続人でない場合）は利益相反になりません。

(3) 相続人の中に認知症の人がいる場合

① 成年後見制度を利用しているケース

（ⅰ） 後見人と被後見人が利益相反のケース

後見監督人が選任されていれば、後見監督人が被後見人を代理します。

後見監督人が選任されていなければ、特別代理人を家庭裁判所で選任します

（ⅱ） 後見人と被後見人が利益相反していないケース

後見人が被後見人を代理します。

（ⅲ） 任意後見制度のケース

契約の中で任意後見人に遺産分割協議を代理する権限が与えられていれば、任意後見人が代理します。ただし、任意後見人と被任意後見人の利益が相反している場合には任意後見監督人が代理します（任意後見契約に関する法律7Ⅰ④）。

② 成年後見制度を利用していないケース

遺産分割協議時の意思能力の問題になります。遺産分割時に、意思能力がないことが証明された場合は無効です。遺言で各相続人に遺産を指定しておけば、遺産分割協義をせず、円滑な財産分けが可能です。

2 生前の対策

■(1)～(3)の場合には、不在者財産管理人、特別代理人、後見人の選任に、時間がかかります。また、代理する相続人の法定相続分を十

分考慮しなければならず、遺産分割が円滑に進まない場合があります。したがって、このような場合生前対策として、遺言により遺産分割方法を指定することが大切です。

(※) 利益相反行為

1 親と未成年者の場合

　民法826条1項で、「親権を行う父又は母とその子との利益が相反する行為については、親権を行う者は、その子のために特別代理人を選任することを家庭裁判所に請求しなければならない。」と規定されています。親と未成年者の子が相続人となり遺産分割をする行為が利益相反行為に該当しますので、特別代理人を家庭裁判所に請求する必要があります。

　また、同条2項で、「親権を行う者が数人の子に対して親権を行う場合において、その一人と他の子との利益が相反する行為については、親権を行う者は、その一方のために特別代理人を選任することを家庭裁判所に請求しなければならない。」と規定しています。

　例えば、祖父の相続で、父が相続開始前に死亡し、未成年者の子2人が父を代襲して相続人となり遺産分割をする場合、利益相反に該当しますので、母親（相続人でない）は、一方の未成年者の親権者として遺産分割協議に参加し、他方の未成年者については、特別代理人を家庭裁判所に選任することを請求することになります。

2 後見人と成年被後見人の場合

　民法860条で826条を準用しています。後見人と被後見人が相続人となり遺産分割をする行為が利益相反行為に該当しますので、特別代理人を家庭裁判所に請求する必要があります。ただし、後見監督人が選任されている場合は、後見監督人が被後見人を代表することになるため、特別代理人の選任は必要ありません（民851④）。

基礎編

作成編

見直し編

相続発生後編

　生前に相続放棄はできないが、遺留分の放棄はできると聞きました。どちらも放棄という言葉が入っていますが、その違いを教えてください。

　相続はプラスの財産を承継する、またはその権利という意味合いで言われることが多いと思いますが、一方で、権利を放棄する場合もあります。相続に関係する放棄には、「相続放棄」「遺留分の放棄」「相続分の放棄」「遺贈の放棄」があります。

1　相続放棄

(1)　相続放棄とは

　「相続放棄」とは、被相続人の残した財産が、プラスの財産よりもマイナスの財産が多い場合などで法定相続人が相続しないことをいいます。相続放棄するとその法定相続人は初めから相続人でなかったことになります（民939）。

(2)　相続放棄の熟慮期間

　相続放棄は、相続人が自己のために相続の開始があったことを知った時から3カ月以内（熟慮期間）に家庭裁判所に申述する必要があります（民915）。

　3カ月の熟慮期間は、被相続人の死亡の事実を知り、それによって自分が相続人になったことを知った時から起算します。しかし、この規定を厳格に解釈すると、相続人にとって過酷な結果となる場合があります。そこで、被相続人の相続財産（判例ではことに債務）を知らないことにつき相続人に相当の理由がある場合については、その相続財産を知った時から起算すると解釈されています。

【相続放棄申述書】

受付印	相 続 放 棄 申 述 書
	（この欄に収入印紙800円分を貼ってください。）
	印紙
収 入 印 紙　　　　　円 予納郵便切手　　　　　円	（貼った印紙に押印しないでください。）

準口頭	関連事件番号　平成・令和　　年（家　　）第　　　　　　　　　号

	○○○ 家庭裁判所 　　　　　御中 令和 ○ 年 ○ 月 ○ 日	申 述 人 （未成年者など の場合は法定 代理人 の記名押印）	日 賀　　昇　⑭

添付書類	（同じ書類は1通で足ります。審理のために必要な場合は，追加書類の提出をお願いすることがあります。） □ 戸籍（除籍・改製原戸籍）謄本（全部事項証明書）　合計　　通 □ 被相続人の住民票除票又は戸籍附票 □

申述人	本 籍 （国 籍）	○○ 都道 　　府県　○○区○町○番地		
	住 所	〒○○○－○○○○　　　　　　　電話　○○○（○○○○）○○○○ ○○県○○市 ○　　　○　　　○　　　○号　（　　　　　　方）		
	フリガナ 氏 名	ヒ ガ　　　　　ノボル 日 賀　　昇	昭和 平成 ○○年○月○日 生 令和 （　　　○○歳）	職業　会社員
	被相続人 との関係	※ 被相続人の……　①子　2 孫　3 配偶者　4 直系尊属（父母・祖父母） 　　　　　　　　　5 兄弟姉妹　6 おいめい　7 その他（　　　　　　　）		
法定代理人等	※ 1 親権者 2 後見人 3	住 所	〒　　－　　　　　　電話　　（　　　） 　　　　　　　　　　　　　　　（　　　　方）	
		フリガナ 氏 名		フリガナ 氏 名
被相続人	本 籍 （国 籍）	都道 　府県　○○区○町○番地		
	最後の 住 所	申立人の住所と同じ	死亡当時 の 職 業	
	フリガナ 氏 名	ホウ　レイ　タ　ロウ 法 令 太 郎	平成 令和 ○○年 ○月 ○ 日死亡	

（注）　太枠の中だけ記入してください。　※の部分は，当てはまる番号を○で囲み，被相続人との関係欄の7，
　　　法定代理人等欄の3を選んだ場合には，具体的に記入してください。

申　述　の　趣　旨
相　続　の　放　棄　を　す　る　。

申　述　の　理　由

※　相続の開始を知った日…………平成・令和 ◯ 年 ◯ 月 ◯ 日

    ① 被相続人死亡の当日　　　　　3　先順位者の相続放棄を知った日

    2　死亡の通知をうけた日　　　　4　その他（　　　　　　　　　　　　　　　）

放　棄　の　理　由	相　続　財　産　の　概　略				
※ 1　被相続人から生前に贈与 　を受けている。	資	農　地……約＿＿＿平方メートル		現　金 預貯金………約◯◯◯万円	
② 生活が安定している。		山　林……約＿＿＿平方メートル		有価証券……約＿＿＿万円	
3　遺産が少ない。		宅　地……約 ◯◯ 平方メートル			
4　遺産を分散させたくない。					
5　債務超過のため。	産	建　物……約 ◯◯ 平方メートル			
6　その他 [　　　　]	負　　　債………………………約　　◯◯　　万円				

（注）　太枠の中だけ記入してください。　※の部分は，当てはまる番号を◯で囲み，申述の理由欄の４，放棄
　　　　の理由欄の６を選んだ場合には，（　　）内に具体的に記入してください。

　相続財産の存在や内容が複雑で、3カ月の熟慮期間では調査が完了しない場合があります。そこで、相続人を含む利害関係人または検察官の請求によって、家庭裁判所の審判によって熟慮期間を伸長することができます（民915Ⅰ但書）。ただ、この期間の伸長申立ては、熟慮期間内にする必要があります。

(3)　相続放棄の手続き

　家庭裁判所にその旨を申述しなければなりません。具体的には、相続開始地の裁判所に申述書等を提出しなければなりません。家庭裁判所は、申述が方式にかない、申述人の真意に基づくものであることを確認して、申述受理の審判をします。

2　遺留分の放棄

(1)　遺留分の放棄とは

　遺留分を有する相続人は、相続の開始前（被相続人の生存中）であっても、家庭裁判所の許可を得て、あらかじめ遺留分を放棄することができます。遺留分を放棄しても相続権は失いませんので、相続開始後は遺産分割協議の当事者となることができます。

(2)　遺留分の放棄の手続き

①　相続開始前の放棄

　相続開始前の遺留分の放棄は、家庭裁判所の許可を必要とします（民1049Ⅰ）。その管轄は被相続人の住所地の家庭裁判所になります（家事事件手続法216Ⅰ②）。

　裁判所は、放棄が遺留分権利者の自由意思に基づくか否か、遺留分を放棄する理由に合理性・必要性があるか否か、放棄と引き換えになされる代償が存在するか否か等を考慮して許可するか、しないかを決定します（**Q66**参照）。

基礎編

作成編

見直し編

相続発生後編

【遺留分放棄の許可審判申立書】

	受付印		家 事 審 判 申 立 書 〔遺留分放棄〕
			(収入印紙８００円分を貼ってください。)
収入印紙　　　　　円			
予納郵便切手　　　円			(貼った印紙に押印しないでください。)

準口頭		関連事件番号　平成　　　年（家　　）第　　　　　　　号

○○家庭裁判所 　　　　　御中 平成 ○ 年 ○ 月 ○ 日	申　立　人 〔又は法定代理人〕 など の記名押印	日　野　丸　子　　㊞

添付書類	申立人の戸籍謄本　　通，　被相続人の戸籍謄本　　通，　財産目録　　通

	本　籍	○○ 都道府県 ○○市○○町○丁目○番地	
申 立 人	住　所	〒 ○○○－○○○○　　　　　　　電話 ○○○（○○○○）○○○○ ○○県○○市○○町○丁目○番地○号　　　　（　　　方）	
	連絡先	〒　　－　　　　　　　　　電話（　　） 　　　　　　　　　　　　　　　　　　　　（　　　方）	
	フリガナ 氏　名	ヒノ　マル　コ 日　野　丸　子	大正 ㊐昭和　○年○月○日生 平成
被 相 続 人	本　籍	○○ 都道府県 ○○市○○町○丁目○番地	
	住　所	〒　　－ 　　　　　　　　　　　　　　　　　　　（　　　方）	
	フリガナ 氏　名	ホウ　レイ　タ　ロウ 法　令　太　郎	大正 ㊐昭和　○年○月○日生 平成

（注）太枠の中だけ記入してください。

申　立　て　の　趣　旨

被相続人 **法令太郎** の相続財産に対する遺留分を放棄することを許可する旨

の審判を求めます。

申　立　て　の　理　由

1　被相続人との関係

　　(1) 配偶者　　　(2) 子（続柄 **長女** ）　　　(3) その他（　　　　　　　）

2　遺留分を放棄する理由

　(1) 申立人は，事業経営をしている日野光と婚姻し，夫には相当の収入があり，また，不動産や

　　株式など相当の財産も所有し生活は安定しています。

　(2) 申立人は，以上の事情により別紙財産目録記載の被相続人の財産の相続をする意思はないの

　　で，相続開始前において遺留分を放棄するため，この申立てをしました。

（注）太枠の中だけ記入してください。

② 家庭裁判所の許可を求める趣旨

　旧民法下の家督相続を否定する新民法のもとでは、相続権も遺留分権も純粋の個人的な財産権であるから、その処分は自由ですが、これを無制約に認めると、被相続人が親の権威をもって遺留分権利者の自由意思を抑圧し、その放棄を強要することが起こり得ます。それでは、遺留分権利者の生活安定および家族財産の公平な分配という新民法における遺留分制度の趣旨を無にする危険があることから、相続開始前の遺留分権の放棄は、家庭裁判所の許可を得たときに限りできるものとしたものです。

③ 許否の判断基準

　具体的には、ⅰ放棄が遺留分権利者の自由意思に基づくか否か、ⅱ遺留分を放棄する理由に合理性・必要性があるか否か、ⅲ放棄と引換えになされる代償が存在するか否か、を考慮しているとされています。

④ 相続開始後の放棄

　相続が開始した後は、遺留分権利者は、その有する個々の遺留分減殺請求権、あるいはその総体としての遺留分権全体を、自由に放棄することができます。

③　相続分の放棄

　相続人が単純相続した後に、遺産を取得しないことを「相続分の放棄」とか「事実上の相続放棄」といいます。ある相続人について取得財産の記載のない遺産分割協議書に署名、押印するような場合が典型的です。

　この相続分の放棄は、家庭裁判所に対して行う「相続放棄」とは異なり、それによって相続人としての地位は失いません。したがって、後日債権者から借金の返済を請求された場合には、その負担を拒絶することはできないといった危険を含んでいるといえます。

4 遺贈の放棄

(1) 遺贈の放棄とは

　遺言により財産を遺贈するとされた場合において、受贈者はその財産を承継しなければならないということはなく、その遺贈を放棄することができます。相続人である場合は、遺贈を放棄しても相続権は失いませんので、遺産分割協議の当事者となることができます。

(2) 遺贈の放棄の手続き

① 特定遺贈の放棄

　特定遺贈の放棄は、遺言者の死亡後に、遺贈義務者である相続人や遺言執行者に対して遺贈放棄の意思表示をする方法によって行います。

② 包括遺贈の放棄

　包括受遺者は相続人と同一の権利義務を有するとされていますので、包括遺贈を放棄する場合には、相続放棄と同様に家庭裁判所に対して放棄申述を行う方法によって行います。

(3) 遺贈の放棄がなされた財産

　遺贈が放棄された場合には、その遺贈は効力を失います。遺贈される予定だった相続財産は相続の対象となり、相続人による遺産分割協議等によって取得者を決定することになります。

Q12 「相続させる遺言」の意義

　公正証書遺言で、「相続させる」という表現を見かけますが、それは、どのような意味なのでしょうか。また、そう記載することによって、どのような効力があるのでしょうか。

1 「相続させる遺言」の意義についての実務の混乱

　特定の遺産を、遺言者が死亡して遺言の効力が発生すると同時に、すなわち遺産分割協議等面倒な手続きを経ることなく特定の相続人に取得させることができれば相続手続が円滑に進みますので、公証実務ではかなり以前から、特定された相続人に特定の遺産を「相続させる」と表現することによって、上記のような法律効果を生じさせようとしてきました。しかし、この公証実務の考え方については、「相続させる」形式の遺言は、相続分の指定を伴う遺産分割の方法を指定したもので、その指定は遺産分割において尊重されるべきですが、遺産分割協議（審判）を経たうえで初めて権利承継を生ずるとする学説が有力に主張されていて、下級審の判例は、上記の公証実務を是認するものと、この有力学説によって是認しないものに分かれていて、この問題について、実務の世界は混乱していました。

2 「相続させる遺言」の意義についての最高裁判例

　最高裁第二小法廷は、平成3年4月19日に、「特定の遺産を特定の相続人に「相続させる」趣旨の遺言は、遺言書の記載から遺贈であることが明らかであるか又は遺贈と解すべき特段の事情がない限

り、当該遺産を当該相続人をして単独で相続させる遺産分割の方法が指定されたものと解すべきであるとした上で、何らの行為を要せずして、被相続人の死亡の時に当該遺産が遺産分割の協議、審判を経ることなく当該相続人に相続により承継される。」と従前からの公証実務の考え方に沿う判示をして、相続実務の世界の混乱に終止符を打ちました。

3 「相続させる遺言」における遺言執行者の不動産相続登記手続の権限

　この「相続させる遺言」について、公証実務では、嘱託人の意向により遺言執行者を指定していますが、特定の不動産を特定の相続人に「相続させる」旨の遺言の場合、当該不動産は、被相続人の死亡により直ちに相続人に承継されるので遺言執行の余地はなく、遺言執行者は、その遺言の執行として相続人に対する所有権移転登記をする権利も義務も有しないとする見解があり、不動産登記実務はこの見解によって一般的には運用されていたようです。

　しかし、民法1014条2項は、相続させる遺言（特定財産承継遺言）の場合の遺言執行者の権限を明確にし、「遺産の分割の指定として遺産に属する特定の財産を共同相続人の一人又は数人に承継させる旨の遺言（特定財産承継遺言）があったときは、遺言執行者は、登記、登録その他の対抗要件を備えるために必要な行為をすることができる。」旨を規定しました。したがって、例えば、遺言者が自宅の土地・建物を配偶者に相続させる遺言をした場合は、遺言執行者は相続人である配偶者のために、自宅の土地・建物について、不動産登記を備えるために必要な行為をすることができます。

　詳しくはQ109を参照してください。

Q13 「相続させる遺言」と「遺贈する遺言」の違い

「相続させる遺言」と「遺贈する遺言」とでは、どのような違いがあるのでしょうか。具体的に教えてください。

1 相続による不動産の所有権移転登記が単独でできるか

「相続させる遺言」の場合は、相続人の単独申請によってできますが、「遺贈する遺言」の場合は、特定遺贈と包括遺贈のいずれの場合も、遺言執行者がいればその人と、いなければ相続人全員が登記義務者となり、遺贈を受ける人と双方で登記申請することになります（不動登63Ⅱ、60、最二小判平成8年1月26日民集50巻1号132頁参照）。

2 相続による不動産の所有権移転を登記なくして第三者に対抗できるか

「相続させる遺言」の場合は、登記がなくても相続人は第三者に対抗できました（最二小判平成14年6月10日）が、改正民法899条の2第1項は、「相続による権利の承継は、遺産の分割によるものかどうかにかかわらず、法定相続分を超える部分については、登記、登録その他の対抗要件を備えなければ、第三者に対抗することができない。」旨を規定しました（Q109参照）。

したがって、「相続させる」遺言の相続人は、法定相続分については、登記がなくても対抗できますが、法定相続分を超える部分については、登記がなければ第三者に対抗することはできません。また、「遺贈する遺言」の場合は、特定遺贈と包括遺贈のいずれの場合も、登記がなければ第三者に対抗できません。

③　土地・建物の登録免許税について違いはあるか

　「相続させる遺言」の場合と、相続人に「遺贈する遺言」の場合、つまり受遺者が相続人の場合は、0.4％ですが、相続人以外の人に「遺贈する遺言」の場合は、2.0％です（登税法9別表第1）。土地・建物の登録免許税の関係では、このように受遺者が相続人であるかそれ以外の第三者かで区別しており、相続人を税制上優遇しています。

④　遺産が農地の場合、農地法3条の許可がなくても相続による所有権移転登記ができるか

　「相続させる遺言」の場合は、農地法3条の許可がなくても、相続による所有権移転登記ができます。「遺贈する遺言」の場合は、従前包括遺贈の場合は、上記許可がなくても所有権移転登記ができるのに対し、特定遺贈については、上記許可がなければ所有権移転登記ができないとされていました。しかし、平成24年の農地法施行規則の改正により、特定遺贈の場合であっても相続人に対する場合は、上記許可は不要となりました（農地3Ⅰ⑫、⑯、同法施行規則15⑤）。

　なお、農地についての死因贈与契約の場合は、農地法3条の許可は必要です。

⑤　遺産が借地権・借家権の場合の民法612条の賃貸人の承諾は必要か

　「相続させる遺言」の場合は、民法612条の賃貸人の承諾は不要です。しかし、「遺贈する遺言」の場合は、包括遺贈の場合は上記承諾は不要ですが、特定遺贈の場合は必要です。

　なお、借地権・借家権についての死因贈与契約の場合は、賃貸人の承諾が必要です。

Q14 検　認

自筆証書遺言は家庭裁判所で検認を受ける必要があると聞きました。検認とはどのようなものでしょうか。また、封をしてある遺言は自分で開封してはいけないと聞きました。開けてしまったら無効になってしまうのでしょうか。

1　自筆証書遺言の検認は証拠保全作業

検認は、遺言が有効か無効かを判定するものではありません。自筆証書遺言は検認を受けてはじめて不動産の登記やその他の相続手続ができます。封のしてある遺言を、検認を受ける前に開封してしまうと5万円の過料を科せられます。しかし、法的要件を満たしている遺言が無効になることはありません。

なお、自筆証書遺言が法務局で保管される場合は、検認は不要です。詳しくは、Q100 3 を参照してください。

2　遺言書の検認

遺言者が死亡したら、遺言書の保管者または遺言書を発見した相続人は、直ちに家庭裁判所へ提出して検認を受けなければなりません（民1004Ⅰ）。ただし、公正証書遺言については、公文書ですから検認の必要はありません（同Ⅱ）。

検認というのは、遺言書の形式的な状態を調査確認する手続きのことです。遺言書の存在は、相続財産の帰属に決定的な影響をもつことが多いため、その偽造・変造を防ぐとともに遺言書を確実に保存することを目的としています。

検認を受ける必要がある遺言書は、公正証書および法務局で保管された自筆証書を除くすべての遺言書です。実体上あるいは方式上遺言

の有効性が問題となる場合でも、その内容と方式が遺言書と判断される証書は、検認の対象になります。

　遺言書の保管者または相続人は、相続開始地（遺言者の住所地）の家庭裁判所に申立てをします。

③　検認手続

　家庭裁判所は、申立後、申立人および相続人に検認期日の通知を行います（家事事件手続規則 115 Ⅰ）。期日当日、相続人立会いのもと遺言書を開封し、遺言の方式および遺言書の事実状態を調査後、その結果を検認調書に作成します（家事事件手続法 211、家事事件手続規則 113、114）。

　検認手続が終了したときは、申立人に対して検認済証明書を付した遺言書を返還し、検認に立ち会わなかった相続人、受遺者その他の利害関係人（期日通知を受けた者を除く）に対しては、遺言を検認した旨を通知します（家事事件手続規則 115 Ⅱ）。

④　検認の効果

　検認は、遺言書の外形的状態を確認するいわゆる証拠保全の効果が生じるだけで、遺言の有効無効といった実質面についてまで確認するものではありません。

　したがって、検認を受けなくても遺言が無効になることはなく、また検認を受けたからといって無効な遺言が有効になることはありません。登記の実務では、遺言書を添付して不動産の相続登記申請をする場合、公正証書および法務局で保管された自筆証書以外の遺言書は検認が必要です。

⑤　罰　則

　家庭裁判所で検認手続をしなかった人は、封印のある遺言書を家庭裁判所で開封手続しなかった場合と同様、5 万円以下の過料に処せられます。なお過料は、刑罰ではありません。

Q15　遺留分制度

　遺贈や贈与によって遺留分が侵害されました。受遺者や受贈者に対してどのような主張ができますか。

　平成30年7月、国会で民法（相続法分野）が改正され、遺留分の制度について改正が行われました。この改正は、令和元年7月1日から施行されています。

1　これまでの問題点

　これまでは、遺贈や贈与（以下「遺贈等」という）によって遺留分が侵害された者（以下「遺留分権利者」という）は、遺留分減殺請求権を行使することができました。この遺留分減殺請求権が行使されると、「物権的効果」が生じ減殺の対象とされた遺贈等は、遺留分権利者の遺留分を侵害する限度で失効し、その限度で、遺贈等の目的財産が遺留分権利者に帰属すると解されていました。

　そして、遺留分減殺請求権を行使された受遺者または受贈者（以下「受遺者等」という）は、遺留分権利者に対し、遺贈等に係る現物を返還するか、それに代えて遺留分侵害額の価額弁償をするか選択をするとされていました。受遺者等が価額弁償を選択しないときは、遺留分権利者のほうから価額弁償を請求することはできませんでした。

　しかし、遺留分減殺請求権の行使により物権的効果が生じると、多くの場合、遺留分権利者と受遺者等が目的財産（例えば、不動産等）を共有することとなり、共有となった目的財産の処分が困難となって、共有関係の解消をめぐって紛争が長期化する可能性がありました。また、そもそも遺留分制度は、最低限の相続分の確保等が目的であるので、物権的効果までは必要なく遺留分侵害額に相当する価値を金銭で変換させれば十分であると考えられます。

そこで、遺留分について金銭債権化する改正が行われました。

2　遺留分制度の改正

(1)　金銭債権化

　　改正後の民法1046条1項は、「遺留分権利者…は、受遺者（特定財産承継遺言〔いわゆる「相続させる」旨の遺言のこと。〕により財産を承継し又は相続分の指定を受けた相続人を含む。…）又は受贈者に対し、遺留分侵害額に相当する金銭の支払を請求することができる。」とし、遺贈等の効力を維持したまま、遺留分権利者が具体的な金銭請求権（遺留分侵害額請求権）を有するものとしました。

　　これまで実務では、いわゆる「相続させる」旨の遺言や相続分の指定も、遺留分減殺の対象とされていましたが、改正法では、これらが遺留分侵害額請求権の対象となることが明記されました。

(2)　受遺者等の負担の順序・割合

　　遺留分侵害額請求権の行使を受けた受遺者等は、遺留分権利者に対し金銭債務を負担します。

　　受遺者等が複数いる場合の順序や割合は、これまでの規律が維持されました（民1047 I）。具体的には、①受遺者と受贈者があるときは受遺者が先に負担する、②受遺者が複数あるときまたは受贈者が複数ある場合でその贈与が同時にされたものであるときは、受遺者または受贈者がその目的物の価額の割合に応じて負担する（ただし、遺言に別段の意思が表示されたときは、その意思に従う）、③受贈者が複数あるとき（②を除く）は、後の贈与に係る受贈者から順次前の贈与に係る受贈者が負担することとなります。

(3)　受遺者等の保護

　　上記の遺留分侵害額請求権の行使を受けた受遺者等が一時に全額を負担することができない場合も想定されるため、裁判所は、当該

基礎編　作成編　見直し編　相続発生後編

請求権の全部または一部の支払いにつき相当の期限を許与すること
ができることとされました（民 1047 Ⅴ）。

Q16　遺留分侵害額の計算方法（特別受益等の価額）

　遺留分侵害額の計算において、①相続人に対する特別受益、②負担付贈与、または③不相当な対価による有償行為があった場合、どのように考慮すべきでしょうか。

　平成30年7月、国会で民法（相続法分野）が改正され、遺留分を算定するための財産の価額の計算に当たり、上記3点について具体的な規律が設けられました。この改正は、令和元年7月1日から施行されています。

1　相続人に対する特別受益の場合

　遺留分を算定するための財産の価額は、①被相続人が相続開始の時において有した財産の価額に②その贈与した財産の価額を加えた額から③債務の全額を控除した額とするとされています（民1043）。

　ここで、上記②の贈与に関し、相続人以外の者に対する贈与は、相続開始前の1年間に限り算入されています（民1044Ⅰ）。これに対し、相続人に対する贈与は、判例で時期に限定なくすべてが算入されるとされていました（最判平成10年3月24日）。

　しかし、これでは相当に古い贈与であっても遺留分を算定するための財産の価額に算入されてしまい法的安定性を害します。また、生前贈与を遺留分で考慮するのは、相続開始の直前に贈与して遺留分制度を潜脱するのを防止する目的ですから、無期限で生前贈与の額を算入する必要もありません。

　そこで、改正後の民法1044条3項は、相続人に対する贈与については、相続開始前の10年間の、婚姻もしくは養子縁組のためまたは生計の資本として受けた贈与（つまり「特別受益」としての贈与）に限って、遺留分を算定するための価額に算入することとしました。

基礎編

作成編

見直し編

相続発生後編

なお、いずれの場合も、当事者双方が遺留分権利者に損害を加えることを知ってした贈与は、時期に限定なく遺留分を算定するための価額に算入されます（民1044 I 第2文）。

2 負担付贈与の場合

　負担付贈与がされた場合、遺留分を算定するための価額に算入する「贈与した財産の価額は、その目的の価額から負担の価額を控除した額とする。」と明確にされました（民1045 I）。

　これは、改正前の民法1038条が、負担付贈与の場合、贈与の価額から負担の価額を控除したものについて「減殺を請求することができる。」とだけ規定しており、遺留分を算定するための価額に算入するのが、①贈与の価額か、②贈与の価額から負担の価額を控除した残額か、両説あったため、後者を採用することを明確にしたものです。

　なお、遺留分侵害額請求権が行使された場合における受遺者等の負担額の上限にも、この考え方が準用され（民1047 II）、負担付贈与の場合、贈与の価額から負担の価額を控除したものが上限額となります。

3 不相当な対価による有償行為の場合

　不相当な対価による有償行為の場合（例えば、被相続人が不動産を不当に安い対価で売却した場合）、当該行為の「当事者双方が遺留分権利者に損害を与えることを知ってしたものに限り、当該対価を負担の価額とする負担付贈与とみなす。」ものとされました（民1045 II）。

　なお、遺留分侵害額請求権が行使された場合における受遺者等の負担額の上限にも、この考え方が準用され（民1047 II）、不相当な対価による有償行為の場合、目的財産の価額から当該対価を控除したものが上限額となります。

Q17 遺留分侵害額の計算方法

遺留分侵害額の計算方法は、平成 30 年の民法
の改正によりどのように変更されたのでしょうか。

　平成 30 年 7 月、国会で民法（相続法分野）が改正され、遺留分侵
害に対する救済の金銭債権化に伴い、規律を変更しました。この改正
は、令和元年 7 月 1 日から施行されています。

1 遺留分侵害額の計算方法

　まず、遺留分は次のとおり計算されます（民 1042）。

・遺留分

　＝　遺留分を算定するための財産の価額

　　×　相対的遺留分額（2 分の 1。直系尊属のみの場合 3 分の 1）

　　×　遺留分権利者の法定相続分

　ここで、遺留分を算定するための財産の価額は次のとおりです（民
1043）。なお、贈与の額に関し、Q16 も参照。

・遺留分を算定するための財産の価額

　＝　被相続人が相続開始時に有した積極財産の価額

　　＋　贈与の価額（原則として、相続人に対するものは 10 年間、
　　　それ以外は 1 年間）

　　－　債務の全額

　そして、遺留分侵害額は次のとおり計算します（民 1046 Ⅱ）。

・遺留分侵害額

　＝　遺留分

　　－　遺留分権利者が受けた特別受益

　　－　具体的相続分（特別受益を考慮して法定相続分に修正した
　　　もの。ただし、寄与分は考慮しない）に応じて遺産分割によ

基礎編

作成編

見直し編

相続発生後編

り取得すべき遺産の価額。

+　遺留分権利者が相続分に応じて承継した相続債務の額

2　遺留分侵害額の計算から控除する金額について

　遺留分侵害額の計算では、「具体的相続分（特別受益を考慮して法定相続分に修正したもの。ただし、寄与分は考慮しない）に応じて遺産分割により取得すべき遺産の価額」が控除されます。

　「遺産分割により取得すべき遺産の価額」とされているのは、遺留分侵害額請求権は相続開始時の事情（遺産や特別受益の有無及び額）により定まり、遺産分割手続の進行状況によって変動するのは不自然であるため、遺留分権利者が実際に遺産分割で取得する内容にかかわらず遺留分侵害額を一定とするためです。

3　遺留分侵害額の計算で加算する金額について

　遺留分侵害額の計算では、「遺留分権利者が相続分に応じて承継した相続債務の額」を加算します。

　この点、例えば、被相続人の営んでいた個人事業について、受遺者等が承継した場合、当該受遺者等が事業に関連する相続債務について、他の相続人が相続分に応じて弁済するのを待たず、自ら弁済する場合が考えられます。その場合に、受遺者等がいったん遺留分権利者に遺留分侵害額を支払ったうえ、相続債務のうち受遺者等の負担部分を超えて支払った額を求償するのは迂遠です。

　そこで、改正後の民法1047条3項において、遺留分権利者から遺留分侵害額請求権の行使を受けた受遺者等は、当該遺留分権利者が相続分に応じて承継した相続債務について、弁済その他の債務を消滅させる行為をした場合、遺留分権利者に対する意思表示によって、遺留分侵害額請求権の行使により受遺者等の負担する金銭債務を消滅させることができることとされました。

Q18　遺留分と遺留分割合

　夫が死亡し、配偶者である私と子３人が相続人です。遺言ですべての財産を長男に相続させるとなっていました。長男以外は不満ですが、仕方がないのでしょうか。

　遺言によってすべての財産を取得するとされた長男に対し、妻、次男および三男は遺留分を請求することができます。

1　遺留分とは

　「遺留分制度」とは、被相続人の財産管理の自由と遺族の生活保障および遺産形成に貢献した遺族の潜在的持分の清算という相続人の保護との調整を図る趣旨から、被相続人が有していた相続財産について、その一定割合の承継を一定の法定相続人に保障する制度です（民1042以下）。

　「遺留分」とは、被相続人の財産の中で、法律上その取得が一定の相続人に保留され、被相続人の自由な処分（贈与・遺贈）に制限が加えられている持分的利益をいいます。

2　遺留分の割合

⑴　総体的遺留分の割合

　民法では、以下のように定められています。なお、第３相続順位の兄弟姉妹には遺留分はありません。

①　直系尊属のみが相続人である場合

被相続人の財産の３分の１が遺留分（民1042Ⅰ①）

基礎編

作成編

見直し編

相続発生後編

② それ以外の場合

被相続人の財産の2分の1が遺留分（民1042 I ②）

(2) 個別遺留分の割合

個別遺留分とは、総体的遺留分の割合に法定相続分の割合を乗じたものです（**Q67**参照）。

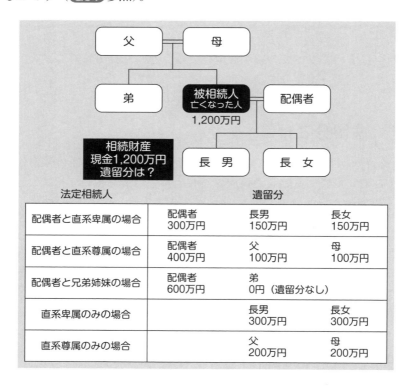

法定相続人	遺留分		
配偶者と直系卑属の場合	配偶者 300万円	長男 150万円	長女 150万円
配偶者と直系尊属の場合	配偶者 400万円	父 100万円	母 100万円
配偶者と兄弟姉妹の場合	配偶者 600万円	弟 0円（遺留分なし）	
直系卑属のみの場合		長男 300万円	長女 300万円
直系尊属のみの場合		父 200万円	母 200万円

3 遺留分侵害額請求権の行使

　遺留分を有する人の遺留分の主張は、個々の遺留分権利者の自由意思に委ねられています。遺留分を主張したい場合は、遺留分侵害額請求権の行使をすることになります。もっとも、遺留分侵害額請求権の行使は、親族間の紛争を惹起することになりますので、一度相続人間で話し合い、検討することも必要でしょう（Q90参照）。

　また、平成30年の民法（相続法分野）の改正により、遺留分の制度が改正された点については、Q15、Q16、Q17をご参照ください。

基礎編

作成編

見直し編

相続発生後編

Q19 遺産分割協議書作成の注意点

遺産分割協議書を作成する場合の注意点を教えてください。

1 遺産分割協議書作成の手続き

遺産分割に関して共同相続人間で合意が成立した場合には、その協議内容を証明するため、遺産分割協議書を作成しておくべきです。遺産分割協議書には共同相続人全員が署名・押印しなければなりません。全員が集まって一度の機会に作成、署名・押印する方法でも、持ち回りで相続人がそれに署名・押印する方法のいずれでも、相続人全員が記載内容を承認して署名・押印すれば、遺産分割協議は成立します。実務的には、同一内容の協議書を同時に相続人に送り、すべての相続人から同意を得ることで協議書とすることもあるようです。

また多数の相続人がいて、相続分がなくてもよいという相続人がいる場合には、それらの相続人から特定の相続人に相続持分の譲渡書を出してもらい、残る相続人だけで遺産分割協議書を作るという方法もあります。

2 遺産分割協議書の効用

遺産の中に不動産がある場合は、遺産分割協議書は「相続を証する書面」となり、協議書によって相続による取得登記ができます。

登記以外にも、被相続人名義の預貯金の名義書換えや相続税の申告の関係などにも遺産分割協議書が必要とされる手続きがあります（Q1参照）。

3 遺産分割協議書作成上の注意点

① 誰がどの遺産を取得するのかを明記する必要があります。取得すべき遺産については、それを特定できる事項を記載します。

② 住所の記載は、住民票や印鑑証明に記載されているとおりに記載します。

③ 捺印は印鑑証明書を添付し、実印を用います。

④ 銀行、証券会社などによっては、各金融機関所定の用紙に相続人全員の実印による押印を要求するところがありますので、あらかじめ銀行等に確認し、必要であれば、協議書に対する捺印と同時に、専用書類への押印を済ませられるようにするとスムーズです。

⑤ 作成する通数は、各相続人が1通ずつ所持できるよう、相続人の人数と同じ通数を作成するとよいでしょう。

⑥ 代償金による調整がある場合には、その金銭授受が遺産分割の一環としての代償金であり、贈与ではないことを明確にするために、同協議書に明記します。

遺産分割協議書

　令和〇年〇月〇日死亡した被相続人A（以下「A」という。）の相続財産について、Aの妻である共同相続人甲（以下「甲」という。）、Aの長男である共同相続人乙（以下「乙」という。」Aの次男である丙（以下「丙」という。）との間で遺産産分割協議を行い、本書のとおり合意したため、本書を4通作成する。

（遺産分割の対象とする財産の確認）

第1条　甲、乙、及び丙は、被相続人Aの遺産が別紙遺産目録記載のとおりであることを確認する。仮に、今後これ以外の遺産が新たに発見されたときは、当事者全員は、その分割につき別途協議する。

（甲の取得分）

第2条　甲は、別紙遺産目録第1記載の不動産及び同第2記載の借地

基礎編

作成編

見直し編

相続発生後編

権をすべて取得する。

（乙の取得分）

第3条　乙は、別紙遺産目録第3記載の株式、同第4記載のゴルフ会員権、及び同第5記載の預金を取得する。

（丙の取得分）

第4条　丙は、別紙遺産目録第6の投資信託、同第7の自動車、及び第8の動産を取得する。

（祭祀の承継者）

第5条　甲、乙、及び丙は、○○家の祖先の祭祀を主宰する者を乙と定める。

2　○○家の系譜、祭具及び墓の所有権並びに墓地の使用権は、乙が取得する。

（代償債権債務）

第6条　甲は上記の財産を取得する代償として、乙に金○○万円、丙に金○○万円を支払う。

以　上

令和○○年○○月○○日

　　　　　　　　　　　　　　　甲
　　　　　　　　　　　　　　　　住　所
　　　　　　　　　　　　　　　　　○　○　○　○　㊞
　　　　　　　　　　　　　　　乙
　　　　　　　　　　　　　　　　住　所
　　　　　　　　　　　　　　　　　○　○　○　○　㊞
　　　　　　　　　　　　　　　丙
　　　　　　　　　　　　　　　　住　所
　　　　　　　　　　　　　　　　　○　○　○　○　㊞

遺産目録

第1 不動産

  1 所　　　　在　○○区○○町○丁目

    地　　　　番　○○番○

    地　　　　目　宅地

    地　　　　積　○○．○○平方メートル

  2 所　　　　在　○○区○○町○丁目○○番地

    家 屋 番 号　○○

    種　　　　類　居宅

    構　　　　造　木造亜鉛メッキ鋼板瓦交葺○階建

    床　面　積　壱階　○○．○○平方メートル

    　　　　　　　弐階　○○．○○平方メートル

  3 （一棟の建物の表示）

    所　　　　在　○○区○○町○丁目　○番地○

    建物の名称　○○

    （敷地権の目的たる土地の表示）

    土地の符号　　　1

    所在及び地番　○○区○○町○丁目○番○

    地　　　　目　宅地

    地　　　　積　○○．○○平方メートル

    （専有部分の建物の表示）

    家屋番号　　　○○

    家屋番号　　　○○区○○町○丁目○番○の○

      建物の番号　　　○

      種　　　類　居宅

      構　　　造　鉄筋コンクリート造○階建

      床　面　積　○階部分　○○．○○平方メートル

　　　　　（敷地権の表示）
　　　　　　敷地権の種類　　所有権
　　　　　　敷地権の割合　　○○分の○○

第2　借地権
　　所　　　　在　　○○区○○町○丁目
　　地　　　　番　　○○番
　　地　　　　目　　宅地
　　地　　　　積　　○○．○○平方メートル
　　のうち○○．○○平方メートル
（別紙図面の ABCDE の各点を順次結んだ縁内の土地）

第3　株　式
　　1　会社名　　○○
　　　　普通株　　○万株

第4　ゴルフ会員権
　　1　経営会社　　○○
　　　　コース名　　○○カントリークラブ
　　　　番　　号　　第○号

第5　預　金
　　○○銀行　　○○支店　　○○預金　　口座番号○○
　　　　　　　　金○○万円（相続開始時残高）

第6　投資信託
　　○○投信　　○○ファンド　　○口

第7　自動車
　　普通乗用車1台
　　車名　　○○

登録番号　東京○○あ○○-○○

車台番号　第○○号

名義人　A

第8　動　産

1　絵画　○○作　「○○」

以　上

Q20　遺言・協議・調停・審判による遺産分割

　遺産分割の手続きにはどのようなものがありますか。

1　遺産分割の定義

　「遺産分割」とは、被相続人が死亡時に有していた財産（遺産）について、個々の相続財産の権利者を確定する手続きです。遺産分割の手続きとしては、「遺言による遺産分割」とそれ以外の遺産分割に分かれます。遺言以外の遺産分割の手続きとしては、「協議による遺産分割」、「調停による遺産分割」、「審判による遺産分割」があります。

2　遺言による分割

　被相続人は、遺言で、分割の方法を定め、もしくはこれを定めることを第三者に委託することができます（民908）。

　「分割の方法を定める」とは、例えば、「妻には居住家屋を、長男には田畑を、長女には山林を相続させる」というように、分割の具体的な方法、すなわち、各相続人の取得すべき遺産を具体的に定めることです。このような遺言が残されたときは、遺言執行者（民1004～1021）の行為により分割が実行されます。

　「分割の方法を定める」遺言は、同時に相続分を定める遺言（例えば、妻に3分の2の財産を相続させるという遺言のこと）といえますが、遺留分を害する指定をしても遺言自体は無効とはなりません。遺留分侵害額請求の対象となるにすぎません。

3　協議による分割

　共同相続人全員の合意により遺産を分割する手続きです。共同相続

人は、被相続人が遺言で分割を禁じた場合（民908）を除き、いつで
もその協議で遺産の分割をすることができます（民907）。被相続人が
遺言で遺産分割を禁じているようなケース以外では、遺言があっても
協議によって遺産分割を行う場合があるということです。遺言が相続
人間の紛争を巻き起こす場合もありますので、遺言が存在する場合、
遺言で分割を行うのか、協議で行うのかを慎重に検討する必要があり
ます。

　協議の成立には、共同相続人全員の意思の合致が必要です。全員の
意思の合致がある限り、分割の内容は共同相続人の自由に定めること
ができます。また、分割の態様についても、現物分割、換価分割、代
償分割等、自由な方法がとれます。

4 調停による分割

　分割協議がまとまらないときや協議ができないときは、各共同相続
人は家庭裁判所に分割を請求できます（民907Ⅱ）。分割の申立ては調
停手続の申立てによってなされます。いきなり遺産分割の審判の申立
てもできますが、遺産分割の審判申立があっても、まず調停手続に付
し、話合いによる解決を試みるのが一般的です。

　調停分割は、調停委員または家事審判官（＝裁判官）が話合いの仲
立ちをしてくれること、及び合意が成立した場合作成される調停調書
の記載には確定した審判と同一の効力（強制執行ができる）があるこ
と（家審21Ⅰ、15）が特徴です。遺産分割調停は一般的に、⒤誰が（相
続人の確定）、ⅱ何を（遺産の範囲の確定）、ⅲどのような割合で（法
定相続分を特別受益、寄与分で修正して算出した具体的相続分）、ⅳ
どのように分けるか（分割方法）という手順で進行することになって
います。

5 審判による分割

　遺産分割調停が不成立となった場合、審判手続に移行します（家事

事件手続法 272 Ⅱ、Ⅳ）。審判分割においては、家庭裁判所の裁判官が、遺産に属する物または権利の種類及び性質、各相続人の年齢、職業、心身の状態および生活の状況その他一切の事情を考慮して（民 906）、各相続人の相続分に反しないよう分割します。

また、特別の事情がある場合には、家庭裁判所は、期間を定めて、遺産の全部または一部について、分割を禁止することができます（民 907 Ⅲ）。金銭の支払い、物の引渡し、登記義務の履行その他給付を命ずる審判は、相手が任意に履行しない場合、これに基づいて強制執行ができます（家事事件手続法 75)。

Q21 相続税の納税義務者・申告制度・納付方法

相続税申告について概要を教えてください。

相続税は、人の死亡によって財産が移転する機会に、その財産に対して課される国の税金です。被相続人から相続または遺贈により財産を取得した者は、課税価格を計算し、その課税価格が基礎控除額を超える場合には相続税の申告義務が発生します。

1 相続税とは

相続税は、人の死亡によって財産が移転する機会に、その財産に対して課される国の税金です。

2 相続税の納税義務者及び相続税が課税される財産の範囲

相続税の自然人としての納税義務者及び課税される財産の範囲は、次のようになります（相法1の3）。

相続税のかかる人	課税される財産の範囲
① 相続や遺贈で財産を取得した人で、財産をもらった時に日本国内に住所を有している人（その人が一時居住者である場合には、被相続人が一時居住被相続人または非居住被相続人である場合を除く）	取得したすべての財産

相続税のかかる人	課税される財産の範囲
② 相続や遺贈で財産を取得した人で、財産をもらった時に日本国内に住所を有しない次に掲げる人 イ 財産をもらった時に日本国籍を有している人の場合は、次のいずれかの人 　(イ) 相続の開始前10年以内に日本に住所を有していたことがある人 　(ロ) 相続の開始前10年以内に日本に住所を有していたことがない人（被相続人が一時居住被相続人または非居住被相続人である場合を除く） ロ 財産をもらった時に日本国籍を有していない人（被相続人が一時居住被相続人、非居住被相続人または非居住外国人である場合を除く）	取得したすべての財産
③ 相続や遺贈で日本国内にある財産を取得した人で、財産をもらった時に日本国内に住所を有している人（①に掲げる人を除く）	日本国内にある財産
④ 相続や遺贈で日本国内にある財産を取得した人で、財産をもらった時に日本国内に住所を有しない人（②に掲げる人を除く）	日本国内にある財産
⑤ 上記①～④のいずれにも該当しない人で贈与により相続時精算課税の適用を受ける財産を取得した人	相続時精算課税の適用を受ける財産

③ 相続税の申告制度

相続税は、相続等により財産を取得した者が、自ら相続税の納税義務者となるかを判定し、税額を計算し、申告書を作成して提出し、かつ、納付する「自己申告制度」となっています。その基本的な事項を整理すると次のようになっています。

(1) 申告書の提出義務者

相続税の申告書の提出義務者は、相続等により取得した財産及び相続時精算課税の適用を受けて贈与により取得した財産の合計額（小規模宅地等についての課税価格の計算の特例等を適用しないものとして計算した財産の合計額）が遺産に係る基礎控除額を超える場合において、配偶者の税額軽減の特例の適用がないものとして計算を行ったときに、納付すべき相続税額が発生する相続人または受

遺者となります。

　同一の被相続人に係る相続税の申告について、相続人等が 2 人以上いる場合には共同して提出することができます（相法 27）。

　逆にいえば、財産の合計額が、その遺産に係る基礎控除額の範囲内であれば申告も納税も必要ありません。

(2)　申告書の提出期限

　相続税の申告は、原則として、被相続人が死亡したことを知った日の翌日から 10 カ月以内に、行うことになっています（相法 27）。

　なお、この期限が土曜日、日曜日、祝日などにあたるときは、これらの日の翌日が期限となります。

(3)　申告書の提出先

　相続税の申告書の提出先は、被相続人の死亡の時における住所が日本国内にある場合は、被相続人の住所地を所轄する税務署となります（相基通 27-3）。

　したがって、財産を取得した人の住所地を所轄する税務署ではありませんのでご注意ください。

(4)　マイナンバーの記載

　マイナンバー制度の導入により、相続税の申告書には申告者のマイナンバーの記載が必要になります。

　また、本人確認を行うため、各申告者の本人確認書類（マイナンバーカード、運転免許証など）の写しを添付しなければなりません。

基礎編

作成編

見直し編

相続発生後編

【申告要否の簡易判定シート】

相続税の申告が必要？
～申告要否の簡易判定シート（平成27年分以降用）～

※ 当シートは、「相続税のあらまし」と併せてご利用ください。

1 法定相続人の数（基礎控除額）の確認

法定相続人の数を確認して、基礎控除額の計算を行います。

① 被相続人（亡くなられた人をいいます。）の配偶者はいますか。
　　いる場合は「1」を入力してください。 ［半角数字］

② 被相続人の配偶者以外の相続人の確認です。
　　該当する場合は人数を入力してください。

| 子供はいますか？ | → **はい** → | ［半角数字］ 人 |

↓ **いいえ**

| 父母はいますか？ ※ 養父母も含みます。 | → **はい** → | ［半角数字］ 人 |

↓ **いいえ**

| 兄弟姉妹はいますか？ | → **はい** → | ［半角数字］ 人 |

「いいえ」の方はこちら

①と②の合計人数
（法定相続人の数）
0 人

Ⓐ　基礎控除額
3,000万円＋（600万円×法定相続人の数）
3,000 万円

・ 子供がいる場合の父母及び兄弟姉妹の人数、子供はいないが父母がいる場合の兄弟姉妹の人数は、入力しないでください。
・ 上記②の相続人が、被相続人が亡くなる前に既に亡くなっている場合や養子がいる場合については、「相続税のあらまし」でご確認ください。

2 相続財産及び債務等の確認

相続財産等の価額を入力してください。 ※ おおよその金額で結構です。

① 土地、建物、有価証券、預貯金、現金などのほか、金銭に見積もることができる財産 ［半角数字］ 万円

② 死亡に伴い支払われる生命保険金や退職金（一定の金額までは非課税となります。） ［半角数字］ 万円

③ 被相続人から生前に贈与を受けた財産（相続時精算課税適用財産・相続開始前3年以内に取得した暦年課税適用財産） ［半角数字］ 万円

④ 借入金などの債務、葬式費用 － ［半角数字］ 万円

Ⓑ　課税価格の合計額
0 万円

3 申告要否の簡易判定

「Ⓑ 課税価格の合計額」から「Ⓐ 基礎控除額」を差し引きます。

Ⓑ **0** 万円 － Ⓐ **3,000** 万円 ＝ Ⓒ **-3,000** 万円

Ⓒの金額がプラスになる場合は、相続税の申告手続が必要となる場合があります。

相続税には各種特例（小規模宅地等の特例、配偶者の税額軽減（配偶者控除）など）があり、申告手続を行うことにより適用を受けることができます。

税務署　この社会あなたの税がいきている

(5) 相続税の納付方法

① 原 則

相続税は、その申告期限までに、「金銭一括納付」を原則とします。実務上は、税務署備付の納付書に納税額を記入し、金融機関にて納付します（相法33）。

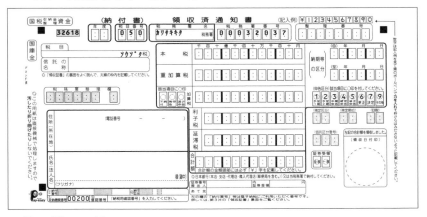

② 例 外

相続税は、他の税目と異なり財産に対して課税するものであることから、遺産のほとんどが不動産である場合など、金銭による納付が困難な場合も考えられます。

このような場合には、何年かに分けて相続税を納付する「延納制度」、相続等で取得した財産そのもので納付する「物納制度」があります。延納や物納を希望する場合には、申告書の提出期限までに税務署に申請書などを提出し、税務署長の許可を受けなければなりません。

4 申告期限までに遺産分割がまとまらない 場合（未分割）の申告

(1) 申告及び納付

相続税の申告は、原則として、相続人等が相続等により取得した財産について、自主的に相続税額を計算して申告しなければなりませんが、提出期限までに、遺産の分割がまとまらない、いわゆる「未分割」であるためそれぞれの相続人の取得財産が確定しない場合があります。このような未分割の場合において相続税の申告及び納税を延期することは、相続人間の個別的事情にゆだねられるところが大きい遺産分割の成否によって、相続税の実質的負担が左右されることとなり、課税の公平を保つことができません。

したがって、未分割の場合であっても民法の相続分または包括遺贈の割合により、取得した相続財産の価額及び承継債務の金額を計算し、原則どおり被相続人が死亡したことを知った日の翌日から10カ月以内に、相続税の申告及び納税をしなければならないこととされています（相法55）。

(2) 優遇規定の不適用

未分割の申告を行う場合には、減税効果の大きい「小規模宅地等についての課税価格の計算の特例」や、「配偶者の税額軽減の特例」などを適用することができませんので注意が必要です。

ただし、原則として申告期限から3年以内に遺産分割がまとまった場合には、これらの特例を適用して再申告等をすることができます（**Q22**、**Q23**参照）。

(3) 分割がまとまった場合の再申告等

未分割にて申告を行っていた場合において、その後、遺産分割がまとまった場合には、実際に取得した財産などに基づき相続税額を再計算して再度申告のうえ、申告額の再調整をすることができます。

　当初申告した相続税額よりも実際の分割に基づく相続税額のほうが多い場合には「修正申告」のうえ、差額を納付します。逆に、当初申告した相続税額よりも実際の分割に基づく相続税額のほうが少ない場合には、分割のあったことを知った日の翌日から4カ月以内に、「更正の請求」を行って、差額を還付してもらうことができます。

基礎編

作成編

見直し編

相続発生後編

【相続税の申告書】

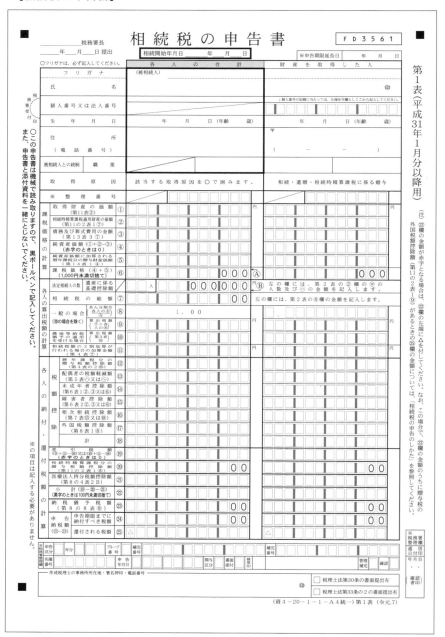

Q22　相続税の計算方法

相続税の計算について概要を教えてください。

　相続税の計算は、大きく分けると「課税価格の計算」「相続税額の総額の計算」「各人の納付税額の計算」の３段階から構成され、次ページのような流れになっています。

【相続税の計算の流れ】

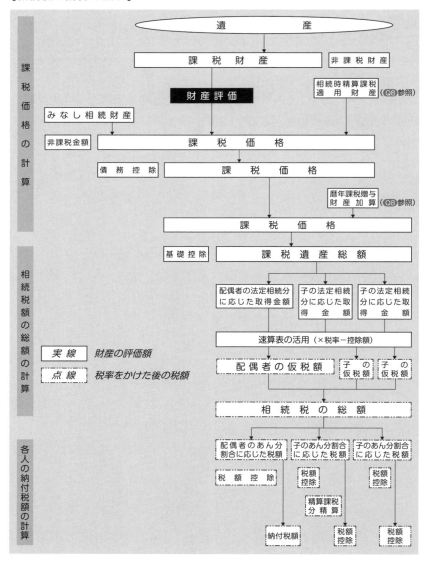

1 相続税がかかる財産

　相続税の課税対象となる財産（課税財産）は、民法に従って相続や遺贈により取得した財産です。そして、ここでいう財産とは、金銭に見積もることができる経済価値のあるものすべてが含まれます。したがって、現金、預貯金、有価証券、宝石、土地、家屋、家庭用財産、骨董品などのほか、貸付金などの債権、信託の受益権や電話加入権等も含まれますし、営業権など法律上の根拠を有しないものであっても経済的な価値が認められているものも含まれます（相基通11）。

　主たる課税財産とその調査方法は、次のとおりです。

種　類	細　目	財産の例示、利用区分等	調査方法 調査事項
土地（土地の上に存する権利を含む）	田　畑	自用地、貸付地、賃借権（耕作権）、永小作権	○農業委員会の農地の証明書 ○市区町村役場の固定資産評価証明書
	宅　地	自用地（事業用、居住用、その他） 貸付地、貸家建付地 借地権（事業用、居住用、その他）	○固定資産評価証明書 ○税務署の路線価図または倍率表
	山　林	普通山林、保安林（またはこれらに対する地上権、賃借権）	固定資産評価証明書
	その他の土地	原野、牧場、池沼、鉱泉地、雑種地（またはこれらに対する地上権、賃借権、温泉権または引湯権）	固定資産評価証明書
建　物	家　屋 構築物	自用家屋、貸家 駐車場、養魚池、広告塔	固定資産評価証明書
事業（農業）用財産	機械、器具、農機具、その他の減価償却資産	機械器具、農機具、自動車、船舶など	名称と年式
		牛馬等（農耕用、乳牛など）	用途と年齢
		果樹（かんきつ、なし、ぶどう、もも、かき、びわ、くり、うめ、茶）	樹種、樹齢
		営業権	事業の種目と商号
	商品、製品、半製品、原材料、農産物等	商品、製品、半製品、原材料、農産物等の別にそれらの明細を記載する	商品有高帳、在庫品明細帳等
	売掛金	－	売掛金元帳等
	その他の財産	電話加入権	加入局と電話番号
		受取手形その他	受取手形記入帳等

基礎編
作成編
見直し編
相続発生後編

種　類	細　目	財産の例示、利用区分等	調査方法 調査事項
有価証券	特定同族会社 株式、出資	配当還元方式によるもの	会社の配当額
		その他の方式によるもの	会社の営業報告書決算書等
	上記以外の株式出資	上場株式、気配相場のある株式	新聞の経済欄、証券新聞等の取引相場のわかる書類
	公債、社債	国債、地方債、社債、外国公債	
	受益証券	証券投資信託、貸付信託の受益証券	
現金、預貯金等	現　金	金銭、小切手	被相続人の手許
	預　金 貯　金 その他	普通預金、当座預金、定期預金、通常郵便貯金、定額郵便貯金、定期積金、金銭信託など	預金の残高証明（利息の分も含む）通帳等
家庭用財産	生活用具	家具、什器	名　称
その他の財産	みなし相続財産 生命保険金等	死亡保険金	保険契約の内容
	みなし相続財産 退職手当金等	死亡退職金、弔慰金	支給の内訳
	みなし相続財産 その他のみなし相続財産	生命保険契約に関する権利 信託に関する権利など	―
	立　木	杉、ひのき、松、くぬぎ、雑木等	樹種、樹齢（保安林であるときはその旨）
	装身具	貴金属、宝石	名称、材料
	趣味用品	競走馬、ゴルフ会員権、ヨット、書画、骨董、スポーツ用品	用途、銘柄、作者
	交通手段	事業用でない自動車等	名称、年式
	その他	特許権、著作権	名称、登録番号等
		電話加入権	加入局と電話番号
		貸付金、未収配当金、未収家賃	―

2　みなし相続財産

　民法上は相続または遺贈により取得した財産（本来の財産）でなくても、実質的には相続等により財産を取得したのと同様の経済的効果があると認められる場合には、担税力や課税の公平の観点から、その受けた経済的利益を相続等により取得したものとみなして、相続税の課税財産に算入することとしています。このような財産を「みなし相続財産」といい、代表的なものとしては「生命保険金」と「退職金」

があります。

　なお、みなし相続財産による利益を受けた者が相続人であるときは「相続」、相続人以外の者であるときは「遺贈」により取得したものとみなされます（生命保険については、**Q77**参照）。

③　債務控除

　相続税は、相続または遺贈により受けた利益にその担税力を求めて課税する税金（正味財産課税）となっていますので、相続人等が被相続人の債務を承継して負担するとき、または葬式費用を負担するときは、その負担分だけ担税力は減殺されることになります。そこで、債務と葬式費用は相続税の計算にあたって控除できることとされています。

　ただし、原則として、相続放棄者や相続権喪失者はこの債務控除を受けることはできません（相法13）。

④　相続税額の総額

　相続または遺贈により財産を取得した者の各人の相続税は、「相続税の総額」に課税価格の合計額に占める各人の課税価格の割合を乗じて算出することとなりますので、まずは相続税の総額を計算していきます（相法16）。

　相続税の総額を算出する手順は、概ね次のようになります。

　①　各人の相続人等の課税価格の合計額から、

　②　遺産に係る基礎控除額を控除した金額（課税遺産総額）を、

　③　法定相続人が法定相続分に応じて取得したものとした場合の

　④　その各取得金額につき、

　⑤　それぞれ相続税率を適用して計算した金額を、

　⑥　合計します。

基礎編

作成編

見直し編

相続発生後編

5 遺産に係る基礎控除額

　遺産に係る基礎控除額は、相続税の課税最低限を定めたものです。各人の相続人等の課税価格の合計額から次の算式により計算した「遺産に係る基礎控除額」を控除して課税遺産総額を計算します（相法15）。

> 遺産に係る基礎控除額＝3,000万円＋600万円×法定相続人の数

6 法定相続分に応じた算出税額の計算および相続税の総額

① 　課税遺産総額について、それぞれの法定相続人が民法に定める法定相続分に従って取得したものとして、それぞれの法定相続人の取得金額を計算します。

② 　さらに、それぞれの法定相続人の取得金額に、税率を乗じてそれぞれの法定相続人の算出税額を計算します。

③ 　それぞれの法定相続人の算出税額を合計して、相続税の総額を計算します（相法16）。

> ⅰ　課税遺産総額×各法定相続人の法定相続分＝法定相続分に応ずる各法定相続人の取得金額（A）
> ⅱ　（A）×税率－控除額　＝　各法定相続人の算出相続税額（B）
> ⅲ　（B）の合計　＝　相続税額の総額

　相続税の税率は、次の速算表を使用します。

各相続人の法定相続分に応する取得金額	税率	控除額
～1,000 万円以下	10%	－
1,000 万円超～3,000 万円以下	15%	50 万円
3,000 万円超～5,000 万円以下	20%	200 万円
5,000 万円～1 億円以下	30%	700 万円
1 億円超～2 億円以下	40%	1,700 万円
2 億円超～3 億円以下	45%	2,700 万円
3 億円超～6 億円以下	50%	4,200 万円
6 億円超～	55%	7,200 万円

7 各人の相続税額

　それぞれの相続人等の相続税額は、被相続人の全財産に係る相続税の総額に、それぞれの相続人等の課税価格が、課税価格の合計額のうちに占める割合（按分割合＝算式中の分数）を乗じて算出した金額となります（相法17）。

$$\text{相続税の総額} \times \frac{\text{それぞれの相続人等の課税価格}}{\text{課税価格の合計額}} = \text{各人の相続税額}$$

　なお、按分割合に小数点以下2位未満の端数がある場合には、財産を取得した人の全員が選択した方法によってそれぞれの按分割合の合計が1になるようその端数を調整して、各人の相続税額を計算しているときは、その計算が認められることとされています。

8 相続税額の加算

　遺産形成の貢献度、遺産取得の偶然性や子を飛ばして孫へ遺贈するなどの相続税課税機会回避を防止するため、次の者の相続税額は、通常の相続税額の2割増となります（相法18）。

① **1 親等の血族以外の者**

なお、被相続人の直系卑属でその被相続人の養子となっている者、いわゆる「孫養子」は、1親等の血族には含まれませんので、2割加算の適用を受けることとなります。ただし、被相続人の直系卑属が相続開始以前に死亡または相続権を喪失している場合において、その孫養子が代襲により相続人となっている場合には、2割加算の適用はありません。

2割加算の対象者を例示すれば、次のようになります。

◀2割加算の対象者▶

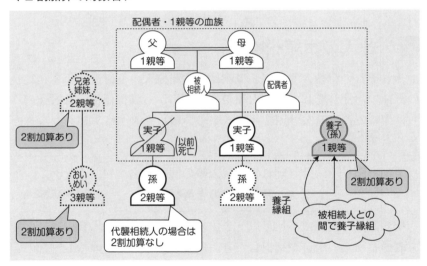

9 税額控除

税額控除とは、それぞれの相続人または受遺者の実情や他税目や過去の税負担などを考慮して、相続税額から控除するものをいい、6種類の税額控除が規定されています。

(1) 贈与税額控除

相続または遺贈により財産を取得した者が、相続開始前3年以内

に被相続人から贈与を受けた財産がある場合には、いわゆる「生前贈与加算」の規定により贈与された財産を相続税の課税価格に加算して、相続税額を計算します（**Q8**参照）。

　このときに生じる贈与税と相続税との二重課税を排除するために、その贈与税額を相続税の計算にあたって控除します（相法 19）。

(2)　配偶者の税額軽減

　配偶者の財産形成への貢献、今後の生活安定、第 2 次相続発生までの時間が比較的短いこと等の趣旨から配偶者の相続税負担を軽減する制度です。この控除が受けられる配偶者は「婚姻の届け出」をしている配偶者に限られます。事実上婚姻関係と同様の事情にある場合においても、婚姻の届け出をしていない、いわゆる内縁関係の場合には適用がありません。

　一方、配偶者であれば、制限納税義務者であっても、または配偶者が相続を放棄している場合であっても、この控除を受けることができます。

　この控除は、配偶者が実際に取得した正味の遺産額が、「1 億6,000 万円」または「配偶者の法定相続分相当額」のいずれか多い金額までは配偶者に相続税はかからないというものです。

　控除額の計算は、次の算式によります。

$$\text{配偶者の税額軽減額} = \text{相続税の総額} \times \frac{\text{AまたはBのうちいずれか少ない金額}}{\text{課税価格の合計額}}$$

A：「1 億 6,000 万円」または「配偶者の法定相続分相当額[※]」のいずれか多い金額
B：配偶者の課税価格
　※「配偶者の法定相続分相当額」とは、相続の放棄があった場合には、その放棄がなかったものとした場合における相続分をいいます。

基礎編

作成編

見直し編

相続発生後編

(3) 未成年者控除

① 控除が受けられる者

相続または遺贈により財産を取得した者が、次の要件を満たす未成年者である場合には、その未成年者の相続税額の計算にあたって、その未成年者の年齢に応じて計算した控除額を控除します（相法 19 の 3）。

ア　相続や遺贈で財産を取得したときに日本国内に住所がある人または、日本国内に住所がないが、日本国籍を有し、かつ、相続開始前 5 年以内に日本国内に住所を有したことがある人

イ　法定相続人（相続の放棄があった場合には、その放棄がなかったものとした場合における相続人）であること

② 控除額の計算

未成年者控除額＝（20 歳－相続開始時の相続人の年齢※）×10 万円

　※　算式中（　）内の 20 歳に達するまでの年齢に 1 年未満の端数があるときは、切り上げて 1 年として計算します。

③ 扶養義務者の相続税からの控除

上記の算式により計算した未成年者控除額が、その未成年者の相続税額よりも大きいため控除額の全額を控除できない場合には、その控除できない部分の金額をその未成年者の扶養義務者の相続税額から控除することができます。

(4) 障害者控除

① 控除が受けられる者

相続または遺贈により財産を取得した者が、次の要件を満たす障害者である場合には、その障害者の相続税額の計算にあたって、その障害者の年齢に応じて計算した控除額を控除します（相法 19 の 4）。

ア　相続や遺贈で財産を取得したときに日本国内に住所がある人

イ　法定相続人（相続の放棄があった場合には、その放棄がな

かったものとした場合における相続人）であること

ウ　85歳未満であること

② 控除額の計算

> 一般障害者の控除額＝（85歳－相続開始時の相続人の年齢※）×10万円
> 特別障害者の控除額＝（85歳－相続開始時の相続人の年齢※）×20万円

> ※　算式中（　）内の85歳に達するまでの年齢に1年未満の端数があるときは、切り上げて1年として計算します。

③ 扶養義務者の相続税からの控除

上記の算式により計算した障害者控除額が、その障害者の相続税額よりも大きいため控除額の全額を控除できない場合には、その控除できない部分の金額をその障害者の扶養義務者の相続税額から控除することができます。

(5) 相次相続控除

代々続けて相続が開始し、その都度相続税を払うのはあまりにも酷です。そこで救済処置として相次相続控除が設けられています。第2次相続における被相続人が、第1次相続で納付した相続税額について、第1次相続からの経過年数に応じ、1年につき10％ずつ減額するものです。ただし、適用対象者は相続人に限られます（相法20）。

$$
\text{相次相続控除額} = A \times \frac{C}{B-A} \times \frac{D}{C} \times \frac{10-E}{10}
$$

A：第2次相続の被相続人が、第1次相続において課税された相続税額
B：第2次相続の被相続人が、第1次相続において取得した財産の価額
C：第2次相続における財産の価額
D：第2次相続において、その相続人が取得した財産の価額
E：第1次相続から第2次相続までの年数（1年未満の端数切捨）

(6) 外国税額控除

相続または遺贈により国外財産を取得した者が、その国外財産に

基礎編　作成編　見直し編　相続発生後編

ついてその外国の相続税に相当する税が課税される場合には、その国外財産については外国と日本の二重課税が生じることから、これを排除するために、その外国税額を相続税の計算にあたって控除します（相法20の2）。

Q23 小規模宅地等の特例

> 　父には実家と別荘の２つの不動産があります
> が、実家について相続税がやすくなると聞きまし
> た。これはどういうことでしょうか。

基礎編

作成編

見直し編

相続発生後編

1 小規模宅地等の特例

　相続または遺贈によって取得した土地で、被相続人が自宅として住んでいた宅地、または事業の用に供していた宅地などについては、宅地の評価額の一定割合を減額したうえで、相続税額を計算することができます。これを「小規模宅地等についての相続税の課税価格の計算の特例」（略して、小規模宅地等の特例）といいます。

　この特例は、ⅰ相続人の生活基盤の維持安定、ⅱ土地処分に係る制約、ⅲ中小企業の事業継続による雇用や社会的基盤の維持を趣旨として昭和58年の税制改正で創設され、その後減額割合の改正等幾度かの改正を経て、現在に至っています。

　なお、この特例は相続または遺贈によって取得した土地を対象としていますので、相続開始前３年以内に贈与により取得した宅地等や相続時精算課税に係る贈与により取得した宅地等については、この特例の適用を受けることはできません。

2 適用の範囲

　個人が、相続または遺贈により取得した財産のうち、その相続の開始の直前において被相続人等の事業の用に供されていた宅地等または被相続人等の居住の用に供されていた宅地等のうち、一定の選択をしたもので限度面積までの部分については、相続税の課税価格に算入すべき価額の計算上、次に掲げる区分に応じて、区分ごとの限度面積まで、80％または50％が減額されます（措法69の4）。

【小規模宅地等の特例適用範囲】

相続開始の直前における宅地等の利用区分			要　件	限度面積	減額される割合
被相続人等の事業の用に供されていた宅地等	貸付事業以外の事業用の宅地等		特定事業用宅地等に該当する宅地等	400㎡	80%
	貸付事業用の宅地等	一定の法人に貸し付けられ、その法人の事業（貸付事業を除く）用の宅地等	特定同族会社事業用宅地等に該当する宅地等	400㎡	80%
			貸付事業用宅地等に該当する宅地等	200㎡	50%
		一定の法人に貸し付けられ、その法人の貸付事業用の宅地等	貸付事業用宅地等に該当する宅地等	200㎡	50%
		被相続人等の貸付事業用の宅地等	貸付事業用宅地等に該当する宅地等	200㎡	50%
被相続人等の居住の用に供されていた宅地等			特定居住用宅地等に該当する宅地等	330㎡	80%

用語の整理等

① 「被相続人等」とは、被相続人または被相続人と生計を一にしていた被相続人の親族をいいます。

② 「宅地等」とは、土地または土地の上に存する権利で、建物または構築物の敷地の用に供されているものをいいます。ただし、棚卸資産及びこれに準ずる資産に該当するものを除きます。

③ 「貸付事業」とは、「不動産貸付業」「駐車場業」「自転車駐車場業」、及び事業と称するに至らない不動産の貸付けその他これに類する行為で相当の対価を得て継続的に行う「準事業」をいいます（以下同じ）。

④ 「限度面積」については、選択する宅地等が以下のいずれに該当するかに応じて算定します。

　イ．特定事業用等宅地等と特定居住用宅地等の併用

　　特例の対象として選択する宅地等のすべてが特定事業用等宅地等及び特定居住用宅地等である場合（貸付事業用宅地等がない場

合）には、それぞれの適用対象限度面積の合計（400㎡＋330㎡＝730㎡）まで80％減額となります。

ロ．貸付事業用宅地等を同時に選択する場合

適用対象面積の計算については、次の算式による調整を行います。

$$\left(A \times \frac{200}{400}\right) + \left(B \times \frac{200}{330}\right) + C \leq 200㎡$$

A：「特定事業用宅地等」および「特定同族会社事業用宅地等」の面積の合計

B：「特定居住用宅地等」の面積の合計

C：「貸付事業用宅地等」の面積の合計

3 適用の具体例

(1) 適用のポイント

　小規模宅地等についての課税価格の計算の特例は、被相続人が所有していた限度面積までの宅地等について適用されますが、その適用要件や有利不利選択にあたっては、次の点を確認することがポイントになります。

① 宅地等をどのように利用していたか

② 誰（親族か親族以外の者）が利用しているのか

③ 建物の所有者は誰か

④ 建物の所有者と利用者が異なる場合における「家賃」の有無

⑤ 建物の所有者が被相続人以外である場合における「地代」の有無

⑥ 相続または遺贈による宅地等の新たな所有者は誰か

⑦ その新たな所有者は申告期限までにその宅地等をどのように利用しているか

⑧ その新たな所有者は申告期限までにその宅地等を保有していたか

(2) 特定事業用宅地等 (400㎡まで80%減額)

① 相続開始直前において被相続人の事業（貸付事業を除く）の用に供されていた宅地等で、その宅地等の取得者が被相続人の事業を承継して申告期限までにその事業を継続（事業継続要件）し、かつ、申告期限までその宅地等を保有（保有継続要件）していること。

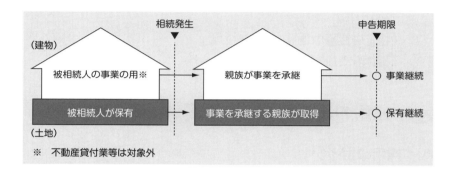

② 被相続人と生計を一にしていた親族の事業の用に供されていた宅地等で、その宅地等の取得者が相続開始の直前から申告期限までにその事業を継続（事業継続要件）し、かつ、申告期限までその宅地等を保有（保有継続要件）していること。

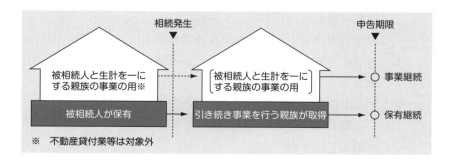

(3) 特定居住用宅地等（330㎡まで80%減額）

① 被相続人の居住の用に供されていた宅地等を配偶者が取得したこと。

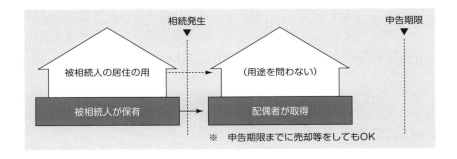

② 被相続人の居住の用に供されていた宅地等で、その宅地等を被相続人と同居していた親族が取得して申告期限まで引き続きその家屋に居住（居住継続要件）し、かつ、申告期限までその宅地等を保有している（保有継続要件）こと。

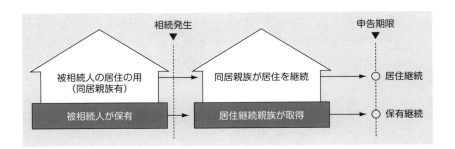

③　被相続人の居住の用に供されていた宅地等で、被相続人の配偶者または相続開始の直前において被相続人と同居していた親族がいない場合において、その宅地等の取得者が被相続人の親族であり、相続開始前3年以内に日本国内にある自己、3親等内の親族または特殊関係法人の所有する家屋に居住したことがなく（いわゆる家なき子）、かつ、その者が相続開始時に居住している家屋を所有していたことがないこと。さらに、申告期限までその宅地等を保有している（保有継続要件）こと。

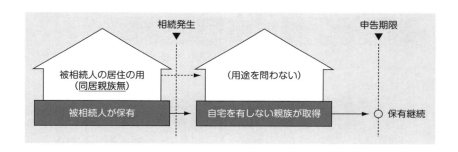

④　被相続人と生計を一にする親族の居住の用に供されていた宅地等で、被相続人と生計を一にしていた親族が取得して申告期限まで引き続きその家屋に居住（居住継続要件）し、かつ、申告期限までその宅地等を保有している（保有継続要件）こと。

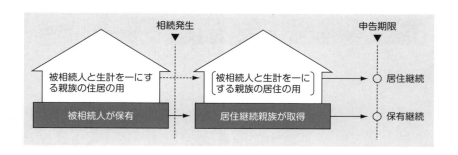

(4) 特定同族会社事業用宅地等（400㎡まで80%減額）

相続開始の直前から申告期限（事業継続要件）まで被相続人及び被相続人の親族等が発行済株式総数等の50%超を有している法人の事業（貸付事業を除く）の用に供されていた宅地等で、その宅地等の取得者が申告期限においてその法人の役員（法人役員要件）であり、かつ、申告期限までその宅地等を保有している（保有継続要件）こと。

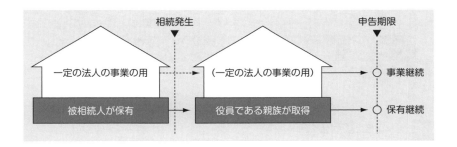

(5) 貸付事業用宅地等（200㎡まで50%減額）

① 相続開始直前において被相続人の貸付事業の用に供されていた宅地等（相続開始前3年以内に新たに事業の用に供された宅地等を除く）で、その宅地等の取得者が被相続人の事業を承継して申告期限までにその事業を継続（事業継続要件）し、かつ、申告期限までその宅地等を保有（保有継続要件）していること。

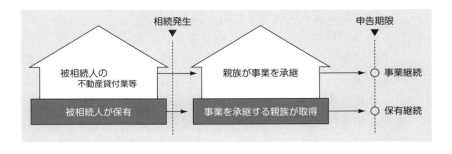

② 被相続人と生計を一にしていた親族の貸付事業の用に供されていた宅地等（相続開始前3年以内に新たに事業の用に供された宅地等を除く）で、その宅地等の取得者が相続開始の直前から申告期限までにその貸付事業を継続（事業継続要件）し、かつ、申告期限までその宅地等を保有（保有継続要件）していること。

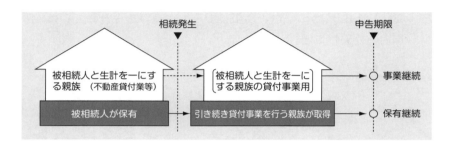

4 分割要件等

(1) 分割要件

　この特例は、相続税の申告期限までに、特例の対象となる宅地等について、分割されていない場合、いわゆる未分割の場合には適用がありません。

　ただし、申告期限までに分割されていない宅地等が、次のいずれかに該当することになったときには、「更正の請求」によってこの特例を適用することができます。

① **申告期限後3年以内に分割された場合**

② **申告期限後3年以内に分割できないことについてやむを得ない事情があり、所轄税務署長の承認を受けた場合で、分割できることとなった日から4カ月以内に更正の請求がなされたとき**

　なお、申告期限までに分割されていない宅地等について申告書の提出期限後に分割された場合にこの特例の適用を受けようとすると

きは、「申告期限後3年以内の分割見込書」を相続税の申告書に添付して提出しておく必要があります。

　また、申告期限後3年経過日に相続に関する訴えの提起がされているなどやむを得ない事情がある場合には申告期限後3年経過日から2カ月以内に「遺産が未分割であることについてやむを得ない事由がある旨の承認申請書」を提出しておく必要があります。

(2)　特例対象宅地等の選択に関する同意

　この特例の適用を受ける場合において、特例対象宅地等を相続等により取得した個人が2人以上いる場合には、この特例の適用を受けるものとする特例対象宅地等の選択についてその取得した個人全員の同意が必要となります。

5　申告要件

　この特例の適用を受けるためには、相続税の申告書（期限後申告書及び修正申告書を含む）に、この特例を受けようとする旨を記載するとともに、「小規模宅地等に係る計算の明細書」に必要事項を記載するほか、各特例の適用要件を証するため、「遺産分割協議書の写し」、「戸籍謄本」など一定の書類を添付する必要があります。

基礎編

作成編

見直し編

相続発生後編

Q24 遺言による信託の設定と遺言代用信託

「遺言信託」という言葉をよく耳にしますが、「遺言」とは異なるのでしょうか。

1 信託銀行の「遺言信託」と信託法を用いた遺言機能

信託銀行の「遺言信託」の多くは、遺言執行を信託銀行が行い、遺言書を信託銀行が預かるというものです。民法に定める遺言を信託銀行に任せて行う商品です。

これに対し、次に述べる、遺言による信託、遺言代用信託は Q25 で解説する信託の機能を利用し、死後の財産の管理・運用・分配・承継を取り決めるもので遺言では不可能なことも行うことができます。信託法を根拠に行うもので民法の定めによる遺言とは異なります。

2 遺言による信託の設定

被相続人が委託者となり遺言により信託を設定します。

遺言に「遺言者は……信託を設定する」と書くことになります。遺言ですから、遺言者の単独意思で行われ、遺言者が死亡時に信託の効力が発生します。法律上、公正証書で作成することが義務付けられてはいませんが、遺言者の意思が明確に証明できる公正証書で遺言することが実務上は大切です。

また、遺言により受託者に指定された者は、遺言者死亡後に受託者になるよう依頼されます。ただし、指定された者が信託を引き受けるかどうかは自由です。受託者は信託の要となりますので、遺言者は受託者と生前に綿密に打合せをしておくことが大切です。

受託者に指定された人が信託を引き受けない、もしくは認知症等の疾患で受託者の責務を負えない、または信託開始時に死亡していたな

どに備えて、第2受託者まで指定しておくことも遺言による信託では
大事です。

【文　例①】

第一条

　　遺言者は自身を委託者として次のとおり信託（以下、「本信託」
という）を設定する。

第一条の1（信託目的）

　　委託者の亡きあと委託者の妻Bの安定した生活資金の確保のた
めに、またより良い老後の生活を送れるようにするために信託す
る。

第一条の2（信託財産）

　　本信託の信託財産は、別紙財産目録記載の金融資産を換価した金
銭（以下「信託財産」という）とし、受託者は信託財産の管理・運
用・処分を行うものとする。

第一条の3（信託期間）

　　本信託の信託期間は、委託者死亡を始期とし次の事由が発生した
時までとする。

　　⑴　受益者の死亡時

　　⑵　信託財産が消滅したとき

　　⑶　その他信託法に定める事由が生じたとき

第一条の4（受託者および第2受託者）

　　本信託の受託者は、次の者とする。

　　住　　所

　　氏　名　　C（遺言者の二男）昭和○○年○○月○○日生

2　本信託始期時に受託者が死亡もしくは受託者を引き受けなかった
場合、また本信託開始後、受託者として業務を行えない事由が生じ
た場合、第2受託者として次の者を指定する。

　　住　　所

　　氏　名　　D（遺言者の二男の長男）平成○年○月○日生

第一条の5（受益者）

　　住　　所

　　氏　　名　Ｂ（遺言者の妻）昭和○○年○○月○○日生

第一条の6（管理の方法）

　(1)　受託者は信託金融資産については信託口座への移動を行い管理
　　する。

　(2)　受託者は、善良なる管理者の注意をもって信託財産にかかわる
　　管理、その他信託事務を処理するものとする。

　(3)　………………（以下具体的管理内容を記載）

第一条の7（受益者に対する支払い）

　　毎月末日に金○○万円を限度として、受託者が相当と認める額の
　生活費を受益者に支払う。

第一条の8（信託期間満了時における信託財産の帰属）

　　本信託終了時の信託財産は、信託終了時の受益者に帰属させる。

2　前項にかかわらず第一条の3(1)の規定により信託が終了したとき
　は、その信託財産の帰属すべき者として、受託者である上記Ｃを指
　定する。上記Ｃが信託期間満了時に死亡していた場合における信託
　財産の帰属すべき者として、上記第2受託者Ｄを指定する。

第一条の9（信託の変更）

　　受益者と受託者の合意により本信託の目的に反しない限り、信託
　の内容を変更することができる。

第一条の10（信託報酬）

　　受託者の信託報酬は年○○円とし、毎年12月に信託財産から支
　払いを受ける。

第一条の11（受益権の譲渡・分割の禁止）

　　××××××××××××××

第二条

　　前記妻Ｂが遺言者の亡くなる以前に死亡した場合は第一条の信託
　は設定しないこととし、第一条の2の信託財産は……に相続させ
　る。

第三条

基礎編

作成編

見直し編

相続発生後編

　　　　第一条による信託を設定した金融資産以外の財産を……に相続さ
せる
第四条
　　　遺言者は、本遺言の執行者として次のものを指定し下記の権限を
授与する。
(1)　第一条記載の本信託の設定手続に関する一切の件。
(2)
　　　⋮
付言　××××××

○　注　意　点

　信託の内容を変更させるためには、原則委託者・受託者・受益者の
合意が必要です（信法149Ⅰ）。遺言による信託の場合、委託者の地位
は信託行為に別段の定めがない限り相続されません（信法147）。信託
の効力が発生した時、委託者（遺言者）は死亡していますから、委託
者が不在となり信託が変更できる場合が限られてきます。
　遺言を作成してから亡くなるまでの間に諸事情が変わることはよく
あります。その場合、生前に決めた信託どおりに行うと不都合が生じ
ることがありますから、委託者の地位を指定されたものに移転させた
り信託の変更ができる方法を信託行為に定めておくとよいでしょう
（信法149Ⅳ）。例文は、受託者と受益者で信託の目的に反しない軽微
な変更ができるように定めています。

3　遺言代用信託（信法90）

　「遺言代用信託」とは、遺言同様の効果を得るために、委託者（被
相続人）と受託者との契約で行う信託です。契約で定めた信託行為に
より、委託者死亡後の受益者（以下、「死後受益者」という）に財産
を給付することにより、実質的に遺言と同様、財産の相続の仕方を指
定することができます。委託者死亡までは委託者を受益者とすれば、

遺言と同様の効果を相続の手続外で実現することになります。

　信託の内容を変更するためには原則委託者、受託者、受益者の合意が必要です。しかし遺言代用信託は、委託者が死後の受益者を変更できる権利を有します（信法90Ⅰ）。これは、遺言が遺言者単独で受遺者を変更できるのと同様の効力を信託にもたせるためです。

　ただし、上記条文には、「信託行為に別段の定めがあればその定めに従う」と書かれていますから、別段の定めをすれば、受益者の変更に制限を加えることが可能です。遺言では遺言者による書換えが防げないため、これを防ぐ手段として信託が利用されることがあります。

　信託の契約書は遺言による信託と同様公正証書で作成することが実務上大切です。その際、わかりやすい内容にして関係者に理解しやすい文章にすることが望まれます。

【文　例②】

　　本公証人は、当事者の嘱託により、次の法律行為に関する陳述の趣旨を録取し、この証書を作成する。

　　委託者Ａおよび受託者Ｂは、令和○○年○○月○○日、以下のとおり、信託契約を締結する。

第一条（信託の目的）

　　本委託者は次条の金融資産を信託財産とし（以下、「信託財産」という）、管理運用し受益者両名の安定した生活の支援と福祉を確保することを目的とした信託（以下、「本信託」という）をし、受託者はこれを引き受けた。

第二条（信託財産）

　　本信託の信託財産は、次の財産とする。

⑴　現金3,000万円

⑵　第九条の定めにより追加信託を受けた財産

第三条（信託の期間）

　　本信託の信託期間は、本契約締結時から次の事由が発生した時までとする。

(1)　委託者Ａおよびその妻Ｃが死亡したとき

(2)　信託財産が消滅したとき

(3)　その他信託法に定める事由が生じたとき

第四条（受託者）^{（※1）}

　　本信託の受託者は次の者とする。

　住　所　×××××××××××××

　氏　名　Ｂ（委託者の二男）昭和○○年○○月○○日生

第五条（受益者）

(1)　本信託の受益者は、委託者Ａの生存中は委託者Ａとし、委託者Ａ死亡後は、委託者の妻Ｃとする。

(2)　受益者Ｃは、委託者Ａの死亡により、本信託の委託者としての権利義務を承継する。

第六条（受益者に対する支払い）

(1)　受託者Ｂは委託者Ａから要求があった生活費等を、信託財産からの払戻しを行い、委託者Ａに支払う。

(2)　委託者Ａ死亡後は、毎月末日に金○○万円を限度として、受託者Ｂが相当と認める額の生活費を受益者Ｃに支払う。

第七条（管理の方法）

(1)　受託者は、信託金融資産については信託口座への移動を行い管理する。

(2)　………………

第八条（信託の変更）

　　受益者と受託者が協議し、両名の合意により本信託の目的に反しない限り信託の変更をすることができる。

第九条（追加信託）

　　委託者は本信託の目的を達成するために、受託者と協議をした上で、信託財産として、金銭及びその他の財産を追加信託することができる。

第十条（信託終了時の信託財産の帰属）

　　本信託終了時の信託財産は信託終了時の受益者に帰属させる。

２　前項にかかわらず第三条(1)の規定により信託が終了したときはそ

の信託財産については、受託者Bに帰属させる。

第十一条（信託報酬）

　　信託報酬は、年〇〇万円とし、毎年12月に信託財産から支払い
　を受ける。

第十二条（受益権の譲渡・分割の禁止）

　　××××××××××××

（※1）場合により第2受託者の検討も必要です。

4　遺言による信託と遺言代用信託の違い

　遺言代用信託は生存中に財産が受託者名義に変更されますから、委託者の死亡による受託者への財産の移転手続は不要です。相続開始後すぐに受益者のために利用できます。また、委託者が高齢の親で信託財産に不動産が多く相続税納税資金の準備ができていない場合は、信託行為に定めをすれば委託者が認知症等になっても受託者が不動産の売却を行うことができ、納税資金を確保できるという利点があります。受託者が自由勝手に売買できないように信託監督人や同意権者を置くなどの配慮を行えば、より安全に遺言代用信託を活用できると思います。しかし、生存中に不動産の名義が他の人に移ることを嫌がる方も多いようです。

　一方、遺言による信託は死亡後に信託の効果が発生しますので、財産の名義は死亡後に委託者の名義から受託者に変わります。「生存中は自分名義の財産にしておきたい」という意図に合っています。

　どちらの方法でも、遺留分の問題は遺言と同様、排除できませんから、他の相続人への配慮が必要です。

Q25　信託の仕組みと特徴

「信託」という新しい仕組みが相続の場面でも役に立つと聞きましたが、信託とはどのようなものなのでしょうか。

1　信託とは

　平成19年に信託法が改正され、さらにこれを受けた税法も整理されました。信託の仕組みを利用することによって、相続の場面においても、今まででは難しかった多くのことが可能となります。

　民事信託は、信託の受託が特定の者だけを相手として、営利を目的とせず、継続反復せずに引き受ける信託です。

(1)　信託の仕組み

　信託とは、特定の者（受託者）が、財産を有する者（委託者）から移転された財産（信託財産）につき、信託契約、委託者の遺言、または公正証書等に基づく信託行為により、一定の目的（信託目的）に従い、財産の管理または処分及びその他の当該目的の達成のため必要な行為をすることです（信法2Ⅰ）。信託終了事由に該当した場合、清算手続後、残余財産は信託行為で定められた権利帰属先の者が取得します。

　自益信託とは、委託者自身が受益者となる信託をいい、他益信託とは、委託者と受益者が異なる信託をいいます。

【信託の仕組み】

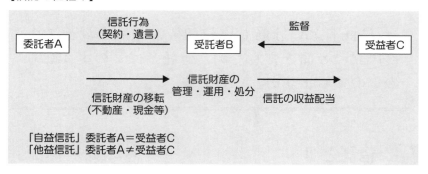

(2)　信託の機能

①　財産管理機能

　　委託者および受益者に代わり、受託者に財産の管理・処分を委ねることができます（**2**(1)**本人の認知症対策**）。

②　転換機能

　　信託財産が信託受益権となり、信託の目的に応じて、財産の属性または財産の性状等を転換できます（**2**(3)**共有の解消**）。

③　倒産隔離機能

　　信託された財産が委託者名義から受託者名義となり、委託者の倒産による影響を受けません。

(3)　信託と税金（所得税、相続税、贈与税）

　　信託した財産の所有権は形式的に受託者に移転しますが、税務上信託の受益者は、信託財産の資産及び負債を有するものとみなされ（所法13 I）、信託財産から収益が生じた場合、受益者に対して課税されます。ただし、受益者が存在しない信託、委託者等が信託の内容を変更する権利や信託財産受給権を有している場合などは除きます。

①　信託の効力発生時

　　ア　自益信託（委託者＝受益者）の場合、信託契約の前後で経済価値は受益者に移転しないため、信託の効力発生時に所得

税、相続税、贈与税の課税関係は発生しません。

イ　他益信託（委託者≠受益者）の場合、信託の前後で経済価値が委託者から受益者へ移転するため、受益権に対する適正な対価の授受がない場合、委託者から受益者への贈与とみなされ、贈与税が課税されます。また、信託が受益者の死亡に基因する場合は受益者への遺贈とみなされ、相続税が課税されます（相法9の2Ⅰ）。

受益権に対する適正な対価の授受がある場合、委託者には譲渡所得があれば所得税が課税されます。受益者は課税されません。

② 信託期間中

ア　税務上、信託財産に帰せられる収益および費用は、受益者の収益および費用とみなされ（所法13Ⅰ）、その収益は受益者に帰属するものとされます。

イ　適正な対価の授受がなく受益者の変更があった場合には、旧受益者から新受益者へ信託財産の経済価値（実質的な所有権）の移転があったものとして、贈与税（受益者の変更が当該受益者等であった者の死亡に基因している場合には、遺贈があったものとみなし相続税）が課税されます。また、適正な対価の授受により受益者に変更があった場合には、旧受益者に譲渡所得税が課税されます。

ウ　受託者が辞任・死亡等で変更した場合、課税関係は生じません。

③ 信託終了時

ア　残余財産の権利帰属先が受益者の場合、信託終了の前後で経済価値は受益者のままで移転しないため、信託終了時に所得税、相続税、贈与税の課税関係は発生しません。

イ　残余財産の権利帰属先が受益者以外の場合、経済価値が受益者から帰属権利先へ移転するため、受益者から帰属権利先への贈与とみなされ、贈与税が課税されます。また、信託終了が受益者等の死亡に基因する場合は遺贈とみなされ、相続

基礎編

作成編

見直し編

相続発生後編

税が課税されます（相法9の2Ⅳ）。

　　ウ　後述する受益者連続型信託では、当初受益者が死亡した場
　　　　合、第二受益者への受益権の遺贈があったものとして相続税
　　　　が課税され、第二受益者が死亡した場合、第三受益者へ受益
　　　　権の遺贈があったものとして相続税が課税されます。

④　特定贈与信託

　　特定贈与信託とは、重度の心身障害等を持つ子のために、親の
死後に子供の生活を保障するため、親（委託者）が受託者（信託
銀行等）と「特定障害者扶養信託契約」を交わし、信託財産の運
用を利用した信託です。

　　①イの他益信託の場合でも、「特定贈与信託」制度は、障害の
程度により異なりますが、6,000万円あるいは3,000万円までは
贈与税が課税されません。

※(3)は、④を除き、親族間・受益証券を発行していない場合等の信託で、
　一般的な課税関係について説明しており、実際の信託の形態により、上
　記内容とは異なる場合もあります。

(4)　信託の開始と不動産登記

　　信託すると、財産の処分管理権は委託者から受託者へ移転し、名
義は形式上受託者に変更されます。不動産の場合、登記をしなけれ
ば当該財産が信託財産に属することを第三者に対抗することができ
ません（信法14）。また、受託者は、信託財産に属する財産と固有
財産及び他の信託の信託財産に属する財産とを、信託登記をして分
別して管理しなければならない（信法34）とされています。

　　登録免許税につき、所有権移転登記分は非課税、信託登記分は固
定資産税評価額の0.4％（土地は令和5年3月31日まで0.3％）で
す。なお、不動産取得税は信託設定時にはかかりません。

【信託登記事項例】

権利部（甲区）（所有権に関する事項）			
【順位番号】	【登記の目的】	【受付年月日・受付番号】	【権利者その他の事項】
1	所有権移転	年　　月　　日 第　　号	原因　　年　　月　　日 所有者　A
2	所有権移転	年　　月　　日 第　　号	原因　　年　　月　　日 信託 受託者　B
	信託	余白	信託原簿　第　　号

【信託目録】

信託目録			調整
番号	受付年月日・受付番号	予備	
第　　号	年　　月　　日 第　　　　号		
1.　委託者に 関する事項	東京都 　A		
2.　受託者に 関する事項	神奈川県 　B		
3.　受益者に 関する事項	東京都 　A		
4.　信託条項	信託の目的 　　本件信託は、信託した財産を適正に管理・運用、処分することで、受益者の老後の生活、A家の資産承継を円滑にすすめることを目的とする。 信託財産の管理方法 　1　受託者は、信託不動産に関し、信託による所有権移転登記及び信託の登記を行うこととする。 　2　受託者は、信託不動産を第三者に賃貸することができる。 　3　受託者は、裁量により必要に応じて信託不動産を受託者が適当と認める方法、時期及び範囲において処分することができる。 信託の終了事由 　　本件信託は、委託者兼受益者Aが死亡したときに終了する。 その他の信託条項 　1　本件信託の受益権は、受益者及び受託者の合意がないかぎり、譲渡、質入れその他担保権設定等すること及び分割をすることができない。 　2　受益者は、受託者との合意により信託の目的に反しないかぎり、本件信託の内容を変更することができる。 　3　本件信託が終了した場合、残余財産については、Bに帰属するものとする。		

2 信託の活用例

(1) 本人の認知症対策

　本人の判断能力が低下した場合、不動産の管理・処分や預貯金の出入れ等の法律行為が行えなくなります。

　成年後見制度を利用すれば、後見人が不動産の売却や預金の払戻しをすることになりますが、成年後見制度はあくまで本人のための制度ですので、不動産処分後の財産の再投資や相続税対策等は行えません。また、後見人を選任するのは裁判所ですので、後見人が第三者になる可能性があります。家族の意向と後見人の意向が常に同じとは限りません。

　信託を活用することにより、本人の判断能力の低下に備え、健康なうちから、財産をどのようにするか決めることが可能となり、本人の判断能力低下後も本人の意思能力を問うことなく、受託者は信託の目的に従い手続きをとることができます。なお、本人の死亡により信託が終了した場合、信託契約のとおり権利帰属者に残余財産を引き渡すことができることになり、相続人による相続手続は不要です。

　なお、信託では身上監護はできませんので、身上監護の必要性がある場合には、成年後見制度をあわせて検討しなければいけないことになります。

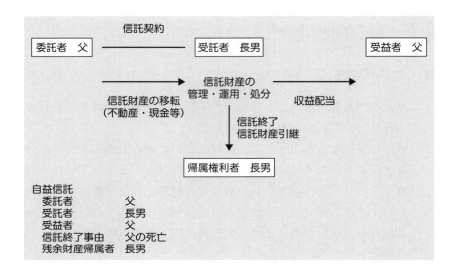

自益信託
　　委託者　　　　　父
　　受託者　　　　　長男
　　受益者　　　　　父
　　信託終了事由　　父の死亡
　　残余財産帰属者　長男

(2)　受益者連続型信託

　遺言では、遺言者が亡くなった際の相続を指定することができますが、さらにその財産を相続させた人が亡くなった後の財産の行方までは、指定することができません。例えば、「実家は妻に相続させ、妻が亡くなった際にはその実家は自分の甥に相続させる」と遺言に書いても、妻の相続にかかる部分に遺言の効力はありません。

　次世代まで財産の承継先を決めておきたい場合、信託の活用が考えられます。たとえば、最終的に甥に引き継がせたい実家を信託する場合、信託契約では「受益者の自分が亡くなった場合の第二受益者は妻に、そして信託終了後の残余財産の帰属権利者は甥に」などと記載します。

　なお、受益者連続型信託には、受益権を承継する人数や回数の制限はありませんが、期間の制限があります。信託されたときから30年を経過後に新たに受益権を取得した受益者が死亡するまで、または当該受益権が消滅するまでとされています（信法91）。信託設定以後30年経過した時点における受益者の次の受益者が最終の受益者となります。

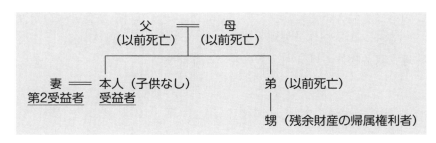

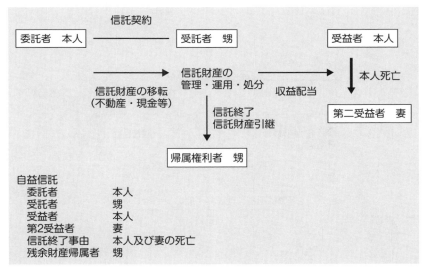

(3) 物権共有の解消

　通常、収益不動産等につき相続人に均分に財産を承継させたい場合は、遺言または遺産分割協議により共有することになりますが、相続後、共有物の処分換金をする場合には共有者全員の合意が必要となります。その時の事情により共有者全員の合意が得られないケースも少なくありません。そこで、信託を活用することにより、不動産という物件の共有ではなく、信託受益権として共有化し、名義を受託者に一本化することにより、適宜、管理・処分が可能となります。

　例えば、受託者を長男一人にし、受益者である父が亡くなった後

の第二受益者を長男及び二男にすることで、不動産は長男が一元管理でき、収益物件の賃料を割合に応じて長男、二男に分配したり、適宜収益物件の処分換金も可能となります。

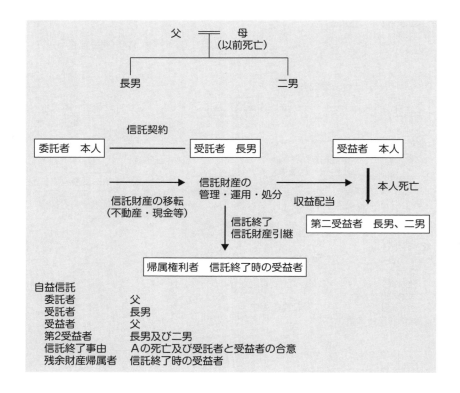

Q26　付言の具体例

夫が亡くなりました。遺産は借地権付建物と預貯金がわずかです。夫には前妻と子があり、私とは再婚です。私との間には子はいません。

四十九日の法要が終わりホッとしていると、弁護士から遺留分侵害額請求の内容証明が届きました。相続に詳しい友人に相談したら、遺言に付言がなかったからだと言われました。遺言の付言とはどのようなものでしょうか。

1　付言とは

「付言事項」とは、法律に定められていないことを遺言でする事項のことをいいます。

法律に定められた事項（法定遺言事項）についてされた遺言は、法的な効力を有しますが、付言事項については法的な効力を生じません。これはその付言の内容を実現するための強制力のある手段がないという意味です。

例えば、希望、事実、訓戒などを遺言に付言したときは、その事項は、法的な効力を生じませんが、遺言者の意思が尊重されて結果的に希望等が実現されることがあります。もっとも、公序良俗に反することは付言しても、当然に無効です。

付言事項としては、次のようなものがあります。

・葬式の方法
・死後の献体
・家業の発展、家族の幸福の祈念
・家族・兄弟姉妹等間の融和の依頼
・家訓などの遵守方法

2 付言の効果

付言には法的効果はありませんが、遺言者の心を相続人に伝えることができます。

法的効果のある遺言の本文を心の部分で側面から支えるのが付言です。状況にもよりますが、遺言者の気持ちや想いが相続人に伝われば、遺留分侵害額請求を防ぐ効果もあるかもしれません。付言は法律に温もりを与えます。本文とセットで書くことをお勧めます。

【付言文例①】

> 二女の花子は、認知症の母の面倒を長い間看てくれました。母さんが亡くなった後は、私の世話を一生懸命にしてくれています。そのために花子は婚期を逃してしまいました。花子を私たちの犠牲にしてしまったような気がしてなりません。私亡き後、ひとり身の花子のことが心配でなりません。私の財産は自宅の土地と建物しかありません。この土地を花子が相続し、売却して自分の老後のために役立ててほしいと遺言を作りました。どうか私を安心させてください。
>
> 他の兄弟達も私の気持ちを察してくれることを切に願います。

【付言文例②】

> お母さんが早く亡くなり、後妻にきてくれた良子はお前たち子供を実子のように育ててくれました。良子には感謝しています。
>
> 私の財産は自宅の土地しかありません。これを皆で分けてしまうと、良子の住むところがなくなってしまいます。自宅を良子に相続させる遺言を作りました。
>
> 子供達もこれまでの良子の貢献と、私の気持ちをわかってください。良子は残った財産があったなら子供達に平等にいくような遺言を作っておいてください。子供達が素直で立派に成人したの

は良子のおかげです。本当に感謝しています。ありがとう。

【付言文例③】

　妻　幸子を亡くしてから、気持ちも萎えてしまいました。体調も悪く一人では生活できなくなりました。長男の一郎は私の介護のために会社を辞めなければならなくなってしまいました。私亡き後、一郎が生活していくためにアパートを相続させます。二郎も三郎もどうか私の気持ちをわかってください。私にとっては3人ともかわいい子供です。これからも兄弟が力を合わせ仲良くやってくれることが父の願いです。

【付言文例④】

　妻　和枝へ　子供達へ
　私は昨年2月に末期ガンと診断されました。医師からは余命1年と言われました。私には時間は残されていません。私の土地は30坪ほどの自宅の土地と預金がわずかですが、自分が一所懸命働いて築いた財産です。自宅は長男の太郎に相続させます。そして太郎は残されたお母さんの面倒を看てあげてください。
　また、二男の次郎が困ったときは太郎も力になってあげてください。2人しかいない兄弟です。私亡き後も仲良くやってください。これが父の願いです。
　妻の和枝も我がままな私を今までよく支えてくれました。心より感謝をいたします。ありがとう。

基礎編

作成編

見直し編

相続発生後編

Q27 相続人以外の者の貢献を考慮する制度

私の配偶者は、私の父の療養看護に献身的に当たってくれました。このことを私の父の相続で考慮することはできませんか。

1 これまでの問題点

これまで寄与分は、相続人のみに認められていたため、例えば相続人の配偶者が被相続人の療養看護に努め、被相続人の財産の維持または増加に寄与した場合であっても当該配偶者は相続人ではないため、遺産分割手続において寄与分を主張できませんでした。

そこで、平成30年7月、国会で民法（相続法分野）が改正され、相続人以外の者の貢献を考慮する方策について、具体的な規律が設けられました。この改正は、令和元年7月1日から施行されています。

2 特別寄与者による特別寄与料の請求

改正後の民法1050条は、次のような規律を設けました。

(1) 要 件

下記(2)の特別寄与者は、「被相続人に対して無償で療養看護その他の労務の提供をしたことにより被相続人の財産の維持又は増加について特別の寄与をした」ときは、相続の開始後、相続人に対し特別寄与者の寄与に応じた額の金銭（特別寄与料）を請求することができます（民1050Ⅰ）。相続人が複数ある場合には、各相続人は相続分に応じて特別寄与料を負担します（同Ⅴ）。

従前、相続人の寄与分（民904の2）に関して、「特別の寄与」といえるためには、被相続人との身分関係に基づいて通常期待される程度を超える貢献が必要と解されてきました。そのため、特別寄与

者の「特別の寄与」も、被相続人との身分関係に応じて、その貢献が一定程度を超えることを要求する趣旨と解されることになると思われます。

(2)　特別寄与者の範囲

　特別寄与料を請求できる「特別寄与者」の範囲は、「被相続人の親族（相続人、相続の放棄をした者及び第891条の規定〔相続人の欠格事由〕に該当し又は廃除によってその相続権を失った者を除く。）」とされました（民1050Ⅰ）。

　これは、被相続人と何らの身分関係がない者を請求権者に加えることは紛争の複雑化・困難化の観点から相当ではないこと、被相続人の親族の場合には有償契約の締結など被相続人の生前に対応するのが困難であるため救済の必要があることから、かかる限定が設けられました。なお、相続人自身は特別寄与者の範囲から除外されていますが、従前どおり寄与分の請求により対応することになります。

(3)　家庭裁判所における処分の請求、期間制限

　特別寄与者は、当事者間に協議が調わないときは「相続が開始した地を管轄する家庭裁判所」（家事事件手続法216の2）に対し、特別寄与料について協議に代わる処分を請求をすることができます（民1050Ⅱ本文）。

　もっとも、特別寄与者は、当該特別寄与者が相続の開始および相続人を知った時から6カ月を経過したとき、または相続開始の時から1年を経過したときは請求できなくなります（同Ⅱ但書）。

(4)　特別寄与料の金額

　家庭裁判所は、「寄与の時期、方法及び程度、相続財産の額その他一切の事情を考慮して」特別寄与料の額を定めることになります（同Ⅲ）。

　ただし、特別寄与料の額は、「被相続人が相続開始の時において有した財産の価額から遺贈の価額を控除した残額を超えること」ができません（同Ⅳ）。

Q28 遺言を必要とするケース

遺言をしておく必要性が特に高い場合があると聞きましたが、どのような場合にその必要性が高いのか、教えてください。

　そもそもなぜ遺言をするのかといえば、遺言がないと、法定相続分によって遺産分割が行われることになり、そうすると同じ子でも、親の面倒をみた子、全くみなかった子で平等に分けることになって、実質的な公平が図れず悪平等の結果を生じてしまうからです。

　また、遺言がないと遺産分割協議を行わなければなりませんが、これも遺言のような指針が何もないとなかなかまとまらず、多大な手間暇や経済的負担がかかってしまい大変です。そのうえ、遺言者が相続人以外の人や団体に世話になったお礼をしたい場合にも、遺言があれば遺言で財産を遺贈することによってその目的を達することができますが、遺言がないとそれもできません。

　その他、相続・遺言の実務上次に記載する5つの事例は、遺言がないと非常に困った事態を招来しますので、是非遺言をしておくべきです。

1　夫婦間に子がいない場合

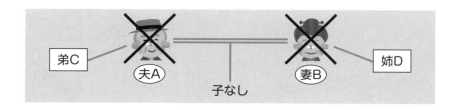

弟C　夫A　子なし　妻B　姉D

　夫Aと妻Bには子がおらず、夫Aには弟のCがいて、妻Bには姉のDがいます。夫Aと弟Cおよび妻Bと姉Dは疎遠で、老夫婦

のＡとＢは支え合ってここ数十年生きてきました。こういう場合に遺言がなくて夫Ａが亡くなってしまうと、通常は、法定相続の子に次ぐ第二順位の親等の直系尊属がいないので、法定相続により遺産の4分の3は配偶者である妻Ｂのほうに行きますが、4分の1は第三順位の亡くなった夫Ａの弟Ｃに行ってしまいます。

民法900条3号にその旨規定されているので、今まで疎遠だった兄弟、ないしは兄弟については一代に限って代襲相続が認められますから、甥だの姪だのが次々と出てくるということがよくあります。

よって、この場合に「夫のＡが、妻Ｂに全財産を相続させる」という遺言があれば、全部妻Ｂが相続できます。逆に兄弟・甥姪には民法1042条1項によって遺留分侵害額請求権はありませんので、弟Ｃには一銭の財産も行かないことになります。よって、このような遺言があるとないとでは大違いです。財産が1億円だとすれば、2,500万円が縁もゆかりもない兄弟に行ってしまうのです。

したがって、このように子がいない夫婦の場合は、夫婦が相互に、自分が死亡した場合は、全財産を配偶者に相続させるという「夫婦相互遺言」をすることが是非必要です。なお、この夫婦相互遺言を同時に行う場合も、Q57で解説しているように、遺言は単独の意思表示ですので、夫婦が同じ遺言書に遺言を記載することはできません。夫の遺言と妻の遺言は、それぞれ別々の遺言書に記載しなければなりません。

2 再婚して先妻の子と後妻がいる場合

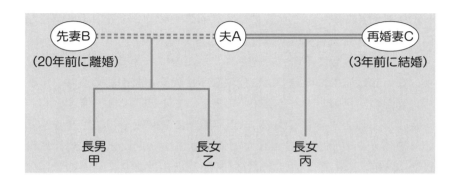

　夫Aが先妻のBと20年くらい前に一目ぼれで結婚し、長男甲、長女乙を授かりました。ところが、先妻Bが非常に性格が悪い女性で、どうしようもなく、離婚せざるを得なくなりました。夫Aは非常に真面目な人間で、先妻Bとの離婚後は、長男甲、長女乙に対してきちんと養育費も払って、二人とも無事、成人しました。夫Aは、離婚前は先妻Bに資産を無駄に使われてしまって資産形成は全くできませんでしたが、離婚後にコツコツ貯金等をして資産も形成できました。

　その後遂に、女性Cとめぐり合って再婚することになりました。そしてCとの間に長女丙が生まれたものの、この長女は生まれながらにして身体に障害を持っていました。

　夫Aが何も遺言をしないままで死んでしまうと、Bは離婚した妻ですので相続権はありませんが、離婚したBとの間の長男甲、長女乙との親子関係は絶対に切れませんので、甲、乙、それから丙は皆夫Aの子という平等の資格で、法定相続に参入してきてしまいます。つまり、Aの配偶者である再婚した妻Cが2分の1、先妻Bとの間の長男甲、長女乙、再婚した妻Cとの間の長女丙が子の相続分の2分の1を三等分するので、甲、乙、丙はそれぞれ6分の1ずつの相続分ということになって、全く実情に合わない相続が行われてしまいます。

したがってこのようなケースでは、甲・乙の遺留分侵害額請求の問題はありますが、夫Aとしては、長女丙に十分な財産を相続させるような配慮が行き届いた遺言を是非生前に作成しておくべきです。

③ 長男の嫁に財産を分けてやりたい場合

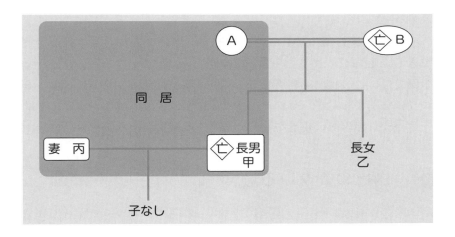

Aには長男の甲、それから長女の乙がおり、長男甲には妻の丙がいて、この二人には子がおらず、Aはこの長男夫妻とずっと一緒に住んでいました。そして、長男甲の妻の丙はAに献身的に尽くしていました。長女乙は遠方に嫁いで、Aとは没交渉な生活を送っていました。

そんな折、長男甲が突然他界しました。その後も、妻丙は献身的にAに尽くしました。

この場合にAが何も遺言をせず死んでしまうと、Aの財産は全部長女乙に行ってしまいます。長男甲に子がいればその子が代襲相続して、遺産の分配に与れますが、このケースでは、Aの遺産は全部長女に行ってしまうことになります。

丙は長男甲の妻ではありますが、Aからすれば他人にすぎず、相続人ではありませんので、Aの遺産は一銭も丙には渡りません。こ

れでは一生懸命Aに尽くしていた丙が報われません。よって、こういう場合にはAは、「亡長男甲の妻丙に全財産を包括して遺贈する」という遺言をしておけば、丙に財産が残り、長女乙には遺留分侵害額請求権はありますが、前述したように、何も遺言がない場合は全部長女乙に行ってしまいますから、遺言のあるなしで極端な差が出てきます。

したがって、長男の嫁に財産を分けてやりたい場合は、是非遺言が必要です。

改正後の民法1050条により、特別寄与者による特別寄与料が請求できることになりました（**Q27**参照）。したがって、上記のような事例では、この制度を利用して、長男の嫁が特別寄与料を請求できるようになりましたが、それで得られる金額は十分ではないので、やはり遺言で長男の嫁に相当な財産を遺贈する必要があります。

4　内縁の妻がいる場合

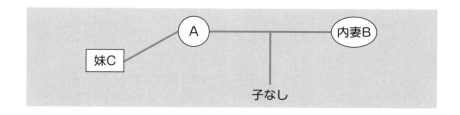

Aには内縁の妻Bがいますが二人の間には子がおらず、Aには唯一の相続人として妹Cがいますが、Cとは疎遠です。Aが何も遺言をしないで死亡すると、Aの遺産は全部妹Cのところに行ってしまいます。

内縁の妻というのは、結婚生活は普通の男女と同じように共同生活を営んでいますが、何らかの事情で法律上の妻としての届出がない、要するに法律上妻としていないというだけで、妻としての実態は備わっています。内縁の妻は、実態は法律上の妻と変わりませんが、法

律上の妻ではないので相続権はなく、Aが何も遺言しないで死亡すると、その全財産は唯一の相続人である妹のCのところへ行ってしまいます。

したがって、Aが全財産を共に暮らして世話になった内縁の妻Bに遺したければ、「全財産を内縁の妻Bに包括して遺贈する」と遺言すれば、Aの財産は全部内縁の妻Bに行き、逆に妹Cには遺留分侵害額請求権がないので一銭も渡りません。遺言があるのとないのとでは極端な差が出てきます。

5　その他

個人で事業を経営したり、農業をしている場合に、自分の跡継ぎとして中心的に事業あるいは農業をやっている子に集中して相続させないといけないという場合は、遺言作成の必要性は非常に強くなります。それから、この土地は長男、この土地は長女、この土地は二女という具合に各相続人ごとに財産を指定したい場合も同様です。また、相続人が全くいない場合、遺言がないと、遺産は国庫に帰属してしまいますので、自分が世話になった人とか、世話になった団体等に包括して遺贈するのがよいでしょう。

基礎編　作成編　見直し編　相続発生後編

Q29 遺言の表示方法

　パソコン等の印字による遺言、ビデオ、録音による遺言はできますか。また、パソコン等電磁的記録による遺言はできますか。

　民法960条は、「遺言は、この法律に定める方式に従わなければ、することができない。」と規定していますので、民法の定める方式を踏んでいない遺言は無効です。

(1)　自筆証書遺言

　自筆証書遺言は、遺言者が遺言のすべての事項について自書することが要求されている（民968Ⅰ）ので、パソコンやワープロの印字による遺言および遺言者が他人に筆記させた遺言はいずれも無効です。ただし、民法968条2項は、「自筆証書にこれと一体のものとして相続財産の全部又は一部の目録を添付する場合には、その目録については、自書することを要しない。」旨を規定しています。したがって、上記目録についてはパソコンやワープロの印字は有効です。

(2)　秘密証書遺言

　秘密証書遺言は、自書は要求されていません（民970Ⅰ）ので、ワープロやパソコンの印字による遺言でも遺言者が他人に筆記させた遺言でも有効です。秘密証書遺言の場合は、遺言者が遺言を作成して封入したものを、公証人の面前に提出して証人2名以上とともに公証人の面前で署名しますし、他筆やワープロ・パソコンの印字についても誰が筆記した（ワープロ・パソコンの操作による印字も含む）かを、公証人および証人の面前で申述することになっているので、自書まで要求しなくても遺言者の意思で遺言したことが確実にわかることからこのような扱いになっています。

(3)　公正証書遺言

　公正証書遺言は、公証人が作成するものであり、そのうえ、遺言者と証人が公証人の面前で署名するので、これも遺言者の意思で遺言したことが確実にわかることから、自書は要求されておらず、ワープロやパソコン等の印字による遺言も有効です。

(4)　ビデオや録音テープによる遺言

　ビデオや録音テープによる遺言は、認めてもよさそうに思えますが、故意に編集したりして遺言者の意思が正しく表示されないこともあり得るので、法はこれを認めていません。ただ、自筆証書遺言の場合は、とかく遺言が遺言者の真意に基づくのかが争われやすいので、自筆証書遺言が真意に基づくものであることを立証する手段として、ビデオや録音を活用することはかまいません。

(5)　パソコン等電磁的記録による遺言

　パソコン等電磁的記録による遺言も、編集や改ざん等の問題もあり、認められていません。

Q30 五感が不自由な人の遺言

　目が見えない人、口がきけない人、耳が聞こえ
ない人でも公正証書遺言をすることができます
か。

1　目が見えない人がする公正証書遺言

　目が見えない人は、自分の意思を公証人に話すことはできますし、
また公証人の話すことを聞くこともできますので、民法969条によっ
て公正証書遺言をすることについて問題はありません。しかし、目が
見えないため、公正証書遺言の原本に署名押印することは困難と思わ
れます。このような場合は、公証人法39条4項、民法969条4号但
書により、公証人がその事由を記載して目が見えない人に代わって代
署・代印することができます。

2　口がきけない人がする公正証書遺言

　口がきけない人が公正証書遺言をする場合は、民法969条の2第1
項、3項により、遺言者に、証人2人以上の面前で、遺言の趣旨を通
訳人の通訳により口述させるか自書（筆談）させて、公証人がこれを
筆記して、その内容を遺言者および証人に読み聞かせ、または閲覧さ
せて筆記の正確なことを確認し、このような方式によった旨付記すれ
ば公正証書遺言をすることができます。

　すなわち、遺言者は、通訳人の通訳による口述、証人2人の立会い
の方式によるのか、通訳人の通訳による口述によらずに証人2人の立
会いのもとで公証人と筆談方式によるのか、いずれかの方式を選択す
ることができます。

③ 耳が聞こえない人がする公正証書遺言

　耳が聞こえない人が公正証書遺言をする場合は、民法 969 条の 2 第 2 項、3 項により、遺言者は、証人 2 人以上の面前で遺言の趣旨を口授し、公証人はその内容を筆記して、この筆記した内容を通訳人により遺言者に伝え、または閲覧させて筆記の正確なことを確認し、公正証書遺言をすることができます。

　すなわち、遺言者は、公証人の読み聞かせに代えて通訳人の通訳によるという方式にするか、通訳人の通訳によらずに閲覧で済ませるという方式にするのか、いずれかの方式を選択することができます。

④ 通訳人の選定

　口がきけない人と耳が聞こえない人が、公正証書遺言をする場合は、上記のとおり通訳人が必要となる場合がありますが、その選定は、嘱託人たる遺言者がするのが原則です（公証人 34 I）。場合によっては、公証人に依頼して、各都道府県の手話通訳派遣協会等を通じて、一定の水準の能力を有する手話通訳者を確保するほうが手続きが円滑に進むこともあるでしょう。この場合の通訳人に対する費用負担者は、依頼人たる遺言者になります。

Q31　詐欺、強迫による遺言

詐欺、強迫による遺言は取り消すことができますか。

(1)　遺言の方式を踏んで詐欺、強迫による遺言を無効とする方法

遺言者が生存中は、民法1022条が、「遺言者は、いつでも、遺言の方式に従って、その遺言の全部又は一部を撤回することができる。」と規定しているので、遺言者は、いつでも詐欺、強迫によってさせられた遺言を撤回することができます。また、民法1023条1項は、「前の遺言が後の遺言と抵触するときは、その抵触する部分については、後の遺言で前の遺言を撤回したものとみなす。」と規定しているので、遺言者は、自分の真意に基づく新たな遺言をすることによって、詐欺、強迫による遺言を撤回したと同様の効果を得ることができます。

(2)　遺言取消の意思表示により詐欺、強迫による遺言を無効とする方法

民法96条1項は、「詐欺又は強迫による意思表示は、取り消すことができる。」と規定していますので、遺言者は、詐欺、強迫による遺言を取り消すという意思表示をすれば、その遺言は無効になります。上記のような遺言の撤回という特別な方式は必要ありません。ただ、実務的には、上記のような遺言の撤回か新たな遺言をするほうが遺言者の意思が明確に伝わるので、こちらのほうがお勧めです。

(3)　遺言者死亡後の対処方法

遺言者が死亡した後は、もちろん遺言の撤回や新たな遺言はでき

ませんが、遺言者が有していた詐欺、強迫による遺言の取消権は相続人が承継して行使することができますので、この権利を行使して遺言を無効とすることができます。ただし、この遺言の効力について、相続人、受遺者、遺言執行者の間で争いがある場合には、これらの人は、遺言が無効であることの確認を求める訴訟を裁判所に提起することができます。もっとも、遺言無効確認事件は「家庭に関する事件」に該当するため（家事事件手続法 244）、原則として、訴訟を提起する前にまず家庭裁判所に調停を申し立てなければなりません（同 257）。

　なお、詐欺、強迫によって被相続人に遺言をさせた者は、相続欠格者または受遺欠格者として、相続人または受遺者となることはできません（民 891、965）。

Q32　遺言能力

被後見人の遺言は無効ですか。無効とされないために注意すべき点はあるのでしょうか。

意思能力から遺言が無効とされないためにはどうすればよいのでしょうか。

1　制限行為能力の規定の排除

民法は、「15歳に達した者は遺言をすることができる。」としています（民961）。

また、遺言について、制限行為能力者の規定つまり未成年者の法律行為の規定（民5）、成年被後見人の法律行為の規定（民9）、保佐人の同意を要する行為の規定（民13）、補助人の同意を要する旨の審判の規定（民17）は排除されます（民962）。

2　遺言無能力者の遺言

遺言について制限無能力者の規定が排除されるといっても、遺言の内容および当該遺言に基づく法的結果を弁識、判断するに足る能力（遺言能力）を欠く者の遺言は無効です。

成年被後見人については、事理を弁識する能力を一時回復した場合には遺言することができますが、その場合には、医師2名以上の立会いのもと、遺言者が遺言時に事理弁識能力を欠く状態になかった旨を遺言書に付記して、これに署名捺印しなければなりません（民973）。

3　遺言能力の判断

遺言能力の有無は、以下の要素を総合して判断されます。

(1)　遺言時における遺言者の精神障害

　診断書、入院診療録、医師の話、立会人の話が重要な判断資料となります。

(2)　遺言内容

　遺言の内容が複雑か簡単か、重要な判断資料となります。

(3)　遺言の動機、遺言に至る経緯

　遺言者が当該内容の遺言をするのが自然かどうか重要な判断資料となります。

4　遺言能力なしとして遺言無効とされないようにするための注意点

①　医師の立会いを求め、遺言時に遺言をする能力があったことを診断書に記載してもらうなど、医学的な証拠を残しておく。
②　録音・録画などで遺言当時の状況を再現できるようにしておく。
③　遺言に至る経緯などの聞取報告書を作ったり、遺言の付言に経緯を記載したりしておく。
④　遺言者の精神状態にあった遺言が重要なのであり、無理に複雑な遺言をしないようにする。

　また、415ページのコラム（「自筆証書遺言が無効とされないための工夫」）も参照ください。

Q33　遺書とエンディングノート

　「遺言」と「遺書」は違うと聞きましたが、ど
こが違うのでしょうか。
　また、エンデングノートは遺言になるのでしょ
うか。

　遺言のことを「遺書」と言ったり、遺書と遺言の違いがわからない
方もいます。「遺言」と「遺書」は全く違うものです。
　「遺言」は、自分が死んだ後の不動産や現金預貯金などの財産を誰
にどのくらい与えるか指定することや遺産分割の方法を決めることが
できます。また、認知や相続人排除など身分上の事柄も決めることが
できます。
　これに対し「遺書」は、「死ぬこと」「亡くなる」ことを前提に、無
念さ、潔白さ、財産には関係ない自分の想いを書くものです。ちなみ
に、エンディングノートを書いたからと安心している人もいますが、
通常のエンディングノートは遺言ではありません。エンディングノー
トには正式な遺言を添えておく必要があります。

Q34 とりあえず遺言とは

「とりあえず遺言」という言葉を聞きますが、どういう遺言なのでしょか。

　「とりあえず遺言」は、法定の言葉ではありません。

　遺言も本来なら将来の相続税納税や各相続人の相続後の生活なども考慮し、公正証書で作成しておくことが理想です。それには時間を必要とします。準備中に何があるかわかりません。公正証書遺言を作る前に、簡易な内容でもよいので、とりあえず自筆証書遺言を作成し、不測の事態に備えておきましょう。

　ただし、公正証書遺言について、遺言者の遺言能力が裁判で争われたりした場合に、遺言者の真意は従前から一貫して公正証書遺言に記載してあるとおりであって遺言者の遺言能力は問題ないと主張する場合に、その証拠になるので大切に保管しておいたほうがよいでしょう。

　あるいは、裁判で公正証書遺言作成時には、遺言者の遺言能力はないと認定される場合もあるかもしれません。その意味でも、その自筆証書遺言を大切に保管すべきだと思います。

Q35　自筆証書遺言の方式の緩和

　　自筆証書遺言を作成しようと思っているのですが、平成30年の民法改正で何か変更が行われたのでしょうか。

1　これまでの問題点と改正法の趣旨

　自筆証書遺言は、「遺言者が、その全文、日付及び氏名を自書し、これに印を押さなければならない。」とされています（民968Ⅰ）。

　そのため、遺言者は、例えば遺言をパソコンで作成したり、他人に代筆してもらったりすることが認められておらず、高齢者等にとって全文を自書することはかなりの労力を伴うことから、自筆証書遺言の利用を妨げる原因の一つとされています。

　そこで、平成30年7月、国会で民法（相続法分野）が改正され、自筆証書遺言の方式について一定の緩和が図られました。この改正は、平成31年1月13日から施行されています。

2　目録は自書が不要となること

　遺産の目録には、不動産の表示（土地ならば、所在・地番・地目・地積等、建物ならば所在・家屋番号・種類・構造・床面積等）や預貯金の表示（金融機関名・口座の種類・口座番号・口座名義人等）を記載することになります。遺言者にとって、これらの事項を事細かにすべて自書するのは煩雑です。また、自筆証書遺言で自書が要求されるのは、遺言が遺言者の意思に基づくことを担保するためですが、目録の記載は、相続財産の範囲を特定する形式的な事項であるため、必ずしも目録まで自書を要求する必要はありません。

　そこで、改正後の民法968条2項第1文は、自筆証書遺言「と一体のものとして相続財産…の全部又は一部の目録を添付する場合には、

その目録においては、自書することを要しない。」とされました。相続財産目録を自筆しない方法としては、例えば、以下の方法が考えられます。

① パソコン等で相続財産の目録を作成する方法

② 遺言者が他人に相続財産目録を作成してもらう方法

③ 相続財産を特定する書類（例えば、不動産の登記事項証明書、預貯金通帳の写し等）を添付する方法

③ 目録を自書しなかった場合の処理

上記のように、自筆証書遺言のうち、相続財産の目録は自書する必要がなくなり、代替の方法が認められるようになりました。

もっとも、手書き以外の方法による遺産目録は偽造や変造されるリスクがあるため、自筆証書遺言と一体のものであることが明らかとなるよう、改正後の民法968条2項第2文は、「遺言者は、その目録の毎葉（自書によらない記載がその両面にある場合にあっては、その両面）に署名し、印を押さなければならない。」としました。

基礎編

作成編

見直し編

相続発生後編

【自筆証書遺言のサンプル（※）】

遺言書

一　長女花子に，別紙一の不動産及び別紙二の預
　金を相続させる。

二　長男一郎に，別紙三の不動産を相続させる。

三　東京和男に，別紙四の~~動産~~を遺贈する。
　　　　　　　　　　　　　株式㊞

　　平成二十九年十二月十九日
　　　　　　法　務　五　郎　　㊞

　　上記三中，二字削除二字追加
　　　　　　法　務　五　郎

※法制審議会民法（相続関係）部会第25回会議の参考資料「遺言書（サンプル）」
　より　http://www.moj.go.jp/shingi1/shingi04900343.html

別紙一

目　　録

一　所　　在　　東京都千代田区霞が関一丁目
　　地　　番　　〇番〇号
　　地　　目　　宅地
　　地　　積　　〇平方メートル

霞が関㊞

二　所　　在　　東京都千代田区(九段南)一丁目〇番〇号
　　家屋番号　　〇番〇
　　種　　類　　居宅
　　構　　造　　木造瓦葺2階建て
　　床面積　　　1階　〇平方メートル
　　　　　　　　2階　〇平方メートル

法　務　五　郎　㊞

上記二中，三字削除三字追加
法　務　五　郎

基礎編

作成編

見直し編

相続発生後編

別紙二

普通預金通帳　　　　　　　　　〇銀行
　　　　　　　　　　　　　　　　〇支店

　お名前
　　法　務　五　郎　様

　店番　　　　　　　　　口座番号
　　〇〇　　　　　　　　　〇〇〇

※　通帳のコピー

法　務　五　郎　㊞

基礎編

作成編

見直し編

相続発生後編

別紙三

様式例・1

表 題 部　（土地の表示）	調製	余白		不動産番号	0000000000000
地図番号	余白		筆界特定	余白	
所　在	特別区南都町一丁目			余白	

① 地　番	② 地　目	③ 地　　積　　㎡	原因及びその日付〔登記の日付〕
101番	宅地	300 00	不詳〔平成20年10月14日〕

所 有 者	特別区南都町一丁目1番1号　甲野太郎

権 利 部 （甲区）　（所 有 権 に 関 す る 事 項）			
順位番号	登 記 の 目 的	受付年月日・受付番号	権利者その他の事項
1	所有権保存	平成20年10月15日第637号	所有者　特別区南都町一丁目1番1号甲野太郎
2	所有権移転	平成20年10月27日第718号	原因　平成20年10月26日売買所有者　特別区南都町一丁目5番5号法務五郎

権 利 部 （乙区）　（所 有 権 以 外 の 権 利 に 関 す る 事 項）			
順位番号	登 記 の 目 的	受付年月日・受付番号	権利者その他の事項
1	抵当権設定	平成20年11月12日第807号	原因　平成20年11月4日金銭消費貸借同日設定債権額　金4,000万円利息　年2・60％（年365日日割計算）損害金　年14・5％（年365日日割計算）債務者　特別区南都町二丁目5番5号法務五郎抵当権者　特別区北都町三丁目3番3号株式会社南北銀行（取扱店　南都支店）共同担保　目録(あ)第2340号

共 同 担 保 目 録			
記号及び番号	(あ)第2340号		調製　平成20年11月12日
番　号	担保の目的である権利の表示	順位番号	予　備
1	特別区南都町一丁目　101番の土地	1	余白
2	特別区南都町一丁目　101番地　家屋番号101番の建物	1	余白

法 務 五 郎　㊞

これは登記記録に記録されている事項の全部を証明した書面である。

平成21年3月27日
関東法務局特別出張所　　　　　　登記官　　　　　　法 務 八 郎　

＊　下線のあるものは抹消事項であることを示す。　　　整理番号　D23992　（1/1）　　1/1

別紙四

目　　録

　私名義の株式会社法務組の株式　　１２０００株

法　務　五　郎　㊞

自筆証書遺言の保管制度

Q36

基礎編

作成編

見直し編

相続発生後編

Q36 自筆証書遺言の保管制度

> 自筆証書遺言について、保管制度ができると聞きましたが、どのような制度なのでしょうか。

　平成 30 年 7 月、国会で「法務局における遺言書の保管等に関する法律」（以下「遺言書保管法」という）が成立し、令和 2 年 7 月 10 日から施行されています。

　遺言者にとっては、自筆証書遺言を書いて大切に保管していても死亡後に相続人らに発見されない等のおそれがありましたが、この保管制度により、法務局で自筆証書遺言の保管を申し出ることができるようになり、また、法務局に保管された自筆証書遺言は、遺言者死亡後の家庭裁判所での検認（民 1004 Ⅰ）を省略できるようになります（遺言書保管法 11）。

1　保管の申請

(1)　申請先の法務局への手続きの予約

　自筆証書遺言（以下「遺言書」という）の保管は、①遺言者の住所地、②遺言者の本籍地または③遺言者が所有する不動産の所在地のいずれかを管轄する法務局に申請します（遺言書保管法 4 Ⅲ）。

　ただし、既に遺言書を保管中の法務局がある場合、新たな遺言書の保管もその法務局に申請する必要があります。

　申請先の法務局が決まったら、専用ホームページ（https://www.legal-ab.moj.go.jp/houmu.home-t/）、法務局への電話または窓口で、手続きの予約を行う必要があります。

(2)　遺言者の出頭、本人確認

遺言者は、遺言書の保管の申請にあたり、法務局に自ら出頭し（遺言書保管法4Ⅵ）、本人確認書類の提示等をしなければなりません（同5）。これは、遺言者以外の者による自筆証書遺言の偽造等を防止するためです。

(3)　遺言書の様式

保管する遺言書は、定められた様式に従い、ホチキス止めはせず、無封のものでなければなりません（遺言書保管法4Ⅱ）。

(4)　申請書、添付資料

申請書には、①遺言書作成年月日、②遺言者の氏名、出生年月日、住所および本籍のほか、③遺言書に遺贈の受遺者や遺言執行者の指定を受けた者がある場合にはその者の氏名または名称および住所等を記載します（遺言書保管法4Ⅳ）。

(5)　手数料（収入印紙）

遺言書の保管申請の手数料は、収入印紙で支払います。金額は、一件につき3,900円です（遺言書保管法12）。

２　遺言者が保管申請後にできること

(1)　遺言書の閲覧

遺言者は、遺言書を保管する法務局に自ら出頭して、予約をしていつでも保管されている遺言書の原本を閲覧できます。手数料は1,700円です。

また、遺言者は、遺言書を保管する以外の法務局でも予約をしていつでも保管されている遺言書をモニターで閲覧できます。手数料は1,400円です。

(2)　保管の申請の撤回

　遺言者は、遺言書の保管されている法務局に自ら出頭して、いつでも、遺言書の保管の申請を撤回できます。この場合、遺言書が法務局から返還され、また、法務局のデータベースから遺言書に係る情報が削除されます（遺言書保管法8）。保管の申請の撤回には、手数料はかかりません。

　なお、自筆証書遺言は、法務局に保管しなくなっても、それだけでは遺言の効力はなくなりません。遺言の効力をなくすためには、遺言それ自体の撤回が別途必要です。

3　死亡時の通知について

　遺言者が遺言書の保管の申請時に希望した場合、遺言者の推定相続人ならびに遺言書に記載された受遺者等および遺言執行者等から1名をあらかじめ指定しておくことで、法務局が遺言者の死亡の事実を知ったときにその指定された者に対し、遺言者の氏名・出生年月日、遺言書が保管されている法務局の名称および保管番号を通知することができます。

　これは、 Q100 2 (3)の通知（関係遺言書保管通知）が、仮に相続が開始した（遺言者が死亡した）としてもそれだけでは通知の実施がされず、関係相続人等のうちいずれかが遺言の閲覧等をすることを要するため、これを補い、保管された自筆証書遺言の存在を確実に知らせるためのものです。

　そのため、遺言者は、死亡時の通知先として、その方に遺言書が保管されている事実が伝わればその他の相続人等にも確実にそのことが伝わると思われるような立場の方や、確実に保管の事実を伝えたい方を選ぶのがよいと考えられます。

　　公正証書遺言を作成する公証人や公証役場の基本的なこと、どこの公証役場に行けばよいのか、病気等で公証役場に行けないときは公証人に自宅等に出張してもらえるのか等、具体的なことを教えてください。

1　公証人の身分、公証役場の位置付け

　公証人とか公証役場というものが、いまひとつ世間に知られていません。公証人は、原則30年以上の実務経験を有する法律実務家の中から、法務大臣が任命する国家公務員であって、大半が判事・検事出身です。判事・検事・弁護士は、司法試験という共通の資格試験を通っていますので、相互間の転職は特に試験を経なくても可能なわけで、判事・検事退官後すぐ弁護士になることも可能ですし、公証人になった後弁護士になることも可能なわけです。

　今述べたように、公証人は国家公務員であり、公証役場は法務省法務局に所属する役所ですが、ただ、一般の国家公務員と違うのは、国からの給料や補助金などは一切支給されず、「公証人手数料令」という法律に基づく手数料が収入源で、それで役場の賃借料や書記と呼ぶ公証事務を担当する職員を雇い入れて給料を支払い、自分達の生活費を確保しているのです。

　したがって、公証人は、経済的に見ると個人事業主ということになります。ですが、国家公務員ですから、全国どこにでも自由に公証役場を設立できるわけではなく、法務省が人口動態や手数料収入の状況を勘案して公証役場の所在地を決めるのです。大体、全国ベースでは約300カ所の公証役場があり、公証人は全国で約500人います。

2　公証人に対する公証実務に関する相談は無料

　このように、公証人は独立の個人事業主ですが、公の立場であるので、相談料は取ってはいけないということになっています。遺言や各種契約の公正証書を作りたいということで公証人に相談する場合、相談料は一切かかりませんので、公証業務について公証人に相談したい場合は、気軽に公証役場に出向いて公証人に相談するとよいでしょう。

3　どこの公証役場に行き、どの公証人に相談すればよいのか

　全国どこに住んでいても、どこの公証役場に行かなければならないという制約はなく、どこの公証役場でも自分が行きたい公証役場に行って、自分が相談したい公証人に相談することができます。

　なお、公証人はその配置された公証役場で執務することが原則ですので、例えば、売買契約の売主が病気で自宅で寝たきりなため、売主宅で売買契約の公正証書を作成したいので、公証人に出張してほしいと言っても、それはできません。その場合は、売主が代理人を立てて、その者に委任状を持参させ、公証役場に出向かせて公正証書作成の手続きをすることになります。

　しかし、遺言、任意後見、尊厳死宣言のように本人の意思が決定的に重要な場合は、代理によることはできませんので、本人が自宅や病院等で病気療養中等の理由で公証役場に出向くことができない場合は、公証人が本人のいる自宅や病院等に出張して公正証書作成手続を行うことができます。ただ、その場合には、各公証人が所属する都道府県から外に出張することはできません。例えば、東京の公証人は東京都内ならどこにでも出張できますが、そこから外の神奈川県や千葉県には出張できません。

4 公証役場の役割

　当事者が将来の紛争を予防するため、各種契約について合意が成立しており、それをもとに公正証書を作成しておけば、金銭債務については強制執行力があります。

　また、遺言については、公正証書にしておけば、被相続人が死亡した場合、自筆の遺言書と違って家庭裁判所の検認を経ることなく、直ちに公正証書に基づいて相続登記などの手続きができますし、何よりも安全確実です。なお、自筆証書遺言でも法務局に保管されたものは、遺言者死亡後の家庭裁判所での検認を省略できるようになります（遺言書保管法11、**Q36**参照）。

　以上のように、公証役場は将来の紛争を予防することがその主な役割であり、予防司法といわれる由縁です。

　その他の仕事としては、会社や社団法人・財団法人を設立する際の原始定款の認証、各種私文書の認証、各種私文書がその日に存在したことを証明するための確定日付の付与、公証人が五感で確認したことを文書化して将来の紛争を予防する事実実験公正証書の作成等があり、その仕事の範囲はかなり広いものとなっています。

Q38　公正証書遺言の作成手数料

公正証書遺言を作成したいのですが、どのくらい手数料がかかるか教えてください。

1　公証役場で作成する場合の手数料

公正証書遺言の作成手数料はどのように計算するかというと、相続あるいは遺贈する資産の額で決まります。つまり、相続人あるいは受遺者ごとに計算します。

公証人手数料令によると、以下の表のようになります。

（単位：円）

目的価格	手数料
～　　　100万	5,000
～　　　200万	7,000
～　　　500万	11,000
～　　1,000万	17,000
～　　3,000万	23,000
～　　5,000万	29,000
～　　　1億	43,000

1億円超は、5,000万円きざみで徐々に高くなる。

したがって、長男1人に1億円までの財産を全部相続させると、1億円までの手数料の4万3,000円と総資産1億円に至るまでに加算される遺言加算金1万1,000円、これに用紙の枚数によってかかる用紙手数料が通常は数千円かかりますので、これらの合計額ということになります。

ところが、同じ1億円でもこれを長男に5,000万円、二男に5,000万円それぞれ相続させる場合は、長男分5,000万円までの手数料2万

9,000円と二男分5,000万円までの手数料2万9,000円と遺言加算金1万1,000円と通常かかる用紙手数料数千円となります。

　なお、この事例でさらに長男を祭祀の主宰者に指定するとか、三男を推定相続人から廃除するとか、遺留分侵害額請求に対する特別の意思表示をする等法律上の意思表示がされた場合は、その一つの意思表示ごとに算定不能の1万1,000円の手数料がかかります。

② 遺言者が病気のため出張した場合

　遺言者が病気のため公証役場に来られない場合、その公証人が所属する都道府県の法務局の管轄範囲内なら公証人は出張できますが、その場合は病床加算ということで基本手数料の5割増しとなり、基本手数料に1.5をかけた額がかかります。これに執務時間が4時間以内の場合は1万円の日当、4時間を超えた場合は2万円の日当がかかります。

(1) 長男と二男に各5,000万円ずつ相続させる内容の場合

　例えば、長男に5,000万円、二男に5,000万円を相続させることを内容とする公正証書遺言を例にとると、長男分5,000万円までの手数料2万9,000円と、二男分5,000万円までの手数料2万9,000円を足した合計5万8,000円に1.5をかけた8万7,000円に、執務時間が4時間以内であれば1万円の日当を加えた9万7,000円がかかります。そのうえ、遺言加算1万1,000円を加えた10万8,000円とこれに用紙の枚数によってかかる用紙手数料が通常は数千円かかります。

（単位：円）

	29,000	……	長男分の手数料
+	29,000	……	二男分の手数料
	58,000		
×	1.5	……	病床加算
	87,000		
+	10,000	……	日当（4時間以内）
	97,000		
+	11,000	……	遺言加算金
	108,000		
+	数千	……	用紙手数料

(2) 遺留分侵害額請求に対する別段の意思表示等がされた場合

　上記の事例で長男を祭祀の主宰者に指定するとか、三男を推定相続人から廃除するとか、遺留分侵害額請求に対する別段の意思表示等法律上独立の意思表示がされた場合は、その意思表示ごとに算定不能の1万1,000円を基本手数料に加えた額を1.5倍して、これに日当と遺言加算の1万1,000円と用紙手数料を加えた額が手数料となります。

　遺言加算は、全体財産が1億円以下の場合に加えるものなので、基本手数料に加えて1.5倍することはせず、最後に加えます。上記の例だと、長男分5,000万円までの手数料2万9,000円と二男分5,000万円までの手数料2万9000円と長男を祭祀の主宰者に指定する手数料1万1,000円を足した合計6万9,000円に1.5をかけた10万3,500円に、執務時間が4時間以内であれば1万円の日当を加えた11万3,500円と最後に遺言加算の1万1,000円を加えた12万4,500円と通常かかる用紙手数料数千円がかかります。

	29,000	⋯⋯	長男分の手数料
+	29,000	⋯⋯	二男分の手数料
+	11,000	⋯⋯	長男の主宰者指定の手数料
	69,000		
×	1.5	⋯⋯	病床加算
	103,500		
+	10,000	⋯⋯	日当（4時間以内）
	113,500		
+	11,000	⋯⋯	遺言加算金
	124,500		
+	数千	⋯⋯	用紙手数料

【公証人手数料】

公証人手数料令（平成5年政令第224号）
平成5年8月1日施行

	目的の価格	手数料
証書の作成	100万円まで	5,000円
	200万円まで	7,000円
	500万円まで	11,000円
	1,000万円まで	17,000円
	3,000万円まで	23,000円
	5,000万円まで	29,000円
	1億円まで	43,000円
	以下超過額5,000万円までごとに3億円まで13,000円、10億円まで11,000円、10億を超えるもの8,000円加算	

その他	私署証書の認証	11,000円 **証書作成手数料の半額が下回るときはその額**	外国文認証は 6,000円加算
	会社定款の認証	50,000円	
	確 定 日 付	700円	
	執行文の付与	1,700円	承継等1,700円加算
	正本または謄本	1枚 250円	
	送 達	1,400円	郵便料実費額
	送 達 証 明	250円	
	閲 覧	1回 200円	

備考

1 目的の価格の算定例
　　金 銭 貸 借……貸借金額
　　売　　　買……代金の2倍の額
　　不 動 産 賃 貸 借……期間中の賃料総額（ただし10年分まで）の2倍の額
　　担　　　保……債権契約とともにするときは担保物権と債権の額のいずれか少ない額の半額を債権の額に合算して算定
　　算定不能の場合……価格500万円として算定
2 遺言手数料
　　目的の価格が1億円まで11,000円加算
　　遺言の取消しは11,000円（目的の価格の手数料の半額が下回るときはその額）
　　秘密証書遺言は11,000円
3 建物区分所有法による建物の規約設定手数料
　　専有部分の個数　10個まで　　　　　　　　23,000円
　　　同　　　　　　10個を超え 50個まで　　10個までごとに11,000円加算
　　　同　　　　　　10個を超え100個まで　　10個までごとに 9,000円加算
　　　同　　　　　　100個を超えるもの　　　20個までごとに 6,000円加算
4 事実実験手数料
　　1時間までごとに11,000円（休日等加算2分の1）
　　拒絶証書作成は　7,000円（　　　同　　　　）
5 役場外執務（遺言・事実実験・拒絶証書作成等）
　　日　　　当……20,000円（4時間以内10,000円）
　　交 通 費……実費額
　　病床執務手数料……2分の1加算

【目的額 1 億円から 100 億円までの手数料一覧】

（目価：億円、手数料：万円）　　　　　　　　　　　　　　　　平成 5 年 8 月 1 日施行

目的	手数料	目的	手数料	目的	手数料	目的	手数料	目的	手数料	目的	手数料
1.0	4.3	20.5	41.7	40.0	72.9	59.5	104.1	79.0	135.3		
1.5	5.6	21.0	42.5	40.5	73.7	60.0	104.9	79.5	136.1		
2.0	6.9	21.5	43.3	41.0	74.5	60.5	105.7	80.0	136.9		
2.5	8.2	22.0	44.1	41.5	75.3	61.0	106.5	80.5	137.7		
3.0	9.5	22.5	44.9	42.0	76.1	61.5	107.3	81.0	138.5		
3.5	10.6	23.0	45.7	42.5	76.9	62.0	108.1	81.5	139.3		
4.0	11.7	23.5	46.5	43.0	77.7	62.5	108.9	82.0	140.1		
4.5	12.8	24.0	47.3	43.5	78.5	63.0	109.7	82.5	140.9		
5.0	13.9	24.5	48.1	44.0	79.3	63.5	110.5	83.0	141.7		
5.5	15.0	25.0	48.9	44.5	80.1	64.0	111.3	83.5	142.5		
6.0	16.1	25.5	49.7	45.0	80.9	64.5	112.1	84.0	143.3		
6.5	17.2	26.0	50.5	45.5	81.7	65.0	112.9	84.5	144.1		
7.0	18.3	26.5	51.3	46.0	82.5	65.5	113.7	85.0	144.9		
7.5	19.4	27.0	52.1	46.5	83.3	66.0	114.5	85.5	145.7		
8.0	20.5	27.5	52.9	47.0	84.1	66.5	115.3	86.0	146.5		
8.5	21.6	28.0	53.7	47.5	84.9	67.0	116.1	86.5	147.3		
9.0	22.7	28.5	54.5	48.0	85.7	67.5	116.9	87.0	148.1		
9.5	23.8	29.0	55.3	48.5	86.5	68.0	117.7	87.5	148.9		
10.0	24.9	29.5	56.1	49.0	87.3	68.5	118.5	88.0	149.7		
10.5	25.7	30.0	56.9	49.5	88.1	69.0	119.3	88.5	150.5		
11.0	26.5	30.5	57.7	50.0	88.9	69.5	120.1	89.0	151.3		
11.5	27.3	31.0	58.5	50.5	89.7	70.0	120.9	89.5	152.1		
12.0	28.1	31.5	59.3	51.0	90.5	70.5	121.7	90.0	152.9		
12.5	28.9	32.0	60.1	51.5	91.3	71.0	122.5	90.5	153.7		
13.0	29.7	32.5	60.9	52.0	92.1	71.5	123.3	91.0	154.5		
13.5	30.5	33.0	61.7	52.5	92.9	72.0	124.1	91.5	155.3		
14.0	31.3	33.5	62.5	53.0	93.7	72.5	124.9	92.0	156.1		
14.5	32.1	34.0	63.3	53.5	94.5	73.0	125.7	92.5	156.9		
15.0	32.9	34.5	64.1	54.0	95.3	73.5	126.5	93.0	157.7		
15.5	33.7	35.0	64.9	54.5	96.1	74.0	127.3	93.5	158.5		
16.0	34.5	35.5	65.7	55.0	96.9	74.5	128.1	94.0	159.3		
16.5	35.3	36.0	66.5	55.5	97.7	75.0	128.9	94.5	160.1		
17.0	36.1	36.5	67.3	56.0	98.5	75.5	129.7	95.0	160.9		
17.5	36.9	37.0	68.1	56.5	99.3	76.0	130.5	95.5	161.7		
18.0	37.7	37.5	68.9	57.0	100.1	76.5	131.3	96.0	162.5		
18.5	38.5	38.0	69.7	57.5	100.9	77.0	132.1	96.5	163.3		
19.0	39.3	38.5	70.5	58.0	101.7	77.5	132.9	97.0	164.1		
19.5	40.1	39.0	71.3	58.5	102.5	78.0	133.7	98.5	165.7		
20.0	40.9	39.5	72.1	59.0	103.3	78.5	134.5	100.0	168.9		

※相続人または受遺者が一人である場合の目的価格（表中「目価」と記載）1億円から 100 億円までの手数料一覧

－172－

【公正証書遺言作成費用】

〔計算例〕

(1) 1億円の財産（遺言加算11,000円あり）

　　一人に単独相続

　　　〔計　算〕　　手数料　　　　43,000円
　　　　　　　　　　加　算　　　　11,000円
　　　　　　　　　　用紙代　　約　3,000円
　　　　　　　　　　　　　　　　────────
　　　　　　　　　　　　計　約 57,000円

　　二人に均等相続

　　　〔計　算〕　　手数料一人　　29,000円
　　　　　　　　　　　　一人　　　29,000円
　　　　　　　　　　加　算　　　　11,000円
　　　　　　　　　　用紙代　　約　3,000円
　　　　　　　　　　　　　　　　────────
　　　　　　　　　　　　計　約 72,000円

　　三人に均等相続　　合計　約 101,000円

(2) 5億円の財産（遺言加算なし）

　　一人に単独相続　　合計　約 142,000円
　　二人に均等相続　　合計　約 167,000円
　　三人に均等相続　　合計　約 210,000円

〔備　考〕

①　祭祀承継付記の場合加算額 11,000円
②　出張の場合
　　　目的価格の1.5倍で計算
　　　日当4時間以内　10,000円
　　　　　4時間以上　20,000円
　　　交通費　実費

基礎編

作成編

見直し編

相続発生後編

Q39　公正証書作成に必要な書類と段取り

　公正証書遺言を作成したいのですが、どんな書類をそろえればよいのか、また、どんな段取りで行うか教えてください。

1　遺言者の本人性を確認する資料

　遺言者本人の印鑑登録証明書、これは発行が３カ月以内のものが必要です。この印鑑登録証明書と実印の印影を見比べて、一致すれば本人確認ができます。この他に本人確認の資料としては、運転免許証やパスポートのように、本人の顔写真付きの公の官署が発行した証明書でも大丈夫です。このような資料が一切なく、これから印鑑登録する時間的余裕もない場合は、遺言者本人のことをよく知っている人に遺言者が誰々であることを証言してもらい、それを公正証書遺言に記載するという方法があります（Q43参照）。

2　相続・遺贈を受ける相手を特定する資料

　遺言者が身内の方に相続あるいは遺贈する場合は、遺言者と相続人の続柄がわかる戸籍謄本が必要となります。ただし、子は結婚したら除籍となりますので、遺言者の戸籍謄本を請求すると、遺言者とその配偶者のことしか載っていないものが交付されることもあります。それでは意味がありませんので、次ページの見本のような遺言者の夫婦、親子関係がすべて記載されている戸籍謄本を請求してください。そうすれば、この人が遺言者の長男か、二男かが全部わかります。こういう戸籍謄本があれば、公証人は、遺言書に相続させる相手が長男とか二男とか記載し、遺言者が相続させる相手を特定して遺言書を書くことができるというわけです。

　全く相続権のない第三者に遺贈する場合には、その人の住民票を提

【改製原戸籍】（見本）

改製原戸籍　平成六年法務省令第五十一号附則第二条第一項による
改製につき平成拾五年拾壱月拾壱日消除

本籍　東京都○○三区△番地	氏名　A
横浜市緑区○番地から転籍昭和参拾六年拾壱月四日受付	
明治○○年○○月○○日東京市深川区で出生	父　甲
	母　乙
	夫　A
（婚姻事項省略）平成八年拾月拾八日東京都渋谷区で死亡	父　丙
	母　丁
	妻　✕　B
（出生事項省略）	父　A
	母　B
	長男　C
Aの養子となる縁組届出平成六年八月拾日新潟県○○へ戸籍に入籍につき除籍	父　A
	母　B
	二男　✕　D
Cと婚姻夫の氏を称する旨届出平成拾参月弐拾日埼玉県△△に新戸籍編製	父　A
	母　B
	長女　✕　E

※解説用につき実際のものとは異なります。

基礎編

作成編

見直し編

相続発生後編

出してください。遺贈する者を特定するために必要だからです。

3 相続・遺贈する不動産の特定および手数料算定の基になる資料

　相続させたり遺贈する財産が不動産の場合には、不動産の登記簿謄本が必要です。それは法務局で入手できます。あとは手数料の算定のために、不動産の評価額が記載されている最新の納税通知書か、市町村役場に行って最新の固定資産評価証明書を入手する必要があります。

　不動産以外の預貯金とか、株券については、最新情報として○○銀行○○支店での最終残高がいくらとメモして、総合計いくらと書いたものを持参する必要があります。これらは、要するに手数料算定の基礎となる資産を把握するために必要な資料なのです。

4 証人2名について

　公正証書遺言を作成する場合に必要とされる証人2名についてですが、民法974条には、未成年者、推定相続人および受遺者ならびにこれらの配偶者および直系血族は証人適格がない旨記載されています。ただ推定相続人は、第1順位の推定相続人というのが通説になっていますから、子がいれば第2順位の親だとか、兄弟姉妹は証人にはなれるということです。

　しかし、例えば公正証書遺言をする1日前に第1順位の子が飛行機事故で死亡してしまったのに、その情報が伝わらず、その時点で推定相続人となってしまっている兄弟が証人として公正証書遺言に関与してしまうこともあり得ないわけではないので、公正証書遺言の証人は遺言者と全く親戚関係のない他人になってもらうのが無難でしょう。

5 公正証書遺言作成当日必要な物

　証書作成当日に必要な物は、手数料と遺言者の実印（本人性の確認が印鑑登録証明書の場合、その他で確認する場合は認印でも可）と証人2名の認印です。

6 公正証書遺言の準備と作成等

　公正証書遺言作成に必要な日数は、その時の公証人の仕事の忙しさにもよりますが、2～3日から1週間くらいかかります。内容が単純ですべての資料が整っており、手数料も用意してあり、証人2名もすぐ手配でき、公証人の予定も空いている場合は相談日当日作成ということもあります。通常は、遺言者と証人2名が都合の良い日時を決めて公証役場に行って、皆がそろっているところで、原本と正本、そして謄本を読み合わせ、遺言者の意思を確認して間違いがなければ、原本に遺言者と証人2名に署名してもらい、遺言者は実印（印鑑登録証明書により本人性を確認の場合、それ以外で確認の場合は認印）を、証人2名は認印を捺印し、この原本は、公証役場で保管します。

　そして、正本、謄本に公証人が署名しこれに職印を押して割り印したものを遺言者に渡します。通常、原本の保存期間は20年ですが、最近は遺言者が長寿なので、昨今はどこの公証役場でも、公正証書遺言に限っては、通常の公正証書の保存期間の20年ではなく、原則として遺言者が120歳になるまで公正証書遺言の原本は保存することになっています。

遺言の公正証書作成に必要な書類

1	印鑑証明書	遺言者の発行後3カ月以内のもの1通。または免許証等写真付のもの。
2	戸籍謄本	遺言者と相続人との続柄がわかるもの。
3	住民票	遺言で財産を相続人以外の人に遺贈する場合。
4	遺贈し又は相続させる財産	㋐ 不動産の場合には、土地・建物の登記簿謄本（その登記をしてある法務局）および固定資産評価証明書（その不動産のある市町村役場）各1通。 固定資産評価証明書の代わりに最近の納税通知書でも可。
		㋑ 不動産以外の預金・株券等はその預金先、金額、銘柄、株数などのメモ等。

2 証人2名の住民票
（※公証役場に証人の手配を依頼する場合は不要）
証人は夫婦でもよい。
　■証人になれない方■
　　未成年者、推定相続人、受遺者ならびにその配偶者、子・孫等の直系血族

3 遺言執行者には、
立会の証人でも財産をもらう人でも指定することができます。

4 証書作成
　■当日持参していただくもの■

1	遺言者の実印。本人性を免許証等写真付のもので証明する場合は認印でも可。
2	証人2名の認印。 （※公証役場に証人の手配を依頼する場合は、証人2名の認印は不要）

5 遺言者の住所が全国どこであれ、遺言者本人が公証役場に赴く限りは、当該公証役場は遺言公正書を作成交付することができます。

6 遺言者が病気等で公証役場に来られないときは、公証人が出張します。
その場合は5割増の手数料と日当がかかります。

7 手数料　■もらう人のもらう額ごとに計算します■
　　　　　■なお財産総額が1億以下のときは1万1千円が加算されます■
基本手数料

千万円まで	1万7,000円	1億円まで	4万3,000円
3千万円まで	2万3,000円	1億5千万円まで	5万6,000円
5千万円まで	2万9,000円	2億円まで	6万9,000円

Q40　公正証書遺言作成時に必要な証人

　　公正証書遺言を作成したいのですが、証人2名が必要だと聞きました。どのような人を証人に頼めばよいのでしょうか。もし適当な証人を見つけられない場合はどうすればよいのでしょうか。

1　遺言者側で証人を用意する場合

　公正証書遺言を作成する場合に必要とされる証人2名についてですが、民法974条には、未成年者、推定相続人および受遺者ならびにこれらの配偶者および直系血族、公証人の配偶者、4親等内の親族、書記、および雇人は証人適格がない旨記載されています。したがって、遺言者の実子、養子、または遺言者の遺言によって遺贈を受ける人が証人になれないのはもとより、これらの配偶者もなれませんし、まだ存命の長男の長男のように推定相続人ではなくてもその直系血族も証人になることはできません。さらに遺贈を受ける者の実子等その者の直系血族にあたる人も証人にはなれません。これらの人はいずれも、遺言について利害関係があるので公正な立場で遺言について証言することは困難だからです。

　未成年者が証人になれないのは、まだ責任ある立場で証言する能力が不十分だからです。ただ推定相続人は、第1順位の推定相続人というのが通説になっていますから、子がいれば第2順位の親だとか、兄弟姉妹は証人にはなれるということです。しかし、例えば、公正証書遺言をする1日前に第1順位の子が飛行機事故で死亡したがその情報が伝わらずに、その時点で推定相続人となってしまっている兄弟が証人として公正証書遺言に関与してしまうこともあり得ないわけではないので、公正証書遺言の証人は遺言者と全く親戚関係のない他人になってもらうのが無難でしょう。公証人の配偶者、4親等内の親族、

書記、雇人が証人になれないのは、いずれも公正証書遺言作成主体である公証人の関係者なので公正な立場で証言できないと見られるからです。

　遺言者側で証人を用意する場合は、上記のような証人適格がないとされる人以外の人、簡単にいうと、身内と公証役場に無関係な成人ということになりますが、これらの人を2人用意して、その2人の氏名、生年月日、住所、職業を公証人に告げて、その者を特定する住民票、運転免許証等の写しを提出し、その2人の日程の都合を聞いて公証役場と公正証書遺言作成日を決めることになります。

2　遺言者側で証人を用意できない場合

　遺言者側で証人を手配できない場合や、証人から個人情報がもれるのが嫌だという場合には、公証役場に証人の手配を依頼することができます。その場合には、公証役場によく出入りしている行政書士、司法書士、税理士等に公証役場から連絡して証人になってもらいます。また、その際、証人になってもらう人にはその時間仕事を犠牲にして証人になってもらうので、いくらかの謝礼を払うのが通常です。各公証役場によって額は違いますが、証人1人につき数千円から1万円位です。

Q41 公正証書遺言の原本・正本・謄本の違い、原本の保存期間

　公正証書遺言の原本、正本、謄本の違いについて教えてください。公証役場では原本を保存すると聞きましたが、保存料はかかりますか。また、保存期間や保存場所についても教えてください。

1 原本・正本・謄本について

(1) 原本とは

　一定の内容を表示するために確定的なものとして作成された文書であり、正本や謄本の基となる文書です。原本には嘱託人等の署名押印があり、印鑑登録証明書、運転免許証の写し等の付属書類が連綴されています。この原本は公証役場に厳重に保存され、持出しは原則として禁止されています。

(2) 正本とは

　原本の正規の複製証書で、正本である旨の公証人の認証があるものをいい、原本と同じ効力を有するものです。原本の持出しが禁止されているため、原本保存場所である公証役場と異なる場所において行使するときのために作成されます。

(3) 謄本とは

　原本の正規の複製証書で、謄本である旨の公証人の認証があるものをいいます。

　正本と謄本はこのようにいずれも原本の正規の複製証書という点では変わりがないので、証拠力は同じです。したがって、例えば、不動産の所有権移転登記手続をする場合には、相続、遺贈のいずれ

基礎編

作成編

見直し編

相続発生後編

についても公正証書遺言の正本または謄本が、被相続人の除籍謄本等とともに登記原因証明情報となります。

　公正証書遺言作成を公証人が依頼された場合、公証人は依頼に基づきあらかじめ原本、正本、謄本を作成しておき、作成当日、遺言者、証人2名の前でそれらの書面の読み合わせをして、内容に間違いがないかを確認して、原本に遺言者、証人2名に署名押印してもらい、最後に公証人が署名押印して原本を完成させます。

　その直後に公証人は、遺言者に公正証書遺言の正本と謄本を交付します。この正本、謄本には、遺言者と証人2名は署名押印せず記名で済ませますが、原本に基づき作成されたことが記載してあって公証人の署名押印があり、これで有効に手続きができます。

2　原本の保存

　このようにして完成させた公正証書遺言は、それを作成した公証人が所属する公証役場に厳重に保存されます。通常公正証書の保存期間は作成から20年間で、その期間を過ぎたら破棄できますが、公正証書遺言の場合は、近時遺言者に長寿化の傾向があって、例えば20年過ぎたところで破棄したところ、まだ遺言者が生存していて、公証役場から交付された公正証書遺言の正本、謄本を紛失したので再発行して欲しいと言われた場合に、基になる原本がないと再発行できないので、今ではどこの公証役場でも公正証書遺言だけは通常の公正証書の保存期間20年の例外として、原則として遺言者が120歳になるまで保存することになっています。しかし、公証役場が海の近くにあり、地震による津波災害で保存していた原本が流失してしまうこともあり得るので、日本公証人連合会では、平成26年4月以降、公正証書遺言については、その重要性に鑑み原本を作成後パソコンでスキャンしてこれを日本公証人連合会の本部で二重に保存することにしました。

　なお、公正証書遺言については、法律で定められた作成手数料がかかるだけで公正証書遺言の原本の保存料は一切かかりません。

Q42　公正証書遺言原本の閲覧、正本・謄本の交付

　公正証書遺言原本の閲覧や正本・謄本の交付は、どのような場合に、どの範囲の人に認められるのですか。

1　閲覧の可能範囲

　公証役場に保存される公正証書の原本の閲覧ができるのは、嘱託人、その承継人、または証書の趣旨につき法律上の利害関係を有する者および検察官に限定されています（公証人44 I・IV）。ただし、公正証書遺言原本については、その特殊性に鑑み、遺言者の死亡により遺言の効力が生ずるまでは、遺言者本人の請求のほかは閲覧が制限されます。

　したがって、相続人は、遺言者本人が生存中は公正証書遺言の原本を閲覧することはできません。この点は、謄本の交付請求についても同じことがいえます。遺言者が判断能力のある時に作成した公正証書遺言について、その後遺言者が判断能力を失った後に法定後見人に就任した者も閲覧が制限されるものとされています。この点についても謄本の交付請求については同様です。

2　交付の可能範囲

　正本の交付を受けられる者は、嘱託人とその承継人に限られます（公証人47）。原本の閲覧請求や謄本の交付請求の場合と異なり、法律上の利害関係人には請求権は認められていません。したがって、相続人や遺言執行者は公正証書遺言の正本の交付請求はできませんので、法律上の利害関係人に請求権を認めている謄本の交付を請求することになります。正本という原本とほぼ同格の位置にあるものは、嘱託人である遺言者にのみ、その交付請求が認められるという考え方がその

背後にあるものと思います。

　謄本の交付を受けられる者は、嘱託人、その承継人、または証書の趣旨につき法律上の利害関係を有する者に限られます（公証人51）。原本の閲覧請求ができる者の範囲と同じです。上記の原本の閲覧制限の考え方は、謄本の交付請求にも同じく適用されます。遺言執行者は、遺言者が死亡した後は、遺言に記載してあるとおり執行しなければならず、証書の趣旨につき法律上の利害関係を有する者に該当しますので、謄本の交付請求をすることはできます。また、相続人は、遺留分侵害額請求ができるか否かを判断しなければなりませんので、もちろん証書の趣旨につき法律上の利害関係を有する者に該当します。

　公正証書遺言の原本の閲覧請求や正本・謄本の交付請求をするためには、その前提としていつどこの公証役場で公正証書遺言をしたかを知る必要があります。昭和64年1月1日以降に作成された公正証書遺言および秘密証書遺言（これらの全部または一部を撤回するものを含む）については、日本公証人連合会本部が管理する遺言検索システムを利用し、全国どの公証役場からでも公正証書原本の所在する役場の検索を依頼することができます。この検索については無料です。

Q43　緊急時に遺言者が本人であることを確認する方法

　遺言者が末期がんで死期が迫っているのですが、公正証書遺言作成に本人確認のため必要とされる印鑑登録証明書がまだ未登録等の理由で早急に取り寄せることができず、その他免許証等もない場合はどうすればよいのでしょうか。

1　通常の遺言者本人性の確認方法

　公正証書遺言を作成するうえで最も大事なことは、遺言者本人であることの確認です。通常は、発行後３カ月以内の印鑑登録証明書の登録印影と実印の照合、運転免許証、パスポート、住民登録カード、身体障害者手帳等のように公の機関が発行していて本人の写真がついているものとされています。この公の機関が発行していて写真がついているもので本人性を証明する場合は、公正証書遺言に押印する場合は、実印でなく認印でもかまいません。この場合は、写真さえ見れば本人かどうか確認できるため、印鑑は重要ではないからです。

2　緊急時の遺言者本人性の確認方法

　印鑑登録をしておらず、公の機関が発行していて写真がついているものもない場合はどうすればよいのでしょうか。早急に印鑑登録をするのが望ましいのですが、末期がん等で死期が迫っておりそうすることができない場合は、本人をよく知っている人に遺言者が本人であることを証言してもらい、これを公正証書遺言に記載すればよいことになっています。この遺言者が誰々本人であることを証言する人は一人でもかまいません。また、この証言する人は、公正証書遺言を作成する公証人において面識がある人が望ましいですが、例えば運転免許証

でその本人性を確認した人が遺言者は本人であることを証言した場合でもよいとされています。

3　公証人が氏名を知っており面識がある場合

　公正証書遺言の撤回や変更の場合で、以前にその公正証書を作成した公証人と同じ公証人がまた撤回や変更の公正証書遺言を作成する場合には、印鑑登録証明書と実印の照合等で遺言者の本人性を以前確認していますので、撤回や変更の公正証書では、公証人は遺言者の氏名を知り面識があるという扱いをすることもできます。

Q44　遺言執行者の指定

　公正証書遺言で証人になった人でも遺言執行者に指定できますか。

　公正証書遺言で相続を受ける者、遺贈を受ける者も遺言執行者に指定できますか。

　その他、遺言執行者の指定に関して参考になることを教えてください。

1　遺言執行者となり得る者

　未成年者、遺言者と一定の関係にある者、公正証書遺言を作成する公証人およびその関係者は、公正証書遺言で証人になることはできません。それは、公正証書遺言が適正に作成されたかにつき、判断能力がないとか公平な立場で判断ができないという理由によります（Q40 参照）。これに対し、遺言執行者は遺言に書かれたことを忠実に執行すればよいので、特に資格要件はありません。

　したがって、公正証書遺言で証人に指定された人でも遺言執行者に指定することはできますし、また公正証書遺言で相続を受ける者、遺贈を受ける者も遺言執行者に指定することができます。

2　遺言執行者を複数指定する場合

　遺言執行者は複数指定することもできます。例えば、第1条では長男に不動産の一切を相続させ、第2条で長女に金融資産の一切を相続させるという遺言をした場合に、第1条の関係では長男を遺言執行者に指定し、第2条の関係では長女を遺言執行者に指定するといった具合です。

基礎編

作成編

見直し編

相続発生後編

3 遺言執行者の権限を遺言で記載することの重要性

遺言執行者は、民法1012条で遺言を執行するための一切の権限を与えられていますが、遺言執行手続を円滑に進めるために、遺言には「遺言執行者は、遺言者名義の不動産の名義変更、遺言者名義の預貯金の名義変更、払い戻し、解約、貸金庫の開扉、内容物の点検、貸金庫契約の解約等本遺言を執行するための一切の権限を有する。遺言執行者は第三者にその権限の全部または一部を代理して行わせることができる。」と記載しておくとよいでしょう。

Q45　資産の包括的記載と個別的記載

　相続または遺贈する不動産や預貯金等を、特定して記載する場合と、特定しないで記載する場合があると聞きましたが、そのことについて教えてください。

1　遺産の全部を相続または遺贈する場合の遺言の記載

　遺産の全部を相続させる、または遺贈する場合、「遺言者は、その有する一切の財産を、妻○○に相続させる。」という抽象的な書き方でも、遺言者の有する一切の財産ということで特定されるため、認められます。遺言者が、複数の土地を所有していて、この土地は長男に、この土地は妻に、この土地は二男にという場合は、土地を登記簿謄本とか固定資産評価証明書等の記載に基づいて遺言書に個別に記載する必要があります。全部まとめて一切相続させるとか包括して遺贈するとかいう場合は、前述した抽象的な書き方でもよいということになっています。

2　遺言で不動産を特定したために生じる不都合

　遺言者が多くの不動産を所有している場合、下手に不動産の表示を書いて、その表示が正確であれば問題ありませんが、不正確で誤記になってしまうくらいなら、こういう抽象的な書き方のほうが気が利いています。特に遺言後に不動産を売却して新たな不動産を購入したような場合には、個別に不動産を表示してしまうと、新たに購入した不動産は遺言書に表示されていないので、その不動産は、遺言者が意図した者には行かないことになってしまい、不都合を生じます。

　遺言をした後に、遺言者が自宅の土地・建物を売却してそれで得た

基礎編

作成編

見直し編

相続発生後編

金銭で医者や介護士が常駐しているマンションを購入してそこに住むことになった場合に、遺言者が遺言時に有していた自宅の土地・建物を特定して、下記土地・建物を妻に相続させるという遺言をしていたとすると、この新しく購入したマンションは、相続対象財産として記載されていないので、そのマンションも妻に相続させたければ遺言を変更してそのマンションを妻に相続させると明確に記載しなければなりません。しかし、その時点で判断能力を失っていた場合は遺言変更ができません。このような不都合を防ぐためにも、遺言者は、「その有する不動産の一切を妻に相続させる。」と記載するか、遺言時点での土地・建物に執着があるのであれば、遺言者は、「その有する下記土地・建物を含む不動産の一切を妻に相続させる。」と記載すればよいでしょう。

3　遺言で金融資産を特定したために生じる不都合

　預貯金についても、遺言者が長男にはどこの銀行の口座番号何番の預金を相続させ、二男にはどこの銀行の口座番号何番の預金を相続させるという具合に、具体的に特定して記載する必要がある場合もあるでしょうが、預貯金を含め金融資産のすべてを、例えば妻に相続させたいという場合には、「下記預貯金を妻に相続させる。」と記載して、記として各預貯金を具体的に記載してしまうと、遺言者が遺言時点の後でした預貯金は一切含まれないことになって不都合ですので、「遺言者が有する預貯金等一切の金融資産を妻に相続させる。」と記載すべきでしょう。

　時々「遺言者は、遺言者名義のすべての預貯金を妻に相続させる。」という遺言を見かけることがありますが、このように記載すると遺言者が他人名義で有する預貯金は、遺言者名義ではないので、この分は妻に相続されないことになってしまい、これも不都合ですので、「遺言者は、その有する預貯金等一切の金融資産を妻に相続させる。」と記載すべきでしょう。

Q46　対象財産特定のため記載に工夫を要する場合

遺言で対象財産を特定するため、記載に工夫および注意する事例を具体的に教えてください。

1　住居表示と地番が異なる場合の注意点

　住居表示と地番が異なる場合があります。

　不動産を特定するには地番による必要があるので、登記簿謄本、固定資産評価証明書、名寄帳、納税通知書に記載されている地番で特定する必要があります。

2　現在仮換地中の土地について相続させる遺言の記載

　遺言で土地を指定して相続または遺贈する場合に、その土地が仮換地中の土地で本換地処分が済んでいない場合、遺言で肝心なことは、対象財産の特定が十分であればよいので、このような場合は、「遺言者は、その有する下記の現在仮換地中の土地を従前地とする本換地処分後の土地を、遺言者の長男・○○○○に相続させる。」という具合に記載すればよいでしょう。

3　遺言時はまだ建物が存在しないが、遺言者が死亡する時までには完成予定の建物について相続させる遺言の記載

　遺言者が死亡するまでには、建物が完成することが見込まれる場合は、遺言者は、その建物が建つ予定の土地を指定して、「遺言者は、下記土地に存する建物の一切を、遺言者の長女・○○○○に相続させる。」という具合に記載すればよいでしょう。

4 未分割の相続財産の相続分を相続させる遺言の記載

遺言者が亡父の未分割の相続財産の相続分を相続させることもできますが、この場合は、「遺言者は、遺言者の亡父の遺産について遺言者が有する相続分を、遺言者の長男・○○○○に相続させる。」という具合に記載すればよいでしょう。

5 建物とともにその建物のための借地権を相続させる遺言の記載

遺言者が自己所有の建物とともにその建物のための借地権を相続させたい場合は、「遺言者は、その有する下記建物及び同建物のための借地権を、遺言者の長男・○○○○に相続させる。」という具合に記載すればよいでしょう。

Q47 財産の具体的な分割について記載しない遺言

相続人が長男、二男、三男の３人しかいない場合に、遺言で、「遺言者の全財産を、長男、二男、三男に相続させる。ただし、その具体的な分け方は３名で誠実に協議して定める。」などという遺言を作成したいのですが可能でしょうか。

1 遺言による相続分の定めの第三者への委託についての民法の規定

遺言で遺留分を侵害しない限度で共同相続人の相続分を定め、またこれを定めることを第三者に委託することができます（民902）。

例えば、遺言者に長男、二男、三男の相続人がいる場合に、遺言者は長男に４分の２、二男に４分の１、三男に４分の１という相続分の指定ができます。もし遺言者が長男に８分の６、二男に８分の１、三男に８分の１という指定をした場合は、二男、三男の遺留分は６分の１ですので問題となります（Q18 参照）。

このように二男、三男の遺留分を侵害する指定は、当然に無効とするのではなく、遺留分権利者たる二男、三男において、遺留分侵害額請求権を行使（Q114 参照）できるというのが通説です。遺言者は、相続分の指定を第三者に指定することもできます。例えば、長男、二男、三男が共通に尊敬する人でその人の言うことなら皆素直にきいてくれるという人に相続分の指定を委託するという具合です。相続人の一人は原則としてこの相続分の指定はできないことになっていますが、自分の相続分ではなく、他の相続人の指定はできます。例えば相続分を６分の３と指定された長男に、他の二男、三男に対する相続分の指定を委託することができます。なぜなら、自分の利害とは無関係の者に対する相続分の指定なので、公平な立場でできるだろうと解さ

れるからです。

2 回答およびご質問のような遺言をする意味

　ご質問のように「遺言者の全財産を、長男、二男、三男に相続させる。その具体的な分け方は3名で誠実に協議して定める。」という遺言も3名が公平に話し合ってまとまればそのようにしろという遺言者の一種の相続分の指定と考えられるので、このような遺言を作成するのは可能でしょう。

　このような遺言を作成しても、結局は長男、二男、三男の兄弟間で遺産分割を行う必要があるので、遺言がない場合と同じだという見方もあり得ます。しかし、このような遺言があることによって、遺言者は、遺言者の全財産を3人の相続人である長男、二男、三男に相続させ、その他の人には一切遺贈しないという意思が明確に表示されているので、遺言がない場合と同じということにはなりません。

Q48　予備的遺言の必要性が高い場合

　予備的遺言はどのような場合に必要となるのでしょうか。

1　予備的遺言とは

　遺言者が、妻に全財産を相続させると遺言しても、妻より先に死ぬとは限らないため、妻がもし遺言者よりも先、あるいは同時に死亡した場合には妻に相続させるとした財産を誰に相続させるかを遺言で記載しておいて万全を期するわけです。このように、遺言者の死亡以前に相続させる相手が死亡してしまった場合は、その者に相続させることができないので、予備的に他の者に相続させると遺言で明示するのが予備的遺言です。

　この予備的遺言は、遺言者と相続あるいは遺贈する相手の年齢が接近している場合には是非必要ですが、例えば遺言者である父が80歳で長男が50歳と年齢が離れている場合でも、父は元気なのに対して長男は末期がんで入院中という場合には年齢差がかなりあっても必要性は高くなるでしょう。このような場合に遺言者において、長男が間もなく亡くなるので最初から長男の長男（つまり遺言者の孫）に自分の全財産を包括して遺贈するという遺言を記載するということも考えられます。しかし、そのことを長男が知り、絶望感を抱き長男の死期を早めてしまう可能性もあります。そんなときは、「遺言者は、その有する全財産を長男に相続させる。ただし、遺言者が死亡する以前に長男が死亡した場合は、長男に相続させるとした全財産は、長男の長男に相続させる。」と記載すべきでしょう。ちなみにこの「遺言者が死亡する以前」というのは便利な表現であり、遺言者より先に死亡した場合と遺言者と同時に死亡した場合の両方を含みますので、公正証書遺言でよく使われる表現です。

２ 夫婦相互遺言と予備的遺言を同時にする場合

　夫婦が互いに自分が死亡した場合は、自分の全財産を配偶者に相続させるという遺言を同一の機会にするいわゆる「夫婦相互遺言」と、予備的遺言を同時にする場合は、記載の仕方に注意が必要です。

　例えば、夫の遺言で「夫は妻に、全財産を相続させる。ただし、遺言者が死亡する以前に妻が死亡した場合は、同人に相続させるとした上記財産は、遺言者の長男に相続させる。」と記載すると、妻が遺言者より先に死亡した場合は、夫婦相互遺言で妻も全財産を夫に相続させるという遺言をしているので、この妻の遺言により夫の財産になる分もあるのに、上記のように、同人に相続させるとした上記財産は夫の固有の全財産しか記載していないことになって不都合なので、この部分は遺言者が死亡時に有する全財産と記載すべきです。

　このように記載すれば、妻が夫より先に死亡した場合は、夫たる遺言者の全財産と妻の遺言により妻から相続を受けた全財産を合わせた遺言者が死亡時に有する全財産ということが明確に記載されているし、夫と妻が交通事故等で同時に死亡した場合のように、夫婦相互に相続が発生しない場合は、夫と妻が死亡時に有する全財産というのは、夫と妻がそれぞれ固有に有する全財産を指し、これがそのまま予備的遺言で長男に相続されるので、長男から見れば夫と妻、つまり両親からそれぞれが固有に有している全財産を相続することになり遺言者両名の思いは達成されます。

【予備的遺言と夫婦相互遺言を同時にするとき】

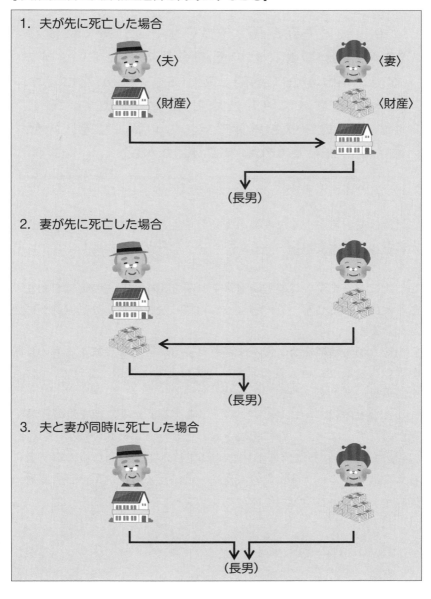

1. 夫が先に死亡した場合

〈夫〉　　　　　　　　〈妻〉

〈財産〉　　　　　　　　〈財産〉

(長男)

2. 妻が先に死亡した場合

(長男)

3. 夫と妻が同時に死亡した場合

(長男)

Q49　高齢の兄弟姉妹の予備的遺言

　私は夫に先立たれ、子はいません。近くに住んでいる妹が親身に私の面倒を見てくれています。本当にありがたく感謝しています。私が死亡したら全財産を妹に渡したいと思っています。ですが、歳の近い妹も高齢です。もし私より先に妹が亡くなったらどうなるのでしょうか。

　遺言は遺言者が亡くなり初めて効力を生じます。もし、遺言者より先に遺言で財産を相続する人が亡くなったらどうなるでしょうか。遺産を受け取るべき人がいないわけですから、その遺言はなかったと同じことになります。代襲者が遺言で財産を相続する人の地位を相続することはできません。その場合は、相続人全員の遺産分割協議が必要となります。

　相続人が兄弟姉妹などで、遺言者と遺言で財産を相続する人の年齢が近い場合など、遺言者の兄や姉が先に逝くとは限りません。また、交通事故や天災もいつ起こるかわかりせん。

　こんなときは、「もし妹〇〇〇〇が遺言者より先に、または同時に死亡した場合は、上記妹に相続させるとした財産は妹の長男〇〇〇〇に相続させる。」と遺言に予備を入れておきます。もちろん遺言者にも異論はないでしょう。このように一言添えておけば遺言書も立派に役に立ち、遺言者の想いはつながります。

Q50　親の再婚と遺言作成の必要性

　父親が再婚しました。将来の相続を考えて子の
いない人を後妻に迎えたようです。継母は父親よ
り歳が若く、順番にいけば父親が先に逝きます。
このまま何もしなくてよいでしょうか。

　親の再婚は子供達の理解がなければできません。再婚は、ある意味
では子供達が親孝行をしたことにもなるでしょう。

　将来の相続でもめ事が起きぬよう、子のいない女性を後妻さんに迎
え入れたのには、父親として一応気を使ったのでしょう。しかし、父
親が亡くなったら相続人は先妻の子供達と後妻になります。後妻は立
派な配偶者です。

　法律では配偶者が2分の1の相続権を持ちます。それが納得できな
ければ、遺言の作成を検討する必要があるでしょう。

　後妻が夫の相続をし、その後、後妻が亡くなったら、相続人は後妻
の父母等の直系尊属となります。父母等が既に他界していたら兄弟姉
妹となります。父親から後妻へ渡った財産は後妻の相続で、すべて後
妻側に行ってしまいます。

　将来を考え先妻の子が後妻と養子縁組をしておくことや、後妻の協
力と理解を得て遺言を作ることなども検討する必要があります。遺言
を作っておけば、兄弟姉妹には遺留分がないので遺産は遺言で指定さ
れた先妻の子に渡ります。

基礎編

作成編

見直し編

相続発生後編

Q51 危急時遺言

公正証書遺言を作成するのが望ましいのでしょうが、万が一に備えて、または一刻を争う場合どのような遺言を作成しておくべきでしょうか（危急時遺言）。

1 危急時遺言

遺言者が死亡の危機に迫られている場合には、通常の厳格な方式に従うことは極めて困難なことから、危急時遺言においてのみ口頭による遺言が許されています。危急時遺言には、「死亡危急者遺言」と、船舶遭難の場合の「船舶遭難者遺言」があります。一般に問題となるのは、死亡危急者遺言です。

2 死亡危急者遺言の作成方法

死亡危急者遺言の作成にあたっては、以下の方式に従わなければなりません（民 976 Ⅰ）。

① 遺言者が死亡の危急に迫られていること
② 証人 3 人以上の立会いがあること
③ 遺言者が証人の 1 人に遺言の趣旨を口授すること
④ 口授を受けた証人が、これを筆記すること
⑤ 遺言者および他の証人に読み聞かせ、または閲覧させること
⑥ 各証人が、筆記が正確であることを承認したのち、各自署名捺印すること

遺言をした日付の記載は要件とされていません。また、パソコンやワープロなどの使用もかまいません。さらに、遺言者の署名捺印も不要です。

③ 作成上の注意点

特に口授の点については、公正証書遺言の場合が参考になります。

(1) 遺言書またはその原案が口授以前に作成されていた場合

・「公証人があらかじめ筆記した内容を遺言者に読み聞かせたところ、遺言者が同趣旨を口授し、これを承認して署名押印した場合は、民法 969 条 2 号の口授と同条 3 号の筆記及び読み聞かせが前後したにとどまり、遺言者の真意を確保し、その正確を期するため遺言の方式を定めた法意に反するものではない」（最二小判昭和 43 年 12 月 20 日）とされています。

・「公証人があらかじめ他人作成のメモにより公正証書作成の準備として筆記したものに基づいて遺言者の陳述を聞き、この筆記を原本として公正証書を作成した場合についても口授に該当する」（最一小判昭和 54 年 7 月 5 日）とされています。

(2) 遺言者が受動的に応答したにすぎない場合

口授は遺言者の真意を確保するためのものですから、遺言者がその真意を確保するに足りるだけの関与をしているか否かによって判断されます。

① 口授の肯定例

・「公証人が項目ごとに区切って筆記を読み聞かせたのに対し、遺言者はその都度その通りである旨声に出して述べ、金員を遺贈する者の名前や数字の部分も声を出して述べるなどし、最後に公証人が筆記を通読したのに対し大きくうなずいて承認した場合」（前掲・最一小判昭和 54 年 7 月 5 日）があります

・「公証人は遺言書案を 1 条ずつゆっくり読み上げ、平明な言葉の説明も添えて遺言者に真意を確認したところ、遺言者が 1 条については「はい」という返事の他に「結構です」と言う返答をし、その他の条項については「はい」と答え、最後に公証人が「このような遺言書を作っていいですか。」と尋

ねると「はい」と返事をした場合」があります（判タ1194号
54頁）。

② 口授の否定例

・「遺言者が公証人の質問に対し言語をもって陳述することな
く単に肯定または否定の挙動を示したにすぎない場合」（最
二小判昭和51年1月16日）があります。

4 遺言作成後の手続き

(1) スケジュール

遺言の日から20日以内に、証人などが、家庭裁判所に遺言の確
認の申立てをする必要があります（民976Ⅳ）。

管轄は、遺言者の生存中は、遺言者の住所地の家庭裁判所（家事
事件手続法209Ⅱ）、その後は相続開始の家庭裁判所（同Ⅰ）です。

(2) 基本的な審理の流れ

申立後、調査官による調査が開始されます。遺言者が存命中は、
遺言者に遺言の内容が意思に基づく者か否かの確認がなされます。
遺言者が死亡している場合は、証人、相続人、医師などから聞き取
りが行われます。家庭裁判所は、遺言が遺言者の真意に出たもので
あるとの心証を得られたら、確認の審判を行うことになります（民
976Ⅴ）。調査官の報告書で遺言者の真意に出たものと心証が得られ
れば確認の審判がなされるようです。

確認に際して、家庭裁判所が得るべき心証の程度は、真意に基づ
くものと確信の程度まで要求されるわけではなく、当該遺言が一応
遺言者の真意にかなうと判断される程度の緩和された心証で足りま
す（東京高決平成9年11月27日）。

また、遺言が確認されても、遺言が有効であることが確定するわ
けでないので、遺言者の真意を含めて遺言の効力を争うことができ
ます（前掲・東京高決平成9年11月27日）。

5　遺言作成時の証拠の重要性

　確認の手続きは、遺言が遺言者の真意に基づいているのかどうかが重要なので、遺言口授の際、医師の立会いを求めたり、録音、録画をしたり、メモを作成したりしておくとよいでしょう。特に、遺言の作成を頼まれた場合、病状によっては公正証書遺言はもちろん自筆証書遺言すら作成できない場合もあります。万が一に備えて危急時遺言の準備もしておく必要があります。

　なお、遺言の確認がなされたのち遺言の検認（民1004Ⅰ）が必要となります。

6　失　　　効

　この方式によって作成した遺言は、遺言者の病気等が治癒し、普通方式による遺言をすることができるようになった時から6カ月間生存するときは、その効力がなくなります（民983）ので、元気になられたら、早めに普通方式による遺言をしておかれるのが安心でしょう。

基礎編

作成編

見直し編

相続発生後編

Q52 秘密証書遺言の概念と手続き

秘密証書遺言とはどのような遺言ですか。どのような書類をそろえ、どのような段取りで行うのか教えてください。

1 秘密証書遺言とは

民法 970 条 1 項は、

「秘密証書によって遺言するには、次に掲げる方式に従わなければならない。

　一　遺言者が、その証書に署名し、印を押すこと。

　二　遺言者が、その封書を封じ、証書に用いた印章をもってこれを封印すること。

　三　遺言者が、公証人一人及び証人二人以上の前に封書を提出して、自己の遺言書である旨並びにその筆者の氏名及び住所を申述すること。

　四　公証人が、その証書を提出した日付および遺言者の申述を封書に記載した後、遺言者及び証人とともにこれに署名し、印を押すこと。」

と秘密証書遺言について規定しています。

2 秘密証書遺言の作成

　この秘密証書遺言は、この規定から明らかなように遺言者が自ら作成するもので公証人はその作成には一切関与しないので自筆証書の一種です。また、規定から明らかなように公証人に提出された段階では、すでに申述を記載した用紙は封書されていますので、公証人はその内容は知りません。このことから秘密証書遺言は、公証人にさえその内容を秘密にする必要があると遺言者が考えた場合に作成されるものな

のです。条文に筆者の氏名および住所を申述するとあるように、自筆遺言のように自書する必要はなく、他人に筆記してもらってもかまいません。また、ワープロやパソコンで記載したものでもかまいません。

　秘密証書遺言によって遺言書を作成する場合に、その証書に加除や変更をした場合は、自筆証書遺言の場合と同様に、遺言者は、その場所を指示してこれを変更した旨を付記してこれに署名したうえ、その変更した場所に印を押さなければ、加除しても、また変更してもそれらの効力は生じません（民970Ⅱ）。

③　秘密証書遺言の取扱い

　このように秘密証書遺言は要件が種々規定されており、その要件が欠けると秘密証書遺言としては無効となりますが、自筆証書遺言の一種ですので自筆証書遺言としての要件（遺言者がその全文、日付および氏名を自書し、これに印を押す。加除変更の場合は上記の方式を満たす）を具備していれば、自筆証書による遺言としてその効力を有することになっています（民971）。

　秘密証書遺言は、遺言者が死亡したときは、家庭裁判所で開封し、検認を受けなければなりません（民1004Ⅲ、1005）（**Q14**参照）。

　なお、秘密証書遺言は自筆証書遺言の一種であり、公証人はその作成に一切関わっていませんし、公正証書遺言のように原本を公証役場で保存するということもないので、その内容に曖昧な点はないか、法が規定している形式を満たしているか、保管方法に手抜かりはないか等慎重に検討する必要があります。

基礎編

作成編

見直し編

相続発生後編

【秘密証書遺言】（例）

令和○○年第○○号

秘密遺言証書

　遺言者は、本日、本公証人及び証人○○○○、証人○○○○の面前に本封書を提出し、この封書は自己の遺言書であって、筆者は次の者である旨申述した。

　　　　住　　所

　　　　　　　　　　　　　　筆　者　　○　　○　　○　　○

　　　　本旨外要件
　　　　住　　所
　　　　職　　業

　　　　　　　　　　　　　　遺言者　　○　　○　　○　　○
　　　　　　　　　　　　　　　　　　　生　　年　　月　　日

　上記は、印鑑登録証明書の提出により人違いでないことを証明させた。

　　　　住　　所
　　　　職　　業

　　　　　　　　　　　　　　証　人　　○　　○　　○　　○
　　　　　　　　　　　　　　　　　　　生　　年　　月　　日

　　　　住　　所
　　　　職　　業

　　　　　　　　　　　　　　証　人　　○　　○　　○　　○
　　　　　　　　　　　　　　　　　　　生　　年　　月　　日

遺言者及び証人次に署名押印する。

　　　　　　　　　　　　　　遺言者　　（署　名）　　　　　印
　　　　　　　　　　　　　　証　人　　（署　名）　　　　　印
　　　　　　　　　　　　　　証　人　　（署　名）　　　　　印

本公証人次に署名押印する。

　　　　令和○年○月○日　本公証人役場において
　　　　〈役場所在地〉
　　　　　　　○○法務局所属

　　　　　　　　　　　　　　公証人　　（署　名）　　　　　印

Q53　清算型遺言の特徴と手続方法

　　私の相続人は子２人で、相続財産は自宅と若干の金融資産です。子供達はマイホームを取得しており私の家に住むつもりはありません。私が死んだら、自宅を売却し残ったお金を２人に均等に分けてあげたいと思っています。清算型遺言という方法があると聞きましたが、どのように遺言を書けばよいのでしょうか。

1　清算型遺言

(1)　清算型遺言の定義

　　遺言で死亡時に有する財産の全部または一部を換金して相続人やお世話になった知人・団体（以下、「相続人等」という）に分配する方法です。不動産を換金し分配する場合に使われます。

(2)　清算型遺言の需要

　　ご質問のように自分が亡くなるまでは現在の住居で暮らし、亡くなったら相続人等にお金で渡したい場合に適しています。

　　また、今後増えると予測されている子がいない独居高齢者に需要がありそうです。縁遠くなった兄弟姉妹甥姪よりも、身近にお世話になった知人・団体にお金を残したい人に適しているからです。

　　お金を分けたい割合で、きっちり分けることができる清算型遺言は、「手間のかかる不動産より現金を」と考える人の利用が増えそうです。

(3) 不動産を換金して分配する手続き

　不動産を売却した代金を分配する場合、売却の手続きは遺言執行者が行います。

　具体的には、不動産を法定相続人に法定相続分で相続登記をします。買主が決まれば、遺言執行者と買主で売買契約→所有権移転登記を行います。そして、売却代金を遺言書で定められた相続人等に分配します。

　下図のように、お金を渡す相続人等が法定相続人と異なる場合でもこの手続きができます。これらの手続きを相続人の手を借りず（署名押印をもらわず）、遺言執行者だけでできるのがメリットです。遺言の内容を快く思わない相続人（下図ではB、C）が関与したら、手続きがスムーズにいかなくなるからです。ただし、相続人以外の人や法人等が売却した代金を取得する場合は税務等の注意が必要ですので、事前に税理士との綿密な打ち合わせが必要です。

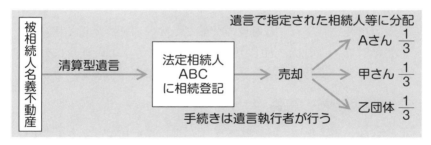

(4) 預貯金等金融資産の手続き

　預貯金は債権です。債権を現金化して相続人・受遺者に分配します。これを執行者が単独で手続きすることができます。執行者の預貯金の手続きに関する詳細は、**Q111** を参照ください。

【遺言文例】

第１条　遺言者は、遺言者が有する不動産を換金した代金から不動産を処分する費用（測量費・解体費用・印紙代・仲介手数料等）を控除した金額と、死亡時に有する現金および預貯金・債権等金融資産を換金した金額の合計金額から、葬儀費用と第二条の遺言執行に必要な費用を控除した金額を下記のとおり配分する。

①　△△△（昭和〇年12月31日生　住所　〇〇市〇〇10-10）に三分の二。

②　×××（昭和〇年１月１日生　住所　××市〇〇1-1）に三分の一。

第２条　遺言者は、本遺言の執行者として、下記の者を指定し次の権限を授与する。

⑴　遺言者名義の不動産の名義変更および不動産の売却に関する一切の行為（建物解体、不動産登記、土地境界確定、家財等の処分等々）。

⑵　遺言者名義の預貯金債権等金融資産の名義 変更、払戻、解約。

⑶　貸し金庫の開閉、解約、内容物の受領・管理。

⑷　本遺言執行に必要な場合、代理人および補助者の選任。

⑸　その他遺言執行のために必要な一切の権限。

〇〇市△△１丁目１番地１

昭和30年１月１日生

2　信託の利用

Q25で解説した信託を利用して、清算型遺言と同様に換価代金を分配できます。委託者の死後、受託者が不動産その他の財産を換金し、相続人等に分配します。清算型遺言での遺言者が信託では委託者となり、遺言執行者が行うことを信託では受託者が行います。

基礎編
作成編
見直し編
相続発生後編

3 税金の取扱い

　相続財産を取得したことについて相続税、不動産等を譲渡したことによるキャピタルゲインについて譲渡所得税の2つの税金がかかります。

(1) 相 続 税

　子が親から相続する財産について、基礎控除額を超えるなど一定の場合には、相続税がかかります。この場合の財産額ですが、相続開始後相続税の申告前に相続財産である自宅を売却していた場合であっても、原則として自宅は相続税評価額を基礎に相続税額を計算していきます。売却金額ではありませんので注意が必要です（**Q22**参照）。

(2) 譲渡所得税

　換価した不動産等について、遺言や遺産分割協議により換価分割の対象となる不動産等の取得割合が決定されていますので、その取得した相続人等がその取得割合に応じて、売却代金や取得費などを按分して、各相続人等がそれぞれ譲渡所得税の申告することとなります（**Q98**参照）。

(3) 税制特例等との関連

　自宅を売却することは決まっているが、遺産分割をこれから行うなど取得者に選択の余地がある場合には、節税の観点からマイホームに関する特例を受けることができる人に優先して自宅を相続させて、税引き後の手許現金をより大きく残し、代償金でバランスをとる等の検討も有効です。

　清算型遺言で換価金を受け取るのが相続人だけの場合、遺言を執行せず代償金を利用した遺産分割（代償分割※）を行うことで、清算型遺言と同様に不動産の換価金を分配し、なおかつ下記項目を考慮し、手取額を増やせる場合があります。ただし、遺言を執行せず遺

産分割を行うためには相続人全員の合意が必要です。

（※）　代償分割とは、不動産を相続する人が、遺産取り分の調整をするため、他の相続人に代償金を支払う方法です（**Q19❸**参照）。

代償分割で清算型遺言と同様の効果を出すため、不動産を相続した相続人が不動産を売却し、その金額の一部を代償金（譲渡所得税の対象とならない）として他の相続人に支払います。不動産を相続し譲渡する人は次の①②③の特例利用を検討し、④⑤に該当する人は代償金を取得することを検討し、手取額が増える方法を選択します。ただし、税引き後の手取り額の計算、税制特例を利用する場合の注意事項、等々、実行する場合は税理士と事前に綿密な打ち合わせが必要です。

①　小規模宅地等の特例（相続税）

自宅については、配偶者が取得すること、同居相続人が取得すること、家なき子が取得すること等一定の要件のもとに、土地評価額を相続税の課税価格の計算上控除する「小規模宅地等の特例」がありますが、その中には「相続税の申告期限まで土地を所有すること」という所有継続を適用要件とする場合がありますので、売却日と申告期限の先後にも注意が必要です（**Q23**参照）。

②　マイホームを譲渡した場合の 3,000 万円特別控除および軽減税率（譲渡所得税）

$$\left\{ \begin{matrix} 売却 \\ 金額 \end{matrix} - \left(取得費 + \begin{matrix} 譲渡 \\ 経費 \end{matrix} \right) - 3,000\,万円 \right\} \times 税率$$

その者の居住する自宅を売却した場合には、所有期間の長短に関係なく譲渡所得の計算上最高で 3,000 万円までを控除する特例があります（措法 35）。また、所有期間が 10 年を超える場合には税率を軽減する特例もあります（措法 31 の 3）。

これらの優遇規定の主な適用要件は、次のとおりです。

ⅰ　自分が住んでいる家屋を売るか、家屋とともにその敷地や借地権を売ること。なお、以前に住んでいた家屋や敷地等の場合には、住まなくなった日から 3 年目の年の 12 月 31 日までに売ること。

ⅱ　売った年の前年および前々年にこの特例またはマイホーム

の買換えやマイホームの交換の特例もしくは、マイホームの譲渡損失についての損益通算および繰越控除の特例の適用を受けていないこと。

ⅲ 売手と買手の関係が、親子や夫婦、生計を一にする親族、内縁関係にある人など特別な間柄でないこと。

③ 相続した空き家を譲渡した場合の 3,000 万円控除

近年、空き家対策特別措置法の施行等空き家がその周辺環境に及ぼす悪影響を考慮し、一定の要件を満たした空き家の売却に対して譲渡所得から特別控除として 3,000 万円を控除することができることとなりました。

$$\left\{ \begin{array}{l} 売却 \\ 金額 \end{array} - \left(取得費 + \begin{array}{l} 譲渡 \\ 経費 \end{array} \right) - \begin{array}{l} 特別控除額 \\ \textbf{3,000 万円} \end{array} \right\} \times 税率$$

主な適用要件は、次のとおりです。

ⅰ 相続により空き家（被相続人が一人暮らしであったこと）となったこと。

ⅱ 昭和 56 年 5 月 31 日以前に建築されたもの（旧耐震基準）であること。

ⅲ マンションではないこと。

ⅳ 空き家を解体または耐震改修をして売却すること。

ⅴ 売却額が 1 億円を超えないこと。

ⅵ 相続開始日から 3 年経過日の 12 月 31 日までに売却すること。

ⅶ 売却するまで事業、居住や貸付の用に供しないこと。

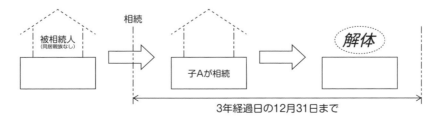

④　取得費加算（譲渡所得税）（Q98 参照）

$$\left\{ \begin{array}{c} 売却 \\ 金額 \end{array} - \left(取得費 + \begin{array}{c} \textbf{相続税額} \\ \textbf{の一部} \end{array} + \begin{array}{c} 譲渡 \\ 経費 \end{array} \right) \right\} \times 税率$$

　相続財産を譲渡した場合には、一定の要件のもとに譲渡所得税を安くする「取得費加算」の規定が設けられています。この特例は、相続により取得した土地、建物、株式などを、一定期間内に譲渡した場合には、相続税額のうち一定金額を譲渡資産の取得費に加算することができるというものです（措法 39）。

　適用要件は、次のとおりです。

　ⅰ　相続や遺贈により財産を取得した者であること。

　ⅱ　その財産を取得した人に相続税が課税されていること。

　ⅲ　その財産を、相続開始のあった日の翌日から相続税の申告期限の翌日以後 3 年を経過する日までに譲渡していること。

⑤　配偶者または扶養控除

　配偶者や扶養する親族がある場合には、その者の所得税の計算上、所得から差し引く「配偶者控除」や「扶養控除」の所得控除があります。ただし、控除できる配偶者や扶養親族の要件のうち、「その配偶者等のその年の合計所得金額が 48 万円以下」というものがあります（所法 83、83 ②、84）。

　不動産等の売却は、その者の譲渡所得を構成します。例えば、専業主婦がたまたまその年に相続により取得した不動産を売却し、譲渡所得が 48 万円を超えてしまう場合には、夫の所得税の計算上、配偶者控除の適用を受けることができず、所得税および住民税の負担が増すことになります。

⑥　国民健康保険

　国民健康保険の計算対象となる所得割額には、不動産の譲渡所得金額も含まれます。したがって、相続により取得した不動産を売却した翌年は、原則として国民健康保険の負担が発生する場合があります。なお、自宅を売却した場合の 3,000 万円特別控除は国民健康保険料の計算上も控除されます。

基礎編

作成編

見直し編

相続発生後編

このほか、病院などにかかった場合に支払う窓口負担の割合が
大きくなる場合があります。

Q54 相続人以外の人に財産を渡す方法

相続人以外でお世話になった人に財産を渡すことができますか。

1 財産の引継範囲

亡くなった人から財産を受け継げる者は民法で定められています。ですから、遺言等の対策を何もしないで死亡したら、民法で定められた相続人以外の人は財産を引き継げません。

65歳以上の独居高齢者が急増しています。子のない独居の方は、縁遠くなった兄弟姉妹甥姪よりお世話になった知人や団体に財産を残したいと考える人が多くいます。また、身分関係の複雑化に伴い、内縁の妻、連れ子、未婚の母、嫁、婿等々、法律上の相続人にならない人へ財産を残したいという人も増えています。

相続人以外の人へ財産を残す方法は、ⅰ遺贈（**Q13**）、ⅱ死因贈与（**Q84**）、ⅲ信託（**Q25**）、ⅳ養子縁組^(※)があります。それぞれ特徴がありますから比較検討して選択してください。

（※） 養子縁組をすれば、実子と同様、相続において権利義務を承継します。また相続だけでなく、他の身分関係にも影響を及ぼします。

養親子間の関係が悪化し疎遠になったら、離縁が必須となります。なぜなら、将来の相続人として登場するからです。ただし離縁する場合は、双方の合意か、裁判上の判決が必要で、簡単ではありません。

養子縁組をする場合は、慎重な判断が求められます。

2 相続税の取扱い

(1) 申告義務

相続または遺贈により財産を取得した者について、相続等により取得した財産および相続時精算課税の適用を受けて贈与により取得

した財産の合計額が遺産に係る基礎控除額を超える場合には、相続税の申告義務があります（**Q22**参照）。

⑵　相続税額の 2 割加算

　遺産形成の貢献度、遺産取得の偶然性や子を飛ばして孫へ遺贈するなどの相続税課税機会回避を防止するため、次の者の相続税額は、通常の相続税額の 2 割増となります（相法 18）。

　①　1 親等の血族以外の者
　②　配偶者以外の者
（**Q117**参照）

Q55　預貯金の遺言の書き方

　私は70歳です。複数の銀行に預貯金があります。これらを子供達にどのように相続させるか遺言を書きたいと思っています。しかし、私が死亡した時の預貯金の残高は定かではありません。預貯金の遺言を書くときの注意点を教えてください。

遺言書の書き方は大きく分けて2通りあります。

1　銀行ごと・支店ごと・銀行口座ごとに相続する人を指定する方法

(1)　銀行ごとに分ける場合

【文　例】

> 遺言者は死亡時に有する○○銀行のすべての預金を長男　法令一郎に相続させる。
> 遺言者は死亡時に有する△△銀行のすべての預金を長女　法令花子に相続させる。

(2)　同じ銀行支店の口座ごとに分ける場合

【文　例】

> 遺言者は死亡時に有する下記口座の預金を長男　法令一郎に相続させる。
> 　　○○銀行××支店　普通預金　口座番号　123456

基礎編

作成編

見直し編

相続発生後編

> 遺言者は死亡時に有する下記口座預金を長女　法令花子に相続させる。
> 　　○○銀行××支店　普通預金　口座番号　789012

　この方法の利点は遺言を書いた後も、銀行口座の残高を調整し、長男と長女に相続させる金額を変更できることです。遺言を書き換える必要がありません。

　問題点は遺言者の意思能力が衰えた場合、老後費用（介護費用、老人ホーム入所費用等）をどの銀行口座から引き出すか自分で決められず、遺言者の意図に反した口座残高になる可能性があることです。「被相続人の意図したことではない」と争いの元にもなりかねません。

２　預貯金全部を合計した金額を割合で相続する人を決める方法

【文例1】

> 遺言者が死亡時に有するすべての預貯金の合計額の○分の△を長男法令一郎に、○分の×を長女法令花子に相続させる。

　この方法だと、死亡時までにどのように預貯金を使っても相続させる割合は変わりません。しかし、預金残高を調整して残す金額を変えることはできません。

　残額が減っても長男に最低相続させる金額を確保したいときは、次のようになります。

【文例2】

> 遺言者が死亡時に有するすべての預貯金の合計額の○分の△を長男法令一郎に、○分の×を長女法令花子に相続させる。
> ただし、上記計算により長男が相続する預貯金が○○万円以下の場合は、○○万円を長男に相続させ、残額を長女に相続させる。死亡時に有するすべての預貯金が○○万円以下の場合は、すべての預貯金を長男に相続させる。

コラム　債権を遺贈の目的とした場合に、遺言者が生前に弁済を受けてしまったらどうなるか

　民法1001条1項には次のように書かれています。

　「債権を遺贈の目的とした場合において、遺言者が弁済を受け、かつ、その受け取った物がなお相続財産中に在るときは、その物を遺贈の目的としたものと推定する。」

　また2項には、次のように書かれています。

　「金銭を目的とする債権を遺贈の目的にした場合においては、相続財産中にその債権額に相当する金銭がないときであっても、その金額を遺贈の目的としたものと推定する。」

　預貯金は金融機関に対する債権ですから、この条文に該当すると考えられます。ただし、残高の増減が予定されている普通預金・通常貯金には、この推定は働かないと考えられます。定期預金等がこの条文の対象となるのでしょう。

　「A銀行の定期預金を甲に遺贈する。」

　上記のような遺言を書いた後、この定期預金が満期になり、満期金を払い戻した場合は、この払い戻し金額が甲に遺贈されたものと推定されます（定期預金を解約した場合は、遺言の撤回に該当し、解約金には遺言の効力は及ばないと考えられます）。

　ただし、この条文は遺言者の意思の推定でしかありませんので、遺言者が別段の意思表示をしているときはそれに従うとされています。

　例えば、「遺言者が生前弁済（定期預金の満期金）を受けたときは遺贈の効力を失うものとする。」、「相続財産中に存在する金銭を限度としてその遺贈の効力を有効とする。」というように、明確にこの条文の推定を否定する意思表示がなされていれば、その意思表示のとおりになります。債権の場合、このように明確に意思表示がなされていないと、この条文を盾に「定期預金満期金を払い戻したお金は私のものだ。」と主張される可能性があります。上記のように記載することで無用な争いを防ぐことができるのではないでしょうか。

Q56 尊厳死宣言と遺言の違い

尊厳死宣言というのがあるそうですが、そのことについて教えてください。また、尊厳死宣言を遺言ですることは可能でしょうか。

1 「尊厳死宣言」とは

「尊厳死宣言」というのは、死のあり方についての自分の考えを公証人に語り、公証人がこれを公正証書として作成するもので、公証人が五感で感じたことをそのまま忠実に文書化するもので、事実実験公正証書の一種です。

2 尊厳死宣言の文例

各公証役場で作成されている尊厳死宣言の文例を次に示します。
【文　例】

尊厳死の宣言等に関する公正証書

本公証人は、嘱託人○○○○の嘱託により、令和○○年○○月○○日、標題の件に関し、以下のとおり陳述を録取し、私権事実に関する公正証書を作成する。

第１条　私○○○○は、私の病気が不治であり、かつ、死が迫っている場合に備えて、私の家族及び私の医療に携わる方々に、自らの死の在り方について、次のとおり希望を申し述べます。
　1　私の病気が、担当医師を含む２人以上の医師の一般に認められている医学的知見によって現代の医学では不治の状態にあ

り、死期が迫っており、延命措置を行うと否とにかかわらず死に至り、そのような延命措置の実行は、単に死の過程を人工的に引き延ばすだけであると診断された場合には、苦痛を伴う手術や延命のみを目的とする措置は行わないで、苦痛を和らげる措置をとって、人間としての尊厳を保ち安らかに死を迎えることができるように御配慮ください。

第2条　私がこのように尊厳死を望む理由は、自己の人生の最後の在り方は自己の意思によって決めたいからであります。私がこのような気持ちになった動機は、病気や交通事故で不自由な身体となり、悲惨な生活を送っている人の話がひっきりなしに新聞やテレビで報道されていること、病気などで植物人間になれば、家族が介護することは身体的にも、また経済的にもとても無理であることなどの事情によるものです。

第3条　私の家族である

(1)　長男○○○○（昭和○○年○○月○○日生）

(2)　二男○○○○（昭和○○年○○月○○日生）

は私がこのように尊厳死を真剣に願っていることを理解し、私の末期医療に際して、その治療にあたってくださる医師の方々に、その意思にそった措置をとり延命措置を施さないよう申し立てることを是非お願いします。

第4条　担当医師におかれましては、私の意のあるところをお汲み取りいただき、本公正証書に基づき、最大限前述した私の意思が尊重されることを期待いたします。

第5条　私のこの宣言による要望を忠実に果たしてくださる方々に深く感謝申し上げます。そして、その方々が私の要望に従ってされた行為の一切の責任は、私自身にあります。

警察、検察の関係者におかれましては、私の家族や知人、医師が私の意思に沿った行動をとったことにより、これらの者を犯罪捜査や訴追の対象とすることのないよう特にお願いします。

第6条　このような希望は、私自身の精神が健全な状態にあると

基礎編　作成編　見直し編　相続発生後編

きにしたものです。
したがって、私の精神が健全な状態にあるときに、私自身が破棄するか、または撤回する書面を作成しない限り有効であることを明らかにしておきます。

③　尊厳死宣言を遺言ですることの可否

　上記が尊厳死宣言の例ですが、このように尊厳死宣言は、あくまでも死の問題を扱うものであり、遺言のように、遺言者の死後の身分関係や財産をどう分配するかを問題とし、遺言者の死後にその効力が発生するものとは根本的に違いますので、これを遺言でしても意味をなしません。

④　尊厳死宣言の作成手続

　この尊厳死宣言は、公証人が作成するので公正証書遺言と同様公文書であり、依頼者本人が署名押印するだけでなく公証人も署名押印します。公正証書遺言と違い証人はいりません。依頼者本人の身分証明となる発行後3カ月以内の印鑑登録証明書と実印、またはこれに代わる運転免許証やパスポート等の写真付きの公の機関が発行したものと認印を用意して公証役場に行って公証人に相談すれば、各公証役場には、上記のような尊厳死宣言の記載例が用意されており、すぐに作成することができます。

　手数料は、事実実験公正証書であることから1時間1万1,000円ですので、用紙手数料を加えても総額1万数千円です。病気のため出張する場合は2万数千円というところです。

Q57 一通の遺言に複数の遺言をすることの可否

夫婦で、相互に相手方に遺産を相続させるという遺言をしたいのですが、一通の遺言書で作成することは可能でしょうか。

基礎編

作成編

見直し編

相続発生後編

1 いわゆる「夫婦相互遺言」とは

夫婦が互いに、自分が死亡したときに、「自分の全財産を配偶者に相続させる」という遺言を同一の機会にすることを、いわゆる「夫婦相互遺言」といいます。

2 共同遺言を禁止した民法の規定

民法975条は、「遺言は、二人以上の者が同一の証書ですることができない。」と規定していますので、夫婦相互遺言といえども、これ一通の遺言書で作成した場合は無効となってしまいます。したがって、夫婦が同時に遺言する場合は、夫婦それぞれが別々の書面に、それぞれの遺言を作成しなければなりません。

このように共同遺言を禁止したのは、遺言は遺言者の自由な意思表示であるべきであること、遺言はいつでも遺言者の自由な意思で撤回や変更ができることとされているのに、共同遺言を認めるとこれらが制約されるからです。

3 共同遺言禁止に該当するか否かが争われた事例

共同遺言の禁止に該当するか否かが争われた事例として、作成名義の異なる2つの遺言書が別葉に記載され、契印がほどこされたうえ合綴されてはいるが、容易に切り離すことができる自筆証書遺言について、最高裁第三小法廷平成5年10月19日判決は、民法975条により

禁止された共同遺言にはあたらないとして有効としました。

　この最高裁の事例は、作成名義が異なる２つの遺言を作成していながら、契印を施したうえ合綴したりして同一の証書で遺言したように見られかねないことから最高裁まで争われたので、実務的にはこのような紛らわしいことはせずに、遺言は一人につき一通作成して、封に入れる場合も別々にする等共同遺言と思われるようなことは一切しないことをお勧めします。

Q58 将来自分の財産となる見込みの財産を遺言の対象財産とすることの可否

　　夫が妻に不動産、預貯金等一切の不動産を相続させるという遺言があります。この場合、まだ夫は死亡しておらず、したがって夫から相続を受けていなくても、妻は夫が死亡して自分が相続を受けたならということを前提とした遺言はできるのでしょうか。

　将来、夫が死んだら妻が相続するであろうという財産、これを夫が死亡する前に妻の遺言で夫から相続を受けた場合に誰に相続させるということはできるかということですが、結論はできます。なぜならば、遺言というのは、遺言者が現在所有している資産を誰に相続させ、あるいは遺贈するということではなく、遺言者が死亡したその時に所有している資産を誰に相続させ、あるいは遺贈するかということだからです。よって、遺言者が死亡する時までに相続で取得する可能性のある財産については、遺言に記載することができるのです。

　「遺言者は、夫○○が死亡した場合に、同人から相続すべき下記不動産を、遺言者の長女○○に相続させる。」と書けばよいでしょう。

　　私には婚姻外の女性との間に生まれた子がおります。認知したいのですが、妻に知られたら家庭が崩壊してしまいます。何かよい方法はありませんか。遺言で認知できると聞いたことがありますが、もしそうであれば、遺言にどのように記載すればよいか教えてください（非嫡出子の相続分）。

1　「嫡出子」と「非嫡出子」

　　法律上の婚姻関係にある男女から生まれた子を「嫡出子」といい、法律上の婚姻関係のない男女から生まれた子を「非嫡出子」といいます。非嫡出子の母子の関係は、分娩の事実があれば認められます。これに対して非嫡出子の父子の関係は、父の認知があって初めて認められます（民779）。したがって、婚姻外の女性との間に生まれた隠し子は、その女性と子は分娩の事実により母子関係は認められますが、男性とその子の非嫡出子の父子関係は、父であるその男性がその子を婚姻外の女性との間に生まれた子であると認知して初めて認められるのです。

2　遺言による非嫡出子の認知

　　ご質問のように婚姻外の女性に自分の子を産ませた男性は、進んで認知をして非嫡出子の父子関係を確定して子の権利を護るべきだという考え方もあります。しかしながら、今ただちに認知をすると自分の家庭が崩壊するかもしれません。そのような場合には、非嫡出子の認知を遺言でできるという規定が民法781条2項にありますので、生きている間に認知をすると自分の家庭を崩壊の危機に直面させるという

場合は、遺言で認知をして、そのことを信頼できる人に託して自分の死後初めて家族に公表してもらうことができます。

　胎内にある子の認知も母の承諾があれば、民法781条2項、783条1項でできます。また、死亡した子についても、その子に子や孫等の直系卑属があるときは、民法783条2項で認知ができます。ただし、この直系卑属が成年者であるときは、その承諾が必要です。

　以下に、子の認知と胎内にある子の認知、および死亡した子の認知の文例を記載します。

【文例（子の認知）】

> 遺言者は、本籍・○○○○（生年月日）を認知する。

【文例（胎内にある子の認知）】

> 遺言者は、本籍・○○○○（生年月日）が現に懐胎している子を認知する。

【文例（死亡した子の認知）】

> 遺言者は、死亡者の本籍・死亡者○○○○（○年○月○日死亡）を認知する。

コラム　嫡出子と非嫡出子の法定相続分に関する最高裁の判例変更とその後の法改正

　従前は嫡出子と非嫡出子は、民法の規定により法定相続分の関係で差があり、非嫡出子は嫡出子の2分の1が法定相続分と規定されていました。これについては、この規定は法の下の平等に反する憲法違反であるとして何度か法廷で争われてきましたが、最高裁は、これまで、これは憲法が認める合理的差別の範囲内であるとしてこの訴えを退けてきました。しかし、最高裁大法廷は、平成25年9月5日、それまでの判例を変更して、この民法の規定は、法の下の平等に反する憲法違反の規定であるとの決定を下しました。これを受けて同年12月5日には、民法の一部を改正する法律が成立し、非嫡出子も嫡出子と同じ子としての平等の法定相続分と規定されました。そしてこの規定は同年9月5日の最高裁決定後に相続が開始される場合に適用され、同年9月4日以前に相続が開始された場合は、従前の民法が適用されることになりました。

　ただし、上記最高裁決定では、当該決定にかかる事案で相続が開始した平成13年7月当時には、非嫡出子の相続分を嫡出子の2分の1とした民法の規定は憲法違反であったとしつつ、この決定の違憲判断は、平成13年7月からこの決定までの間に開始された相続について、遺産の分割の審判その他の裁判、遺産の分割の協議その他の合意等により確定的なものとなった法律関係に影響を及ぼすものではないと解するのが相当であると判示しています。

　したがって、この間に相続を開始した事案については、上記のように遺産分割等で確定的に法律関係が決定しなかった事案については、やはり非嫡出子は嫡出子と同等の相続分を有するものとして遺産分割等をしなければならないことになります。

【法改正の前後】

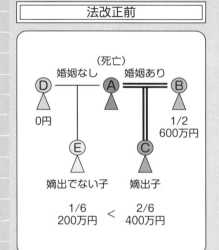

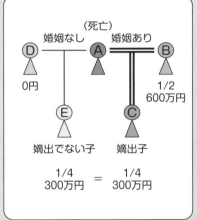

（法務省）

【最高裁決定の適用範囲について】

●H25.9.5以後に遺産の分割等がされる場合には、今回の最高裁決定に従った処理がされ、嫡出でない子の法定相続分は、嫡出子と同じになる

●H25.9.4以前に遺産の分割の審判その他の裁判、遺産の分割の協議その他の合意等により確定的なものとなった法律関係には影響なし

H13.7.1からH25.9.4までに相続が開始した事案

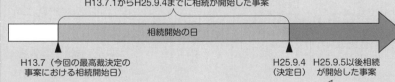

相続開始の日

H13.7（今回の最高裁決定の
事案における相続開始日）

H25.9.4
（決定日）

H25.9.5以後相続
が開始した事案

●新法が適用され、嫡出子と嫡出でない子の相続分は同等となる

（法務省）

Q60 遺言による未成年後見人の指定

　私には夫との間に生まれた未成年の子がおります。ところが夫は先月交通事故で亡くなってしまいました。私まで夫のように交通事故で死んでしまったら、私の子には親権者がいなくなってしまいます。何かよい方法があったら教えてください。

1　問題の前提

　法律上の婚姻をして子ができると、夫と妻が共同で親権を行使します。ところが、夫婦のどちらかが死亡するか、死亡しないまでも判断能力を失って親権を行使できなくなると、残された片方だけで親権を行使することになります。ご質問はこのような場合の問題です。

2　遺言による未成年後見人の指定

　ご質問のような場合には、最後に親権を行使する人が、未成年者の後見人を遺言で指定できるという規定が民法839条にあるので、残された親権を行使することができる夫婦の一方が、遺言で未成年後見人を指定することができるのです。したがって、ご質問の場合は、残された妻が誰か信頼できる人に自分が万が一死亡した場合に未成年後見人になってくれるよう依頼し、その同意を得た後に遺言でその人を未成年後見人に指定すればよいのです。このようにしておけば、万が一自分が死亡しても、この遺言によって自分が死亡した瞬間から遺言で未成年後見人に指定した人が未成年後見人になり、未成年の子にとっては安心です。

3　遺言がない場合の未成年後見人の指定

　遺言がない場合は、未成年被後見人またはその親族その他の利害関係人の請求によって、家庭裁判所が未成年後見人を選任することになりますので、その選任がされるまではその子にとって未成年後見人が不在という不都合が生じます。民法848条は、未成年後見人を指定することができる者は遺言で、未成年後見監督人も指定できると規定していますので、合わせて頭に入れておいてください。

【文例（未成年後見人の指定）】

> 　遺言者は、未成年者である三男○○○○（生年月日）の後見人として、次の者を指定する。
> 　　○○○○（住所：　　　　　　　　　　　　　　　　）

【文例（未成年後見監督人の指定）】

> 　遺言者は、未成年者である三男○○○○（生年月日、後見人○○
> ○○）のため、後見監督人として次の者を指定する。
> 　　○○○○（住所：　　　　　　　　　　　　　　　　）

Q61 不動産の登記手続を意識した遺言

　一筆の土地の東半分は長男に相続させ、西半分を二男に相続させるというような遺言は可能でしょうか。

1 分筆可能な図面がある場合

　遺言者が、一筆の土地の一部を一人、または複数の人に相続させたり遺贈する場合には、後の複雑な手続きを避けるために、遺言前に土地の分筆登記をして遺言するのが望ましいです。そのような余裕がない場合は、測量図等の正確な図面により、分筆可能な程度に特定したものを別紙として遺言書の本文に添付して、別紙図面の甲の部分を長男に相続させ、別紙図面の乙の部分を二男に相続させるというような遺言をすれば、遺言者が死亡して遺言執行の段階で登記手続は円滑に進みます。

2 分筆可能な図面がない場合

　測量を入れて正確な図面を作成する余裕さえない場合には、ご質問のように一筆の土地の東半分は長男に相続させ、西半分は二男に相続させるというような遺言も、遺言者の意思が具体的に記載されているので可能です。ただ、この場合は、遺言者が死亡して遺言執行の段階となったとき、このままでは分筆登記ができないので、遺言で長男と二男を遺言執行者に指定して分筆登記手続およびそのための測量をし、境界確定等は長男と二男が行って、遺言のとおり一筆の土地を東半分と西半分になるように測量をして図面を作成したうえ登記手続ができるようにすればよいという考えもあります。

3　一筆の土地を二等分して長男と二男に一つずつ分け与えたい場合

　ご質問のケースは、遺言者が一筆の土地の東半分は長男に、西半分は二男に相続させると具体的に記載していますが、ただ単に一筆の土地を2等分して長男と二男に一つずつ分け与えたいという場合は、遺言者は、民法908条によって遺産分割の方法を指定し、後は遺産分割協議に委ねるという方法もあります。この場合は、「遺言者は、下記土地を面積等分にてこれを二分し、これを、長男、二男が各その一方を取得するよう遺産分割協議において分割するよう分割の方法を指定する。」と遺言すればよいでしょう。登記手続はこの遺産分割協議に従って行われることになります。

　なお、相続人に三男がいる場合であっても、遺言者は上記のとおり長男と二男に当該土地を相続させると遺言しているので、遺産分割協議に三男を参加させなくても遺産分割協議はできます。

Q62 ペットのための遺言

　愛犬、愛猫等ペットの行く末が心配です。遺言でペットの行く末が心配ないようにしたいのですが、どのような遺言を作成すればよいでしょうか。

　ペットの行く末が心配な場合には、自分が可愛がっている愛犬や愛猫などのペットを親身になって世話をしてくれる人に、自分の遺産の内からペットが死ぬまで安楽に生きていくのに十分な費用を見積もり、またペットの世話をしてくれる人にそれなりのお礼を見積もって総額を出して、その金額を遺言でその人に相続あるいは遺贈することにします。しかし、その人はペットの世話を生涯にわたってしなければならない等の負担をつければよいでしょう。

【文例（ペットの世話の負担付）】

> 遺言者は、○○○○に現金○○万円を遺贈する。（または相続させる。）
> ただし、○○○○は、生涯にわたり、遺言者のペット○○○を介護扶養し、死亡の場合は、相当な方法で埋葬、供養しなければならない。

Q63　遺言による財団法人の設立

　私は、茶室や能舞台がある広い立派な庭園を所有しております。私が死亡した後は、市に遺贈して市民の皆さんに利用してほしいのですが、市は維持管理が大変だと言って難色を示しています。遺言で何とかならないものでしょうか。

基礎編　作成編　見直し編　相続発生後編

1　財団法人を遺言によって設立する方法

　ご質問のケースのように文化的に価値のある庭園等を市等の公共団体に遺贈して、将来市民のために役立ててほしいと願う人もいらっしゃいます。この場合、市等の公共団体は、無条件に遺贈されれば遺贈された財産を換価換金して市等公共団体のために使うことができるので、その場合は遺贈をすんなりと受け入れてくれますが、将来、庭園や建物を文化的なものとして市民に開放するとなると、そのための維持管理等が大変で難色を示す傾向にあります。そのような場合には、遺言で設立する一般財団法人に自分の茶室や能舞台がある建物や広大な庭園の土地等の資産を拠出（拠出財産は合計 300 万円以上）し、その一般財団法人に市民が利用するための施設の管理運営を任せるという方法があります。

　一般財団法人を遺言によって設立するには、設立者は、遺言で、一般財団法人の定款の絶対的記載事項を定めるとともに、相対的または任意的記載事項で設立者において記載が必要だと思う事項を定めて一般財団法人を設立する意思を表示することを要し（一般社団法人及び一般財団法人に関する法律 152 Ⅱ 前段）、遺言者が死亡して当該遺言が効力を生じた後は、遺言執行者において、遅滞なく、当該遺言で定めた事項を記載した定款を作成し、これに署名し、または記名押印しなければなりません（同項後段）。

【遺言による一般財団法人の設立記載例】

　　本公証人は、遺言者〇〇〇〇の嘱託により、証人〇〇〇〇及び証人〇〇〇〇の立会いのもと、遺言者の口述を筆記してこの証書を作成する。

（設立趣意）

　　遺言者は、先祖代々受け継いだ自宅の能舞台、茶室、和風庭園等日本古来の伝統ある施設を、市民をはじめ多くの国民に開放して広く文化遺産として保存するとともに活用していただくため、遺言者の相続財産をもって、次のとおり一般財団法人を設立することにした次第です。

第1条　遺言者は、この遺言により、一般財団法人〇〇〇〇保存会を設立する。

2　同法人の定款に記載すべき事項を、別紙のとおり定める。

第2条　遺言者は、この遺言の遺言執行者として下記の者を指定する。

　　　　　　　　　　　　　記

　　住　　所
　　職　　業
　　氏　　名
　　生年月日

2　遺言執行者は、この遺言の効力が生じた後、遅滞なく前条第2項に定めた事項を記載した定款を作成し、その定款につき公証人の認証を受けたうえ、設立に際して拠出すべき財産を、相続財産の中から拠出しなければならない。

3　遺言執行者は、不動産に関する登記手続ならびに預貯金等の名義書換え、解約および払戻し等この遺言を執行するために必要な一切の行為をする権限を有する。

第3条　遺言執行者は、遺言者の相続財産の中から、下記の債務および諸費用等の支払いをすることができる。

　　　　　　　　　　　　　記

　　(1)　遺言者の葬儀費用

　　(2)　遺言者の未払いの医療費、公租公課およびその他一切の債務

　　(3)　遺言の執行に要する費用および遺言執行者に対する報酬

第4条　遺言執行者に対する報酬を、金○○万円と定める。

（別　紙）定款に記載すべき事項

1（名　称）

　　当法人は、一般財団法人○○保存会と称する。

2（目　的）

　　当法人は、日本古来の能楽、茶道、日本庭園の伝統の保存と普及を図ることを目的とし、その目的に資するため下記の事業を行う。

記

　　(1)　○○○○

　　(2)　○○○○

　　(3)　その他前各号に関連する事業

3（主たる事務所の所在地）

　　当法人は、主たる事務所を、○○県○○市○○町に置く。

4（公　告）

　　当法人の公告は、官報に掲載する方法により行う。

5（事業年度）

　　当法人の事業年度は、毎年4月1日から翌年3月31日までの年1期とする。

6（評議員）

　　(1)　当法人の評議員は、3名以上とする。

　　(2)　評議員の選任および解任は、評議員会において行う。

7（役員等）

　　(1)　当法人には、理事3名以上、監事1名以上を置く。

 (2) 当法人の理事および監事の選任および解任は、評議員会において行う。

 (3) 理事会は、理事全員をもって構成する。

 (4) 理事のうち1名を代表理事とし、代表理事をもって理事長とする。

 (5) 理事長は、当法人を代表し、当法人の業務を執行する。

8 （設立時評議員、設立時理事および設立時監事）

 (1) 当法人の設立時評議員は、次のとおりとする。

  住　所

   設立時評議員　　氏　名

  住　所

   設立時評議員　　氏　名

  住　所

   設立時評議員　　氏　名

 (2) 当法人の設立時理事は、次のとおりとする。

  住　所

   設立時理事　　氏　名

  住　所

   設立時理事　　氏　名

  住　所

   設立時理事　　氏　名

 (3) 当法人の設立時監事は、次のとおりとする。

  住　所

   設立時監事　　氏　名

 (4) この遺言の効力発生時において、上記設立時評議員、上記設立時理事または上記設立時監事の員数が、死亡その他の事由により法定の員数に足りないときは、○○寺住職○○が選んだ者を設立時評議委員等とする。

9（設立者の氏名および住所）

設立者の氏名および住所は、次のとおりである。

○○県○○市○○町○○番地

設立者（遺言者）氏　名

10（設立者の拠出する財産およびその価額）

設立者が設立に際して拠出する財産およびその価額は、次のとおりである。

(1)　土　　地

所　在　○○県○○市○○町○○

地　番　○○番

地　目　宅地

地　積　○○○．○○m^2

この価額　○○○万円

(2)　建　　物

所　在　○○県○○市○○町○○番地

家屋番号　○○番○

種　類　居宅

構　造　木造瓦葺2階建

床面積　1階　○○．○○m^2

　　　　2階　○○．○○m^2

この価額　○○○万円

(3)　現　　金　○○○万円

上記(1)および(2)の財産は、当法人の目的事業を行うために不可欠な基本財産とし、やむを得ない理由によりその一部を処分しまたは担保に提供する場合には、理事会において、議決に加わることができる理事の3分の2以上にあたる多数の決議を得なければならない。

以上

② 相続税の取扱い

(1) 非課税

　公益の増進に寄与するところが著しいと認められる事業のみを専念して行う個人が相続または遺贈により、または高度の公益事業のみを目的事業として行う社団・財団が遺贈により、取得した財産で公益を目的とする事業の用に供することが確実なものは非課税財産とされ、相続税は課税されません（相法12Ⅰ③）。

　ただし、相続または遺贈により取得した財産が相続税の非課税財産となるためには、事業者が個人の場合には、受遺者、その親族、その他特別の関係がある者に対し高度の公益事業から特別の利益を与えるようなことがない場合に限られ、代表者または管理者の定めのある人格なき社団等の場合には、社団等が一族支配されていないこと、および社団等が営む高度の公益事業から役員や遺贈者の親族・特別関係者が特別の利益を得ていない場合に限られます（相法12Ⅰ③、相続税法施行令2）。

　また、相続または遺贈を受けた日から2年を経過した日において相続または遺贈により取得した財産を高度の公益事業の用に供していないときは、非課税財産とはなりません（相法12Ⅱ）。

【チェックフロー】

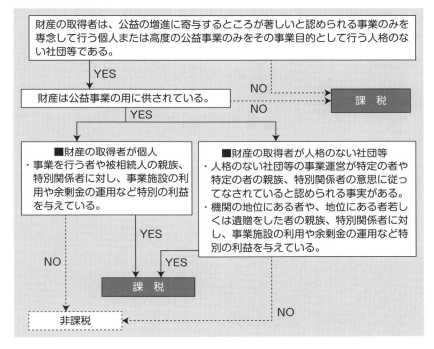

財産の取得者は、公益の増進に寄与するところが著しいと認められる事業のみを専念して行う個人または高度の公益事業のみをその事業目的として行う人格のない社団等である。

YES　　　　　　　　　　　　　　　　　　　　　NO

財産は公益事業の用に供されている。　　　　　　　　　　　NO　→　　課　税

YES

■財産の取得者が個人
・事業を行う者や被相続人の親族、特別関係者に対し、事業施設の利用や余剰金の運用など特別の利益を与えている。

■財産の取得者が人格のない社団等
・人格のない社団等の事業運営が特定の者や特定の者の親族、特別関係者の意思に従ってなされていると認められる事実がある。
・機関の地位にある者や、地位にある者若しくは遺贈をした者の親族、特別関係者に対し、事業施設の利用や余剰金の運用など特別の利益を与えている。

NO　　　　　　　　　YES　　YES

課　税

非課税　←　　　　　　　　　NO

(2)　特定一般社団法人の場合

　特定一般社団法人等の理事である者が死亡した場合には、その特定一般社団法人等は、その死亡した被相続人の相続開始のときにおけるその特定一般社団法人等の純資産額を、そのときにおける同族理事の数に1を加えた数で除して計算した金額に相当する金額をその被相続人から遺贈により取得したものと、その特定一般社団法人等を個人とそれぞれみなして、その特定一般社団法人等に相続税を課すこととされています。

　なお、特定一般社団法人等とは、一般社団法人または一般財団法人のうち、次のいずれかを満たすものをいいます。

　①　相続開始の直前におけるその被相続人に係る特殊関係にある同族理事が理事の総数のうちに占める割合の2分の1を超えること

② 相続開始前5年以内において、その被相続人に係る同族理事が理事の総数のうちに占める割合の2分の1を超える期間の合計が3年以上であること

Q64　条件・期限付遺言

遺言には条件・期限を付けることができるのでしょうか。

1　条件・期限付遺言ができる根拠

条件付きや期限付きの相続や遺贈もできます。これは、生前の所有権については、それを処分する際の条件や期限を自由に付けることができるので、死後の財産処分である相続や遺贈についても適用になるということです。

2　条件・期限付遺言の各種文例

① 停止条件付遺贈（条件成就前に遡及しない）−民法985条2項

> 遺言者は、甥の○○○○（遺言者の兄○○○○の長男）が婚姻したときに下記不動産を、同人に遺贈する。

ⅱ 停止条件付遺贈（条件成就前に遡及する）−民法985条2項、127条3項

> 遺言者は、甥の○○○○（遺言者の兄○○○○の長男）が婚姻したときに下記不動産を、同人に遺贈する。同人は、遺言者死亡の日に遡って下記の不動産の所有権を取得する。

ⅲ 解除条件付遺贈−民法985条1項、127条2項

> 遺言者は、下記不動産を、甥の○○○○（遺言者の弟○○○○の長男）に遺贈する。ただし、同人が農業をやめたときは、上記遺贈は効力を失う。

ⓥ　始期付遺贈－民法135条1項

> 遺言者は、遺言者の死亡後5年を経過した時に、下記不動産を、姪の○○○○（遺言者の妹○○○○の長女）に遺贈する。

ⓥ　終期付遺贈－民法135条2項

> 遺言者は、遺言者の死亡後5年間だけ、下記不動産から生じる家賃収益全額を、姪の○○○○（遺言者の姉○○○○の二女）に遺贈する。

3　相続税の取扱い

(1)　遺贈者の相続開始以前に条件が成就した場合

遺贈者の相続開始以前に条件が成就した場合は、その遺贈は無条件の遺贈となります（民131Ⅰ）。したがって、受遺者が相続人である場合は相続の開始があったことを知った日の翌日から10カ月以内に（相法27Ⅰ）、その者が相続人でない場合は自己のために当該遺贈のあったことを知った日（相基通27-4(8)）の翌日から10カ月以内に、相続税の申告をしなければなりません（**Q21**参照）。

(2)　遺贈者の相続開始後に条件が成就した場合

①　受遺者となった者

遺贈により財産を取得した個人が相続税の納付義務者となります。停止条件付遺贈の場合、受遺者はどの時点で財産を取得したことになるのかが、申告期限との関係で問題になります。この点、その条件が遺贈者の死亡後に成就するものである場合には、その条件が成就した時に受遺者が財産を取得するものとされています。

したがって、停止条件付遺贈の受遺者は、条件成就の日の翌日から10カ月以内に、相続税の申告書を提出することとなります（相基通1の3・1の4共-9）。

②　受遺者以外の相続人等

(i)　条件成就前の期限内申告

遺贈者の相続開始時点において停止条件が成就していない場合には、遺贈の目的となった財産を誰が取得したものとして相続税の計算を行うのかが、申告期限との関係で問題になります。この点、条件成就前に相続税の申告書を提出するときは、当該遺贈の目的となった財産については、相続人が法定相続分によって当該財産を取得したものとしてその課税価格を計算するものとされています。

ただし、当該遺贈の目的となった財産について遺産分割がなされ、当該分割により取得した財産を基礎として申告があった場合においては、その申告を認めても差し支えないものとされています（相基通11の2−8）。

(ii)　条件成就後の更正の請求

条件成就により遺贈の目的となった財産が受遺者に帰属すると、受遺者以外の相続人等の相続税額は減少することとなります。このような場合には、受遺者以外の相続人等は、停止条件付遺贈の条件成就を知った日の翌日から4カ月以内に限り、相続税額の減額につき更正の請求をすることができるとされています（相法32）。

基礎編

作成編

見直し編

相続発生後編

Q65　負担付相続・遺贈

負担付遺言とはどのようなものか教えてください。

1　概　要

負担付相続または遺贈もできます。

「第1条　遺言者は、下記不動産を長男○○に相続させる。ただし、長男○○は、遺言者の妻○○に対し、同人が生存中、その生活費として月額○○円ずつを毎月末日に同人の住所に持参、または送金して支払う。」といった具合です。

ただし、民法1002条1項は「負担付遺贈を受けた者は、遺贈の目的の価額を超えない限度においてのみ、負担した義務を履行する責任を負う。」と規定していますので、負担の付け方には注意を要します。

2　ペットのための負担付遺言

負担付相続あるいは遺贈は、最近流行のペットの世話を、遺言者の死後見てもらいたいという場合も活用できます。例えば「遺言者は、○○に現金○○万円を遺贈する（相続させる）。ただし、○○は生涯にわたり、遺言者の愛犬○○を介護、扶養し、死亡の場合は、相当な方法で埋葬、供養しなければならない。」といった具合です。

ペットの場合は、介護、扶養という言葉よりは飼育という言葉が正しいのでしょうが、公正証書遺言を作成する場合は、介護、扶養という表現を使います。そこには、遺言者のペットも家族の一員という思い入れがあるので、文例も前述したようになります。

3　受遺者が負担の義務を果たさない場合

　負担付相続または遺贈の遺言をしても、遺言者死亡後に相続または遺贈を受けた者がその負担の義務を果たさない場合は、まず他の相続人または遺言執行者が負担を果たすように催告しますが、それでも負担義務を果たさない場合は、他の相続人または遺言執行者は、家庭裁判所に遺言を取り消すことを申し立てることができます（民1027）。

4　相続税の取扱い

　負担付遺贈の受遺者は、相続税の納税義務者となります。この場合、負担がないものとした場合における当該財産の価額から当該負担額を控除して課税価格を計算します。ただし、控除が認められる負担額は、当該遺贈のあった時において確実と認められる金額に限るとされています。したがって、遺言者の妻と同居する債務等、遺贈によって受贈者に課される負担が金銭に換算することができない債務であるときは、財産の価格からの控除が認められないものと考えられます（相基通11の2-7）。

基礎編

作成編

見直し編

相続発生後編

Q66 遺留分の放棄・放棄の撤回

遺言が後から覆されないように遺留分を相続人に放棄してもらうことはできますか。

1 遺留分の放棄

遺言を残しても遺留分を侵害していると、遺留分権利者から遺留分侵害額請求がなされ遺言どおりの遺産分割ができないおそれがあります。そこで、一定の手続きを経て相続開始前に遺留分を放棄してもらうことが可能です。

2 遺留分の放棄の手続き

(1) 相続開始前の放棄

① 手続き

相続開始前の遺留分の放棄は、家庭裁判所の許可を必要とします（民1049 I）。その管轄は被相続人の住所地の家庭裁判所になります（家事事件手続法216 I ②）。

② 家庭裁判所の許可を求める趣旨

旧民法下の家督相続を否定する新民法のもとでは、相続権も遺留分権も純粋の個人的な財産権であるから、その処分は自由ですが、これを無制約に認めると、被相続人が親の権威をもって遺留分権利者の自由意思を抑圧し、その放棄を強要することが起こり得ます。それでは、遺留分権利者の生活安定および家族財産の公平な分配という新民法における遺留分制度の趣旨を無にする危険があることから、相続開始前の遺留分権の放棄は、家庭裁判所の許可を得たときに限りできるものとしたものです。

③　許否の判断基準

　具体的には、①放棄が遺留分権利者の自由意思に基づくか否か、ⅱ遺留分を放棄する理由に合理性・必要性があるか否か、ⅲ放棄と引換えになされる代償が存在するか否か、を考慮しているとされています。

(2)　相続開始後の放棄

　被相続人の相続が開始した後は、遺留分権利者は、その有する個々の遺留分侵害額請求権、あるいはその総体としての遺留分権全体を、自由に放棄することができます。

③　遺留分の放棄の効果

　遺留分の放棄がなされても、共同相続人の遺留分が増加するのではなく（民1049Ⅱ）、その反射的効果として放棄の範囲内で被相続人の自由分（自由処分の可能な範囲）が増加するのみです。

　遺留分を放棄した相続人であっても相続権は失いません。したがって、遺産分割協議の当事者となることもできますし、相続開始後に相続放棄・限定承認の申述（民924、948）をしなければ積極財産は相続せずに消極財産（負債）のみを相続するという事態が起こります。

④　遺留分の放棄と代襲相続

　遺留分の事前放棄をした者に代襲相続（民887Ⅱ）が発生した場合は、代襲相続人は遺留分のない相続権を代襲するにすぎません。

⑤　相続開始前の遺留分放棄の撤回

　遺留分放棄の許可の審判後に発生した事情の変更を理由として許可の取消しを求めることができるでしょうか。

　裁判所は、遺留分放棄許可の審判がなされた後は、原則として放棄

の撤回をすることはできませんが、審判の基礎となった客観的事情に明白かつ著しい変化が生じ、許可の審判を維持することが著しく社会的実情に合致しなくなった場合は、相続開始前に限り、遺留分放棄許可の審判を取り消すことができるとしています（東京高決昭和58年9月5日）。

【遺留分放棄の許可審判申立書】

受付印	家 事 審 判 申 立 書 〔遺留分放棄〕

（収入印紙８００円分を貼ってください。）

（貼った印紙に押印しないでください。）

収 入 印 紙	円
予納郵便切手	円

準口頭		関連事件番号 平成・令和　　年（家　　）第　　　　号

○○家庭裁判所 　　　　　御中 令和 ○ 年 ○ 月 ○ 日	申　立　人 〔又は法定代理人〕 など の 記 名 押 印	日 野 丸 子　㊞

添付書類	申立人の戸籍謄本　　通，　被相続人の戸籍謄本　　通，　財産目録　　通

申立人	本　籍	○○ 都道府県 ○○市○○町○丁目○番地		
	住　所	〒 ○○○－○○○○　　　　電話 ○○○（○○○○）○○○○ ○○県○○市○○町○丁目○番地○号　　　（　　　方）		
	連絡先	〒　　－　　　　　　　　電話　　（　　　） （　　　方）		
	フリガナ 氏　名	ヒ　ノ　　マル　コ 日 野 丸 子	昭和 平成 令和 ○ 年 ○ 月 ○ 日生	
被相続人	本　籍	○○ 都道府県 ○○市○○町○丁目○番地		
	住　所	〒　　－		（　　　方）
	フリガナ 氏　名	ホウ　レイ　　タ　ロウ 法 令 太 郎	昭和 平成 令和 ○ 年 ○ 月 ○ 日生	

（注）太枠の中だけ記入してください。

基礎編

作成編

見直し編

相続発生後編

申 立 て の 趣 旨

被相続人 **法令太郎** の相続財産に対する遺留分を放棄することを許可する旨

の審判を求めます。

申 立 て の 理 由

1 被相続人との関係

 (1) 配偶者 (2) 子（続柄 **長女** ） (3) その他（　　　　　　）

2 遺留分を放棄する理由

 (1) 申立人は，事業経営をしている日野光と婚姻し，夫には相当の収入があり，また，不動産や

 　　株式など相当の財産も所有し生活は安定しています。

 (2) 申立人は，以上の事情により別紙財産目録記載の被相続人の財産の相続をする意思はないの

 　　で，相続開始前において遺留分を放棄するため，この申立てをしました。

（注）太枠の中だけ記入してください。

【審判の取消し・変更の申立書】

受付印		家 事 審 判 申 立 書 〔遺留分放棄〕

（収入印紙８００円分を貼ってください。）

（貼った印紙に押印しないでください。）

貼用収入印紙	円
予納郵便切手	円
予納収入印紙	円

準口頭		関連事件番号　平成・令和　　年（家　　）第　　　　　　　号

	○○家庭裁判所 御中 令和 ○ 年 ○ 月 ○ 日	申立人 ［又は法定 代理人など］ の署名押印 又は記名押印	法 令 一 郎 ㊞

添付書類	

申 立 人	本　籍	（戸籍の添付が必要とされていない申立ての場合は，記入する必要はありません。） ○○ 都道 府県 ○○市○○町○丁目○番地
	住　所	〒○○○－○○○○　　　　　　　　電話 ○○○（○○○○）○○○○ ○○県○○市○○町○丁目○番地○号　　　　　　（　　　　　方）
	連　絡　先	〒　－　　　　　　　　　　　　　　電話（　　） （　　　　　方）
	フリガナ 氏　　名	ホウ　レイ　イチ　ロウ 法 令 一 郎	昭和 平成　○年○月○日生 令和
	職　業	会 社 員

※ 被 相 続 人	本　籍	（戸籍の添付が必要とされていない申立ての場合は，記入する必要はありません。） ○○ 都道 府県 ○○市○○町○丁目○番地
	住　所	〒○○○－○○○○　　　　　　　　電話 ○○○（○○○○）○○○○ ○○県○○市○○町○丁目○番地○号　　　　　　（　　　　　方）
	連　絡　先	〒　－　　　　　　　　　　　　　　電話（　　） （　　　　　方）
	フリガナ 氏　　名	ホウ　レイ　タ　ロウ 法 令 太 郎	昭和 平成　○年○月○日生 令和
	職　業	小 売 商

（注）　太枠の中だけ記入して下さい。　※の部分は，申立人，相手方，法定代理人，事件本人又は利害関係人の区別を記入してください。

<table>
<tr><td colspan="2" align="center">申　立　て　の　趣　旨</td></tr>
</table>

　　○○家庭裁判所が令和○年（家）第○○号遺留分放棄許可申立事件につき，令和○年○月○日

になした遺留分放棄許可の審判は取り消すとの審判を求めます。

<table>
<tr><td colspan="2" align="center">申　立　て　の　実　情</td></tr>
</table>

1　申立人は被相続人の長男です。

2　申立人は被相続人から現金○○万円の贈与を受けたので御庁の許可を得たうえで，同人の相

　続財産に対する遺留分を放棄しました。

3　その後，被相続人は事業の成功により申立人が遺留分を放棄したときに比べてその資産を10

　倍以上増加させましたから，他の共同相続人が受けるべき遺留分の額と比較すると，申立人が

　受けた生前贈与の額は著しく低いものとなりました。

4　よって，申立人は相続開始時における財産の価額に基づく遺留分を受けたいので，前記遺留

　分放棄許可審判の取消しを求める次第です。

（注）　太枠の中だけ記入してください。

（審判の取消し・変更の申立書）

Q67 遺留分の計算

遺留分についての具体的な計算方法を教えてください。

1 遺留分の計算方法

詳しくは、**Q17**を参照してください。

(1) 遺留分侵害額

遺留分侵害額は以下の算定式で導かれます。

遺留分侵害額＝遺留分額－(遺留分権利者が被相続人から相続で取得すべき財産額)－(遺留分権利者の特別受益額＋遺留分権利者が受けた遺贈額)＋(遺留分権利者が相続分に応じて承継した相続債務の額)

(2) 遺留分額

遺留分額は、以下の計算式で導かれます。

遺留分額＝遺留分算定の基礎となる財産額×個別的遺留分の割合

遺留分算定の基礎となる財産額＝(被相続人が相続開始時に有していた財産)＋(贈与財産の価格)－(相続債務の全額)

個別遺留分の割合＝(総体的遺留分＝遺留分権利者全体に残されるべき遺産全体に対する割合)×(法定相続分の割合)

2 遺留分権利者（総体的遺留分を有する相続人）

　総体的遺留分（＝遺留分権利者全体に残されるべき遺産全体に対する割合）を有する相続人とは、兄弟姉妹以外の法定相続人、すなわち、配偶者および子または直系尊属です（民1042 I）。

(1) 胎　　児

　胎児は、生きて生まれたときに子としての遺留分が認められます（民886）。

(2) 代襲相続人

　子の代襲相続人も、相続人であるので、遺留分を有します（民887 II）。代襲相続人が複数の場合は、代襲相続人間の相続分に従って、代襲される子の遺留分が配分されます（民1042 II、901）。

(3) 相続欠格者、相続を排除された者、相続を放棄した者

　これらの者は相続人ではないので、遺留分権利者とはなりません。ただし、相続欠格および相続人の廃除の場合は、代襲者が相続人となり、その者が遺留分権利者となります（民887 II・III）。

3 遺留分の割合

(1) 総体的遺留分の割合

　民法では、以下のように定められています。
　① 直系尊属のみが相続人である場合
　　被相続人の財産の3分の1が遺留分です（民1042 I①）
　② それ以外の場合
　　被相続人の財産の2分の1が遺留分です（民1042 I②）

（2）　個別遺留分の割合

個別遺留分とは、総体的遺留分の割合に法定相続分の割合を乗じたものです。

4　遺留分算定の基礎財産について

（1）　相続開始時の積極財産

被相続人が相続開始時に有していた財産は遺留分算定の基礎とされます（民1043Ⅰ）。

（2）　債務の控除

遺留分算定の基礎財産を算定するには、相続債務を相続財産から控除します（民1043Ⅰ・Ⅱ）。保証債務については、主たる債務者が無資力で求償権の行使による填補の実効性がない場合に限り、被相続人の財産から控除すれば足りるという裁判例があります（東京高判平成8年11月7日）。

（3）　贈　　　与

以下が遺留分算定の基礎財産に贈与として算入されます。
①　相続開始前の1年間にされた贈与（民1044Ⅰ第1文）
②　遺留分権利者に損害を与えることを知ってなされた贈与（民1044Ⅰ第2文）
③　不相当な対価でなされた有償処分（民1045Ⅱ）
④　相続人に対する贈与（民1044Ⅲ）

相続人に対する贈与については、原則として相続開始前の10年間の特別受益としての贈与に限って、遺留分を算定するための価額に算入されます。詳しくは、**Q16**を参照してください。

基礎編

作成編

見直し編

相続発生後編

5 相続債務がある場合の遺留分侵害額の算定

(1) 原　則

　遺産の中に相続債務（被相続人が負っていた債務）がある場合、遺留分侵害額の算定上、❶(1)のとおり、相続債務のうち遺留分権利者の負担する割合に相当する金額は、加算することになります（民1046Ⅱ③）。

(2) 例外…すべての遺産を特定の相続人に相続させる旨の遺言がある場合

　例えば、被相続人Ａ、被相続人の子である相続人Ｂ及びＣがおり、Ａの積極財産総額5,000万円、相続債務2,000万円である場合において、Ａがすべての財産をＢに相続させる旨の遺言をしていたとします。

　この場合、Ｃの遺留分侵害額は、上記(1)の原則どおりに計算すると、次の計算式のとおり、1,750万円となります。

　（計算式）

　・遺留分算定の基礎となる財産額

　　＝積極財産5,000万円－相続債務2,000万円

　　＝3,000万円

　・Ｃの遺留分額

　　＝遺留分算定の基礎となる財産額3,000万円

　　　　×相対的遺留分1/2×法定相続分1/2

　　＝750万円

　・Ｃの遺留分侵害額

　　＝Ｃの遺留分額750万円

　　　　＋Ｃが相続分に応じて承継した相続債務2,000万円×1/2

　　＝1,750万円

　しかし、Ａがすべての財産をＢに相続させる旨の遺言を残したの

は、相続債務も含めてBに負担させる趣旨であったといえます。そのため、この場合には、Cの遺留分侵害額の計算上、Cが相続分に応じて承継した相続債務を加算することはできず、Cの遺留分侵害額は750万円にとどまります（最判平成21年3月24日）。もしCが相続債務のうち2分の1にあたる1,000万円を債権者に支払ってしまった場合には、CはBに対して、（遺留分侵害額請求とは別に）本来負担すべきでない債務を支払ったことによる求償権として1,000万円を請求することになります。

基礎編

作成編

見直し編

相続発生後編

Q68 死後事務委任契約の法的効果と利用範囲

　自分が希望する葬儀や埋葬の方法を遺言で決めておくことはできるでしょうか。

1 祭祀承継者の指定

　民法 897 条には祭祀財産の承継者は、被相続人の指定で決められると書いてあります。指定の方法には制限はありませんが、遺言で行うのが一般的です。ただし、決められることは祭祀財産（位牌・お墓等）を承継する人です。ご質問の葬儀や埋葬の方法は、法的な効力を有する法定遺言事項ではありません。

　ただし、法的な効力まではなくても、遺言者の希望、事実、訓戒などを付言として遺言に記載することはできます。法的効力を持たせたい場合は、**2**で述べる死後事務委任契約を締結する方法があります。

2 死後事務委任契約

　死後事務委任契約とは、委任者が生前に信頼できる受任者との間で、死後の事務に関することを決めるものです。この事務に葬儀や埋葬が含まれます。

【文　例】

令和　年　第　号

死後事務委任契約公正証書

本公証人は、委任者○○○○（以下「甲」という。）及び受任者○○○○（以下「乙」という。）の嘱託により、以下の法律行為に関する陳述の趣旨を録取し、この証書を作成する。

第1条（契約の趣旨）

　　甲は乙に対し、平成○○年○○月○○日、甲の死後の事務（以下「本件死後委任事務」という。）を委任し、乙はこれを受任する。

第2条（委任事務の範囲）

　　甲は乙に対し、甲の死亡後における次の事務を委任し、その事務処理のための代理権を付与する。

　1　葬儀、埋葬に関する事務一切

　2　医療費、施設利用費、公租公課等債務の支払に関する事務一切

　3　生活用品、家財道具等の整理処分に関する事務一切

　4　年金関係等の行政官庁等への諸届事務一切

2　甲は乙に対し、前項の事務処理をするにあたり、乙が代理人及び補助者を選任することを承諾する。

第3条（費用の負担）

　　乙が本件死後委任事務を処理するために必要な費用は、乙の管理する甲の遺産からこれを支出するものとする。

第4条（権利義務の承継）

　　甲死亡後も、本件委任契約は終了せず、甲の相続人は、委任者である甲の本契約上の権利義務を承継するものとする。

　2　甲の相続人は、前項の場合において、乙が本件死後事務を遂行することが困難であるなど、特別な事情がある場合を除いては、本契約を解除することはできない。

---

③ 死後事務委任契約の効果

委任契約は民法653条で「委任者又は受任者の死亡」で終了する、民法651条で「委任者・受任者のどちらからでも・いつでも解約できる」旨書かれています。これでは委任者の死後に対する想いは成就できません。

死後事務委任契約を考えるうえで参考になる2つの重要な判決があります。

平成4年最高裁判例（最三小判平成4年9月22日）では、「民法653条の規定を任意規定と考え、死亡によっても終了しないという合意が可能である」とし、平成21年東京高裁判決（東京高判平成21年12月21日）では、「死亡後に契約に従って事務が履行されることを想定している契約だから、特段の事情が無い限り、委任者の地位の承継者の相続人がこの契約を解除出来ない」としました。この2つの判例を根拠に死後事務委任の実務が行われるようになりました。

④ 死後事務委任契約の利用範囲

死後事務委任事項として次のようなものが考えられます。
①　親族、縁故者への死亡の連絡
②　葬儀、埋葬、納骨に関する事務
③　病院・施設入所費用等の債務の支払いに関する事務
④　生活用品、家財道具等の整理処分に関する事務
⑤　相続人、縁故者への遺品の引渡事務（形見分け）
⑥　行政官庁への諸届事務

（264ページのコラムを参照ください）

5 手続き

死後事務委任契約は要式性を要求されていませんので、公正証書で行う必要はありません。しかし、実務では公正証書が原則です。委任者が死亡してから事務を行うため、委任者の意思を明確にするためです。

また、死後事務委任契約は、任意後見契約とセットで行われているケースが多いです。任意後見契約は被後見人の死亡で契約が終了してしまい、任意後見人は死後の事務が行えないからです。

6 単独で行う死後事務委任契約への警笛

死後事務委任契約だけを単独で行うことに危ぶむ声があります。理由は、生前あまり関わりがない受任者が、いきなり死後の事務を委任されて任務を全うできるのかということです。特に死後の遺体引取りはモラルの部分が大きく、遺族とトラブルになる可能性もあります。また、死後の委任事務を行うために生前に預かるお金の問題があります。本人の意思能力が衰えると、本人が預けたかどうかがわからなくなり、トラブルになることがあるからです。

これらの問題に対応するため、任意後見契約・遺言とセットで行うことをお勧めします。

高齢化社会の中、子のない独居の方が増えています。死後事務委任は身寄りのない人、身寄りはあるけれど縁遠くなった兄弟姉妹・甥姪に面倒をかけたくないという人に需要があると思われます。

普及させるためには、モラルが守られる制度作りが求められます。

基礎編

作成編

見直し編

相続発生後編

コラム　死後事務委任契約でできること

　死後事務委任契約でどのようなことができるのでしょうか。

　できることが法律に定められているわけではありません。裁判事例も多くないため、死後事務委任契約で行えるか、判断に迷う事項があります。具体的には、委任者の死後の葬儀や埋葬および身辺整理的な事務は死後事務委任契約でできますが、その範囲を超えて委任者の財産を誰に帰属させるかは死後事務委任契約ではできず、遺言や死因贈与、信託、相続人の合意で行います。

●生前の病院費用、介護施設費用の支払事務

　これらの費用を被相続人の債務と考えると、債務は相続しますから相続人が支払うものでしょう。しかし、現実的には退院（退所）後すぐに支払義務が発生します。これらの支払事務は身辺整理的な事務ですので、死後事務委任契約で行えると考えらえています。

●独居住まいの高齢者の建物明渡し

　「相続人がいない、いても死後の手続きをしてくれる適任者がいない」という独居高齢者の借家人が増えています。賃貸人の心配は部屋の中での孤独死です。借家契約を勝手には解除できず、部屋の中の家財道具も勝手に処分できません。部屋の明渡しがされないと、次の入居者に貸せません。このような心配を解消する方法に、死後事務委任契約があります。

　借家人と第三者で死後事務委任契約を結びます。
契約内容は、

　　① 借家の退去明渡し・敷金等の精算事務

　　② 室内の残存物の処分

　　③ 葬儀・納骨の事務、等々

借家の明渡しに付随する身辺整理的な事項です。

●法要・永代供養

　法要や供養が規模や費用の点で本人に相応であれば、死後事務委任契約で行える事項です。ただし、死後の事務委任契約は Q68 3 で述べたように、委任者の死後、相続人は原則として解除が認められない委任契約です。長期にわたり解除権を認めないというのは問題がありますので、期間も含め合理的な範囲で行うことが必要です。場合によっては Q70 の永代供養信託の利用も検討してみてください。

Q69　いわゆる後追い遺言

　「遺言者は、全財産を妻に相続させる。妻はその相続を受けた全財産を長女に相続させる。」というような、いわゆる後追い遺言はできるのでしょうか。

1　いわゆる「後追い遺言」とは

　「いわゆる後追い遺言」とは、一般に、第1次受遺者が受ける遺贈利益を、ある一定の条件の成就または期限の到来した時に第2次受遺者に移転する旨を記載した遺言のことです。例えばご質問のように、遺言者が死亡した場合は、全財産を妻（第1次受遺者）に相続させるが、将来妻が死亡した場合は、妻が遺言者から相続を受けた全財産を長女（第2次受遺者）に相続させると記載した遺言です。

2　いわゆる「後追い遺言」をめぐる学説の対立

　夫が不動産を妻に相続させて、その妻が死んだら、これを長女に相続させたいという場合に、これを1通の遺言で全部書いたとしても、一度妻に相続させて妻に帰属した不動産は、妻がどのように処分しようと自由ですから、このようないわゆる後追い遺言の第2次相続の部分は遺言者の希望にすぎないという説があります。
　他方、相続で不動産の所有権を得た妻はその不動産を自由に処分することは許されず、死亡した場合はその所有権を長女に移転することを条件に不動産の所有権を得るし、長女は、遺言者の妻が死亡した場合を不確定期限として不動産を相続して所有権を得るので、いわゆる後追い遺言も有効であるという説もあります。

③ 実務的な解決

　このようにいわゆる後追い遺言については両説が対立しているので、実務的には、夫は、「遺言者は、その有する下記不動産を、遺言者の妻○○に相続させる。」と、まず遺言をし、付言として、「妻○○は、○条記載の不動産を相続したときはその不動産を長女に相続させてください。」と書き、他方、妻は、「遺言者は、遺言者の夫○○が死亡した場合に同人から相続すべき下記不動産を、遺言者の長女○○に相続させる。」と遺言してもらいます。このように夫と妻の二人にそれぞれ同時にこのような遺言をしてもらえれば、遺言者である夫の意思は確実に実現できるので、このような2つの遺言を夫と妻がそれぞれ同時にすることをお勧めします。

　また、**Q25** で解説したように、信託を利用すると後追い遺言と同様の効果が得られる財産承継が可能です。

Q70　永代供養信託

永代供養信託について教えてください。

　祭祀承継者は、遺言で指定できます。ただし、祭祀承継者を指定しても、その人が必ず供養し続けてくれる保証はありません。また、死後事務委任契約により供養を委任することも可能ですが、コラム（264〜265ページ）で述べたように、長期間の死後事務委任はあまりお勧めできません。

　このような場合、信託の活用も検討してください。下記に文例を掲載します。

　文例は知人を受託者、菩提寺を受益者とした遺言による信託です。信託期間は七回忌までとし、余剰金があれば菩提寺に寄付する内容です。

【遺言による信託の設定】

> 　第一条　遺言者は、○○銀行○○支店の遺言者名義の預金の内の
> 　　100万円（以下、「信託財産」という）をもって以下の信託を
> 　　設定する（以下、「本信託」という）。
> 　(1)　信託の目的　遺言者及びその祖先の永代供養のため、供養
> 　　　料、墓地管理料、及び法要費用を支払う。
> 　(2)　受託者
> 　　　住　　所
> 　　　職　　業
> 　　　氏　　名　A　昭和○○年○○月○○日生
> 　(3)　受益者　宗教法人○○○
> 　(4)　信託財産の管理等
> 　　　①　信託財産は通帳等に「信託口」等の信託財産であること
> 　　　　を記載または記録して管理する。

　②　……………
(5)　信託財産の給付方法　信託財産からの収益金、元本から必要金額をその都度支払うものとする。
(6)　信託期間
　　本信託の信託期間は、委託者死亡の日から次の各号いずれかに該当した時までとする。
　1．委託者死亡から7年経過したとき。
　2．信託財産が消滅したとき。
　3．その他信託法に定める事由が生じたとき。
(7)　信託終了時の残余財産の帰属
　　残余の信託財産については、受益者・宗教法人○○○に帰属させる。
(8)　受益権の譲渡・質入の禁止
　　×　×　×　×　×　×　×　×　×　×　×　×　×
第二条　○○銀行○○支店の遺言者名義の預金のうち、100万円を上記受託者Aに遺贈する。
第三条　第一条、第二条に記載した以外の遺言者の有するすべての財産から、第四条の遺言執行費用を除いた財産を公益法人△△△に遺贈する。
第四条　遺言者は、本遺言の執行者として次のものを指定し下記の権限を授与する。
　1　第一条記載の信託の設定手続に関する一切の件。
　2
　：

基礎編

作成編

見直し編

相続発生後編

Q71　子の借金から親の財産を守る

　　ギャンブル好きの兄が街の金融会社から借金を
しています。父が何回か肩代わりしましたが、
ギャンブルは続いています。このまま父が亡く
なったらどうなるでしょうか。何か生前にしてお
くことはないでしょうか。

　子の借金を親が肩代わりする、よくある話です。資力のある親なら
ば今回だけだと言いながらも同じことを繰り返してしまいます。ギャ
ンブルが原因での借金グセはなかなか治りません。街金融は、返済能
力のない子でも親が高齢ならば相続を当て込んで子に貸してくるで
しょう。

　親が亡くなれば、債権者は子に代位して法定相続分で不動産を登記
し、子の持分を差し押さえてしまいます。これを防ぐためには借金漬
けの子を外し、親の所有する財産を配偶者と他の子供達に相続させる
遺言を作ることで防ぐことができます。債権者は子の遺留分を代位す
ることはできません（最一小判平成 13 年 11 月 22 日）。

Q72　外国人の遺言

在日外国人が日本で遺言する場合の留意点を教えてください。

1　遺言方式に関する準拠法

　在日外国人が日本でする遺言については、遺言の方式の準拠法（どこの国の法律を適用するかの意）に関する法律2条により、日本の民法の方式によることができます。また、同法5条によって遺言者の年令に関する遺言能力、証人に関しては日本の民法が適用されます。

2　遺言の成立および効力に関する準拠法

　しかし、遺言の方式以外の遺言能力等の要件については、法の適用に関する通則法（以下、「通則法」という）37条1項は、「遺言の成立及び効力は、その成立の当時における遺言者の本国法による。」と規定しているので、遺言者の本国法が準拠法になります。なお、相続に関しても、通則法36条は、遺言者の本国法を準拠法とすると規定しています。したがって在日外国人の公正証書遺言を作成するには、まず、当該外国人の本国法の規定を調べることが必要となります。

3　韓国人の例

　韓国人の相続については原則として韓国民法が適用されます（韓国国際私法49Ⅰ）。しかし、在日韓国人が明示的に常居所がある日本の法と指定するか、不動産が日本にある場合に不動産に関する相続に関しては日本の法と指定した場合は相続は日本法によるとしています（韓国国際私法49Ⅱ）。一方、日本の通則法41条本文は、「当事者の本国法によるべき場合において、その国の法に従えば日本法によるべきとき

は、日本法による。」としています。上記のとおり、韓国国際私法49条2項によって、韓国籍の人が、明示的に日本法によると指定した場合は、相続については日本法によるとしているので、上記の日本の通則法41条によって結局相続については日本法によることになります。

したがって、韓国人が遺言をするにあたって、相続の準拠法として日本法を指定する意向がある場合は、以下のような文例になります。

【韓国人の公正証書遺言の記載例】

> 第1条　遺言者は、相続の準拠法として、遺言者の常居所地法である日本法を指定する。
> 第2条　遺言者は、遺言者が有する一切の財産を、遺言者の妻・
> 　　　　○○○○（生年月日）に相続させる。

4　中国人の例

中国では、「遺産の法定相続については、動産は被相続人死亡時の居住地の法律を適用し、不動産は不動産所在地の法律を適用する。」（中華人民共和国民法通則149）と規定されています。日本に住所があり不動産を所有している中国籍の人が死亡した場合、前述の日本法の適用に関する通則法41条の「その国の法に従えば日本法によるべきときは、日本法による。」の定めに従い、動産の法定相続については被相続人の居住地である日本の民法を、不動産の法定相続については不動産所在地である日本の民法、つまり、どちらも日本の民法を適用することになります。

5 相続税の取扱い

(1) 相続税の納税義務者

外国籍の者であっても、相続または遺贈により財産を取得した者が、次に該当する場合には日本の相続税の課税対象となります（Q21 参照）。

① 日本国内に住所を有する場合（居住無制限納税義務者）

② 日本国内にある財産を取得した場合（制限納税義務者）

(2) 相続税計算の相違点

① 債務控除

制限納税義務者は、相続または遺贈により取得した財産のうち、日本国内にあるものだけについて相続税の納税義務を負うことになっているため、制限納税義務者の債務控除については、相続税の課税される財産によって担保される債務に限られ、葬式費用の控除は認められていません。

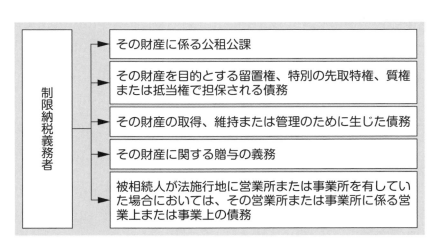

基礎編

作成編

見直し編

相続発生後編

② 未成年者控除および障害者控除

　制限納税義務者については、未成年者控除および障害者控除の適用を受けることができません（**Q22**参照）。

　例外的に、制限納税義務者であっても、その相続に係る被相続人がアメリカ合衆国の国籍を有していた場合、またはアメリカ合衆国に住所を有していたときは、その者については、日米相続税条約の規定により、未成年者控除または障害者控除の適用が受けられることとされています。

Q73 推定相続人の廃除

　長男が日頃から父である私に暴言を吐いたり、乱暴をはたらくので、病院に行ったこともあります。このような長男には私の死後私の財産は一切相続させたくありません。何かよい方法はありませんか。

1 「推定相続人の廃除」とは

　民法 892 条は、「遺留分を有する推定相続人（相続が開始した場合に相続人となるべき者をいう。以下同じ。）が、被相続人に対して虐待をし、若しくはこれに重大な侮辱を加えたとき、又は推定相続人にその他著しい非行があったときは、被相続人は、その推定相続人の廃除を家庭裁判所に請求することができる。」と規定しています。したがって被相続人である父は、生存中にこの規定により、家庭裁判所に長男を推定相続人から廃除するという請求をし、これが裁判所で認められれば目的は達せられます。

2 遺言による推定相続人の廃除

　民法 893 条は、「被相続人が遺言で推定相続人を廃除する意思を表示したときは、遺言執行者は、その遺言が効力を生じた後、遅滞なく、その推定相続人の廃除を家庭裁判所に請求しなければならない。この場合において、その推定相続人の廃除は、被相続人の死亡の時にさかのぼってその効力を生じる。」と規定しています。よって被相続人である父は、遺言に長男の行為が民法に規定する虐待、重大な侮辱、著しい非行のどれかに該当するので長男を推定相続人から廃除する旨記載し、遺言執行者において、被相続人である父の死後家庭裁判所に廃除の請求をし、これが裁判所に認められることによっても目的は達せ

られます。

③ 推定相続人の廃除についての留意事項

　この推定相続人の廃除は、それが認められれば推定相続人は相続人の地位を剥奪されるので、遺留分侵害額請求権も失い相続権は一切なくなるという重大な効力を発生することから、裁判所としても慎重に判断します。ただ単に親子喧嘩でつい手が出てしまったとか、売り言葉に買い言葉という程度では廃除の要件には該当しません。廃除の要件に該当することが日常的に繰り返されるとか、非常に重大な影響を心身に与えた等の事実が裁判所に認定される必要があります。

　したがって、これら廃除の要件となる事実と、それによって被相続人が心身ともに多大な痛手を受けたことを具体的に記載する必要があります。また、これらのことを立証する医師の診断書等客観的な証拠を整理しておくことが必要です。

④ 推定相続人の廃除の取消し

　民法894条は、「被相続人は、いつでも、推定相続人の廃除の取消しを家庭裁判所に請求することができる。（2項）　前条の規定は、推定相続人の廃除の取消しについて準用する。」と規定しているので、被相続人生存中に廃除の取消しを家庭裁判所に請求することもできますし、遺言で廃除の取消しの意思表示をすることもできます。

【推定相続人の廃除の文例】

> 　遺言者の長男○○○○（生年月日）は、遺言者を常日頃、馬鹿親父と罵って侮辱し、しばしば、遺言者に暴行を加え、平成○○年○月○日ころには、遺言者に対して、○○等の暴行を加えて遺言者に全治○○日を要する傷害を負わせるなど虐待したので、遺言者は、長男○○○○を推定相続人から廃除する。

【推定相続人の廃除の取消しの文例】

> 遺言者の長男○○○○（生年月日）は、推定相続人を廃除されていたが、現在では家業に精励し、素行も改まり、真面目に生活しているので、遺言者は、同人に対する推定相続人の廃除を取り消す。

Q74　祭祀の主宰者の指定

　祖先や遺言者のお墓を護ったり、法要を執り行う祭祀の主宰者を遺言で指定したいのですが、親族以外の人でも指定できますか。その他祭祀の主宰者の指定につき参考になることを教えてください。

1　祭祀の主宰者に関する民法の規定

　民法897条は、「系譜、祭具及び墳墓の所有権は、前条の規定にかかわらず、慣習に従って祖先の祭祀を主宰すべき者が承継する。ただし、被相続人の指定に従って祖先の祭祀を主宰すべき者があるときは、その者が承継する。(2項)　前項本文の場合において慣習が明らかでないときは、同項の権利を承継すべき者は、家庭裁判所が定める。」と規定していますので、被相続人は、生前に祖先の祭祀の主宰者を何らかの形で指定できます。意思が推認できる限り、黙示の意思表示でもよいと解されています。もちろん遺言で祖先の祭祀の主宰者を指定することもできます。祭祀の主宰者は相続人や親族以外の第三者を指定することもできます。また、祭祀の主宰者は一人とは限らず複数を指定することもできます。

2　祭祀の主宰者の指定に関する実務上の留意点

　祭祀の主宰者に指定された者は、辞退することはできないと解されていますが、祭祀義務を負うわけではないので、遺言で祭祀の主宰者を指定する場合は、事前に了解をとっておいたほうがよいでしょう。また、祭祀の主宰者となると、葬儀や一回忌、三回忌の法要等で多額の出費も予想されるので、祭祀の主宰者には、遺言で財産を相続させ

るか遺贈する等の配慮をすることが望ましいと思います。

公正証書遺言で祭祀の主宰者を指定すると、法律行為に関する意思表示であり、算定不能ですので、1万1,000円の手数料がかかります（公証人手数料令16、9)）。

なお、祭祀の主宰者の「さい」の字は、民法897条1項に記載しているように宰相の「宰」であり、主催者の「催」ではありませんので注意を要します。

【祭祀の主宰者の指定例】

> 遺言者は、祖先の祭祀を主宰すべき者として、遺言者の長男○○○○（生年月日）を指定する。

3 相続税の取扱い

墓地や墓石、仏壇、仏具、神を祭る道具など日常礼拝をしている物については、相続税の対象となりません（相法12 I ②)。

ただし、骨董的価値があるなど投資の対象となるものや商品として所有しているものは、相続税がかかります。

コラム　遺言の修正

　遺言の訂正や修正は厳格な方式があります。単なる2本線に印を押したことでは修正したことになりません。修正・変更した部分に押印し、その上部に修正・変更した箇所と内容を付記し、署名しなければなりません。

　自筆証書遺言は、まず、それが遺言者の自筆によって作成されていることが最も重要な要件とされています。そして、この遺言者の自筆によって作成された自筆証書中の加除、その他の変更は遺言者がその訂正等の箇所を指示し、これを変更した旨を明記し署名し、かつ、その変更の場所に印を押さなければならないと定めています（民968Ⅱ）。

　したがって、作成された自筆証書遺言が完全に有効なものであるためには、遺言に必要な記載事項が遺言者の自筆によって作成されているばかりでなく、その訂正、加除等についても定められた方式によるものであることが必要となります。

　訂正、加除等の方法を誤ると、遺言自体が無効になってしまう場合がありますので、誤りがあった場合には、できる限り、方式どおりに訂正、加除を行うか、初めから書き直すようにしたほうがよいでしょう。

　公正証書遺言については、その作成過程で誤記を発見した場合は、訂正の方式について規定された公証人法38条により対処していますが、その作成後に誤記を発見した場合は、実務上公証人作成の誤記証明書によって対処しています。このことについては、Q102の公正証書遺言の訂正・誤記証明の項目に詳述していますので、参照ください。

【遺言書の訂正の仕方】

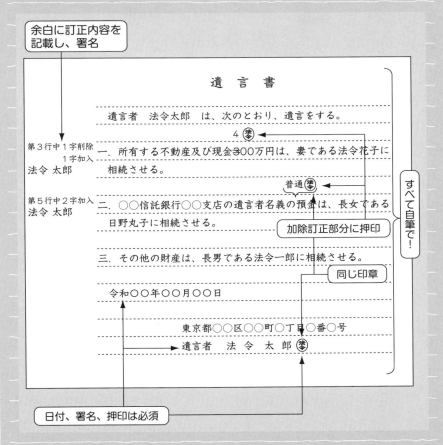

余白に訂正内容を記載し、署名

遺　言　書

遺言者　法令太郎　は、次のとおり、遺言をする。

第3行中1字削除
1字加入
法令 太郎

一．所有する不動産及び現金300万円は、妻である法令花子に相続させる。

第5行中2字加入
法令 太郎

二．○○信託銀行○○支店の遺言者名義の預金は、長女である日野丸子に相続させる。

加除訂正部分に押印

三．その他の財産は、長男である法令一郎に相続させる。

同じ印章

令和○○年○○月○○日

東京都○○区○○町○丁目○番○号

遺言者　法令　太郎

すべて自筆で！

日付、署名、押印は必須

見直し編

遺言書

Q75 公正証書遺言の変更

　今までに作成した公正証書遺言を変更したいのですが、変更の種類や手数料について教えてください。

1　遺言の撤回、変更の自由

　遺言というのは、一度したから撤回や変更ができないというわけではなくて、いつでも撤回や変更ができます。遺言者の最後の意思を尊重するというのが、遺言制度の目的だからです。とりあえず撤回するということもできます。全部撤回して、新たに次のとおり遺言するということもできます。全部で3条あったとしたら、第1条だけはこういうふうに変えるけど、それ以外は原遺言のとおりであるということもできます。ちなみに手数料の関係は訂正した部分だけです。したがって、一部撤回の場合は、そこの部分だけの手数料となります。

2　遺言の撤回や変更ということをあえて 記載しない遺言

　遺言者によっては、遺言の変更という形式をとると、相続人等関係者の間で変更する以前の遺言の内容はどうだったかとか、詮索したがる相続人がいることを心配する人もいます。一部変更の場合は、変更前の内容が変更後の遺言に記載されているので、そのことが原因で無用の争いが起きるのは好ましくないということであれば、ただ単に初めて遺言するような形式にして遺言するのがよいでしょう。

3　遺言が撤回されたとみなされることについての民法の規定

　民法 1023 条 1 項は、「前の遺言が後の遺言と抵触するときは、その抵触する部分については、後の遺言で前の遺言を撤回したものとみなす。」と規定しています。したがって、上記のように初めて遺言する形式の遺言をした場合に、それまでにした遺言の内容が、新しい遺言と抵触する部分があれば、その部分は撤回したことになります。

　民法 1023 条 2 項は、「前項の規定は、遺言が遺言後の生前処分その他の法律行為と抵触する場合について準用する。」と規定しています。したがって、遺言者が「下記土地・建物を遺言者の妻○○○○に相続させる。」という遺言をしていたとしても、遺言者がその遺言で妻に相続させると記載したその土地・建物を他に売却してしまえば、そのことによって、上記のその土地・建物を妻に相続させるという遺言が撤回されたことになります。

4　よくありがちな遺言者の思い込み

　よく遺言者の中には、一旦遺言をするとその遺言に縛られて、その遺言と矛盾する財産処分はできなくなると思い込んでいる方もいます。しかし、遺言者の所有する財産は遺言者が生きている間にどう処分しようと遺言者の自由なので、その結果それが遺言と抵触すれば、抵触した遺言が撤回されて遺言が執行できなくなるというだけのことです。

5　遺言の変更が多数回にわたった場合の留意点

　遺言の一部変更の場合でも、それが何回も行われたり、遺言の条文のあちこちを変更する場合等は、変更前の遺言と変更後の遺言をよく読み比べなければならず、遺言全体がすっきりと頭に入ってこない場合もあります。このような場合は、改めて遺言全体を書き直して、それさえ読めばすっきりと頭に入ってわかるという遺言にしたほうがよいでしょう。

基礎編

作成編

見直し編

相続発生後編

【公正証書遺言の全部を撤回する文例1】

> 遺言者は、令和○○年○○月○○日○○法務局所属公証人○○○○作成同年第○○号公正証書遺言による遺言者の遺言の全部を撤回する。

【公正証書遺言の全部を撤回する文例2】

> 遺言者は、令和○○年○○月○○日○○法務局所属公証人○○○○作成同年第○○号公正証書遺言による遺言者の遺言のほか、遺言者が従前にした遺言の全部を撤回する。

【公正証書遺言の全部を撤回し遺言をし直す文例】

> 遺言者は、令和○○年○○月○○日○○法務局所属公証人○○○○作成同年第○○号公正証書遺言による遺言者の遺言の全部を撤回し、改めて以下のとおり遺言する。
> 第1条　遺言者は、……
> 第2条　遺言者は、……

【公正証書遺言の一部を変更する文例】

> 遺言者は、令和○○年○○月○○日○○法務局所属公証人○○○○作成同年第○○号公正証書遺言による遺言者の遺言（以下「原遺言」という。）の一部を、次のように変更する。変更しない部分は、全て原遺言のとおりである。
> 　原遺言第○条を次のように改める。
> 第○条　遺言者は、……

【公正証書遺言に一部を追加する文例】

> 遺言者は、令和○○年○○月○○日○○法務局所属公証人○○○○作成同年第○○号公正証書遺言による遺言者の遺言（以下「原遺言」という）に次の条項を追加する。
> 第○条　遺言者は、……

Q76 遺言執行者が死亡した場合の対処方法

公正証書遺言で遺言執行者に指定していた人が死亡してしまいました。新たに遺言執行者を指定する公正証書を作成することはできますか。できるとした場合に、かかる手数料はいくらですか。

1 遺言者が生存中に遺言執行者が死亡した場合

遺言者が生存中に公正証書遺言で遺言執行者に指定していた人が死亡した場合は、遺言者が新たに遺言執行者を指定した公正証書遺言をすることはもちろんできます。また、公正証書遺言で指定した遺言執行者が死亡していなくても、その者が遺言執行者として適切でないと思ったら、その遺言執行者を指定から外して別の適切な人を遺言執行者に指定する公正証書遺言をすることができます。

このように遺言執行者を変更する場合は、新たに遺言執行者に指定する者の氏名、生年月日、住所、職業を公証人に通知します。もちろん公正証書遺言ですので、この場合も証人2名は必要です。これらは、いずれも公正証書遺言の変更であり、手数料は算定不能の1万1,000円と目的の価格が1億円までの遺言加算の1万1,000円の合計2万2,000円と用紙手数料の数千円です。

2 遺言者が死亡した後に遺言執行者が 死亡した等の場合

なお、遺言者が死亡した後に遺言執行者が死亡した場合や、遺言執行者が死亡した直後に遺言者が死亡した場合のように、新たな公正証書遺言で遺言者を指定できない場合は、利害関係人が家庭裁判所に請求してこれを選任してもらうことができます（民1010）。

基礎編

作成編

見直し編

相続発生後編

Q77 生命保険金受取人の変更

> 遺言で生命保険金の受取人を変更することはできるのでしょうか。

1 平成22年4月1日施行の保険法との関係

　単行法としての保険法が商法から切り離されて成立し、平成22年4月1日から施行されました。同法はそれまで明文の規定がなかった保険金の受取人の変更について、明文で変更ができることを認め、かつ、その対抗要件などについても規定を設けました。保険法44条1項および73条1項は、「保険金受取人の変更は、遺言によっても、することができる。」と規定し、同法44条2項および73条2項は、「遺言による保険金受取人の変更は、その遺言が効力を生じた後、保険契約者の相続人がその旨を保険者に通知しなければ、これをもって保険者に対抗することができない。」と規定しました。これらの規定は、いずれも平成22年4月1日の保険法の施行日以後に締結された保険契約（新規契約）について適用されるものであり、その前に締結された保険契約（既存契約）には適用されません（保険法附則2ないし6）。

2 上記保険法施行日より前を規律する裁判例

　既存契約については、東京高裁の平成10年3月26日判決が、「保険金受取人変更を一方的意思表示と解する限り、これについて、常に相手方を要するとする必要はない。その意思表示が外部から明確に確認できるものである限り、単独の意思表示としてすることを許容すべきである。商法675条2項は、保険契約者が保険金受取人の指定変更権を有する場合において、その権利を行わず死亡したときは、保険金受取人は確定すると定めている。保険契約者が遺言によってその変更権を行使したときも、その意思表示自体は生前に行われているのであ

り、死亡までにその権利を行ったものと解すべきである。」と判示（判タ968号1298頁）していますので、この判例をもとに遺言で生命保険金受取人の変更を行うことができます。

3　保険会社との関係

　なお、保険会社は、遺言による保険金の受取人の変更については、変更前の受取人と変更後の受取人との間で受取人の変更を記載した遺言の有効性をめぐって争いになることが多いことから、これを嫌がる傾向があり、その可能性も否定できません。したがって、遺言者が保険会社との間で受取人の変更について新たに契約する余裕がある場合はそうしたほうがよいと思われます。

　291ページに保険金受取人の変更についての文例を記載します。

4　相続税の取扱い

(1)　保険金受取人の違いによる課税関係

　被相続人の死亡によって取得した生命保険契約の保険金や、偶然の事故に基因する死亡に伴い支払われる損害保険契約の保険金（生命保険金等）を受け取った場合には、「被保険者」「保険料負担者」「契約者」「受取人」との相互関係から、課税関係が異なります。

　被相続人が「保険料負担者」であり、「被保険者」でもある場合には、「受取人」の「生命保険金等」に対して相続税が課税されます。

　また、被相続人が「保険料負担者」であるが、「被保険者」でない場合には、「生命保険契約に関する権利」としてその取得者に相続税が課税されます（相法3）（Q22参照）。

【生命保険金等と課税関係】

被保険者	保険契約者	保険料負担者	保険金受取人	父に相続があった場合	母に相続があった場合
父	父	父	母	母に相続税	－
母	父	父	子	本来の財産として権利の取得者に相続税	父から子への贈与（贈与税）
父	父	母	母	母に所得税（一時所得）	父に生命保険契約に関する権利として相続税

(2) 生命保険金等の非課税金額

　被相続人の死亡によって相続人が取得した生命保険金等のうち、次の計算式により計算した非課税金額に達するまでの金額には、相続税はかかりません。ただし、相続放棄者や相続権喪失者はこの非課税の適用を受けることはできません（相法12⑤）。

　複数の相続人が生命保険金等を取得した場合には、非課税金額をそれぞれが取得した生命保険金等の金額に応じて按分して、それぞれの非課税金額を計算します。

> **生命保険金等の非課税金額＝500万円×法定相続人の数**

【保険金受取人の変更文例】

（保険金受取人の１名の者への変更）

第○条　遺言者は、令和○○年○○月○○日、遺言者を保険契約者兼被保険者として保険者であるＡ生命保険相互会社との間で締結した生命保険契約（証券番号○○○○）の死亡保険金受取人を、遺言者の妻・乙（生年月日）から、遺言者の長女・丙（生年月日）に変更する。

　　2　遺言執行者丙は、この遺言の効力が生じた後、速やかにＡ生命保険相互会社に対し、前項による保険金受取人の変更を通知するとともに、所定の手続きをとるものとする。

（保険金受取人の複数の者への変更）

第○条　遺言者は、下記生命保険契約の死亡保険金受取人を、遺言者の長女・丙（生年月日）及び遺言者の長男・丁（生年月日）に変更する。

記

①	証券番号	○○○○
②	契約締結日	令和○○年○月○日
③	保険者	Ａ生命保険相互会社
④	保険契約者	遺言者
⑤	被保険者	遺言者
⑥	死亡保険受取人	遺言者の妻・乙

　　2　遺言者は、丙及び丁が取得する前項の生命保険契約に基づく死亡保険金給付請求権の割合を、丙が３分の２、丁が３分の１と定める。

　　3　遺言執行者丙は、この遺言の効力が生じた後、速やかにＡ生命保険相互会社に対し、前二項による保険金受取人の変更を通知するとともに、所定の手続をとるものとする。

（保険金受取人の予備的変更）

第○条　遺言者は、下記（省略）生命保険契約について、その死亡保険金受取人である遺言者の妻・乙（生年月日）が、遺言者が死亡する以前に死亡した場合は、同生命保険の死亡受取人を、遺言者の長女・丙（生年月日）に変更する。

基礎編

作成編

見直し編

相続発生後編

Q78 相続させる遺言の放棄

　父の遺言に"長男（私）に地方の市街化調整区域[※]の土地を相続させる"と書いてありました。私は農業を行うことができず、この土地は欲しくありません。他に相続人は姉と弟がいますが、2人とも欲しくないと言っています。私はこの土地を相続しなければならないのでしょうか。父の遺産は他に預貯金が 3,000 万円あります。

※　市街化調整区域とは、都市計画で市街化を抑制すべきとされた区域です。原則として住居などを建てることはできません（都市計画法 7）。

1　遺贈の放棄

　民法 986 条に「受遺者は、遺言者の死亡後、いつでも、遺贈の放棄をすることができる」と書かれています。ご質問の遺言は「遺贈する」ではなく「相続させる」というものです。

　相続人に「相続させる」という遺言でも、遺贈と同様に放棄できるのでしょうか。放棄した後、相続人全員で預貯金を含め遺産分割できるのでしょうか。このことに関して参考になる平成 21 年東京高裁の判例を要約しました。

(1)　平成 21 年東京高裁判例（平成 21 年 12 月 18 日）

・被相続人：A
・相 続 人：X　Y　Z　の 3 名
・相続財産：不動産（以下、「本件不動産」という）、現金、貯金

　A は本件不動産を X に相続させる遺言を書き亡くなりました。他の財産については遺言書に記載されていませんでした。X は本

件不動産所在地に居住していなかったため、本件不動産を相続することを望まず、現金・貯金の取得を望んだため、遺言の利益を放棄し遺産分割を行うことを望みました。しかしY・Zも本件不動産の取得を望まなかったため裁判になりました。

決定内容

「Xは本件遺言の利益を放棄することはできない」としXが本件不動産を相続しました。

上記決定がなされた理由

・本件相続させる遺言は、遺贈であることが明らかか、遺贈と解すべき特段の事情がないので、本件不動産を何らの行為を要しないでXが確定的に取得したことになるため。
・相続人全員で本件不動産を遺産分割の対象財産とすれば、遺産分割の対象となるが、その旨の合意が成立していると認められないため。

2　高裁判例から学ぶこと

　「相続させる」と書かれた遺言の利益が放棄できるかどうかは、肯定説・否定説に分かれます。最高裁でこの判例が変わることも考えられます。

　この判例が教えてくれることは、相続人が誰も望まない資産を「相続させる」と遺言に書くと、争いの原因になりかねないということです。不動産はQ82で解説するように個性が強い財産です。その個性がマイナス方向に働くと売却も困難になることがあります。誰も相続したくない不動産は、安くても生前に処分するのも相続対策ではないでしょうか。

　不動産の特性をよく理解し（できれば引き継ぐ相続人も理解し）、遺言を書くことが大切です。

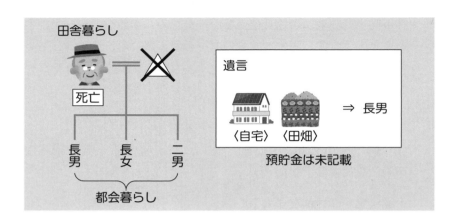

田舎暮らし

死亡

長男　長女　二男

都会暮らし

遺言

〈自宅〉〈田畑〉　⇒　長男

預貯金は未記載

Q79　借金がある場合の遺言と債権者の請求権

　父が亡くなり、すべての財産を私に相続させるという遺言がありました。しかし父には借金があります。この借金はどのような割合で相続するのでしょうか。相続人は私と姉の２人です。

1　債務の相続

　債務は法定相続分で相続することが原則です。債権者は法定相続分であなたと、お姉様に請求することができます。

　しかし、ご質問の遺言はすべてあなたに相続させるという相続分の指定と解されます。下記の最高裁の判例によると、債権者はあなたに全額請求することもできると思われます。そして、お姉様との関係では、あなたが全額債務を負うことになります。たとえお姉様が法定相続分で債務を支払っても、あなたに支払った分を返せと言えます。

2　最高裁判例（第三小判平成 21 年 3 月 24 日）

　遺留分侵害額の算定について相続財産に含まれた可分債務の承継が問題になった判例（Q124 2 (3)）です。遺言は全財産を 1 人に相続させるもので、債務の承継に関する文言がありませんでした。この判例では債務の承継に関して次の 3 つのポイントを述べています。改正後の民法 902 条の 2 でこの内容が明文化されました。詳しくは Q113 を参照してください。

① 　相続人のうちの 1 人に対して全財産を相続させる遺言がされた場合、相続債務もすべて相続させる旨の意思であり、これにより、相続人間においては当該相続人が相続債務をすべて承継することになる。

② 　相続債務についての相続分の指定は、相続債権者の関与なくされ

たものであるから、相続債権者に対してはその効力が及ばない。相続債権者から法定相続分に従った相続債務の履行を求められたときには、これに応じなければならず、指定相続分に応じて相続債務を承継したことを主張することはできない。
③　相続債権者のほうから相続債務についての相続分の指定の効力を承認し、各相続人に対し、指定相続分に応じた相続債務の履行を請求することもできる。

Q80 遺言に貸付金の記載がある場合の注意点

　　契約書を交わしたうえで、私は長男にお金を貸しています。私の相続時、この貸付金はどう扱われますか。また私が経営している会社にもお金を貸しています。こちらはどうでしょうか。

1　長男に対する貸付金

(1)　貸付金の相続財産としての性質

　　貸付金の残高が相続財産となり、可分債権として法定相続分で相続されます。長男に、他の相続人に対して支払義務が生じることになります。

　　長男が「あのお金は借りたのではなく、もらったんだ」「借りたけれど返した」と主張するかもしれません。相続人に対する貸付金がある場合、相続でもめる原因になることがありますから注意が必要です。

(2)　遺　　言

　　上記のような争いにならないよう、債務の存在を明確にするため遺言を書き長男の債務を免除してあげるとよいと思います。遺言による債務免除は一種の遺贈と考えられます。長男は、遺言者が長男に貸し付けた債権を相続することになるからです。

> 第○条　遺言者は遺言者の長男○○の、遺言者に対する下記債務
> を免除する。
> 　　　　借入額　　○○○円
> 　　　　借入日　　令和○年○月○日
> 　　　　借入期間　○○年
> 　　　　返済方法　年利○○%による元利均等払い

　上記遺言の項目のほか、相続時点での貸付残高がわかるよう返済記録を明確にしておくことが大切です。債務免除額が、特別受益や遺留分の対象になるため、残高をめぐって争いになることもあるからです。

※平成28年12月19日最高裁では、預貯金は不可分債権となりましたが、預貯金等以外の債権は従来どおり可分債券ですので遺産分割の対象ではありません。なお、預貯債権の払戻しに関しては Q105 を参照してください。

(3) 税金の取扱い

　相続税が課税される場合、貸付金は相続財産ですから貸付残高が相続税の対象となります。遺言で債務免除をした場合、免除された者が貸付残高を取得したとして課税されます。金銭を受け取らなくても課税されますから、納税資金の確保などの注意が必要です。

2　会社に対する貸付金

(1) 貸付金の相続財産としての性質

　会社に対する貸付金も長男への貸付金と同様、相続財産です。会社に関与していない相続人が会社に対する債権を相続するのは好ましいことではありません。

　例えば、長男が会社の経営を引き継ぐ場合は、会社に対する貸付金は、遺言で長男に相続させるべきです。

(2)　税金の取扱い

　会社に対する貸付金も遺言で免除できますが、税務面の注意が必要です。会社は免除された年度に債務免除益を計上しなければならないからです。また、債務免除することにより会社の株価が上がる場合、他の株主に対する遺贈とみなされ、株主に相続税が課税されることもあります。

　会社に対する債務免除は、会社に赤字がある年度に行うほうが税務面では有利です。債務免除益が赤字と損益通算できるからです。

　しかし、相続で債務免除する場合、死亡時期に会社に赤字があるとは限りません。生前に会社に赤字が出たときをねらい、債務免除することも検討してみてはいかがでしょうか。

Q81　遺言で借地権を相続させる場合の注意点

　　私は借地をしている土地に自宅と賃貸建物を所有しています。自宅を長男に、賃貸建物を長女に相続させたいと考えています。遺言を書くときの注意点を教えてください。

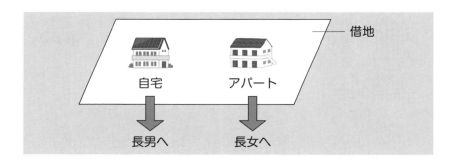

1　借地権の相続と地主の承諾

　相続人が借地権を相続するための地主の承諾は不要です。ただし、遺言を書く場合は、「相続させる」と書くことが重要です。「遺贈する」と書くと、相続人でも地主の承諾が必要になるからです。

　ご質問の場合、借地上に2棟の建物が建っています。現在は2棟一体となった借地契約を地主と結ばれているのでしょう。ご希望どおり長男・長女と分割して相続させるためには、借地権を分割しそれぞれ契約する必要があります。ただし、地主との合意が必要です。生前に地主と取り決めておくことをお勧めします。長男・長女が各々、地主と契約条項を決めていくのは大変なことだからです。

② 借地権を分割する場合の注意点

借地権を分割する場合、分割ラインを決めることが重要です。各建物が将来建て替えられるように接道すること等、Q82 で解説した不動産分割の注意点を考慮する必要があります。

また、収益が見込まれる賃貸建物部分と、自宅部分の地代単価が異なる設定になることもあります。事務所に賃貸している場合、固定資産税の減額がありませんから、分割ラインで地主が支払う固定資産税が変わる可能性もあります。地主と打ち合わせのうえ、専門家に測量図を作成(※)してもらい分割ラインを明確にしておくとよいでしょう。

(※) 自宅とアパート、それぞれに分筆まで行えるとよいでしょう。しかし分筆するには、現在の借地権部分が公図上で分かれていて、その地番の確定測量図がないとできません。確定測量図の作成が難しい場合は、現況に応じた測量図の作成となるでしょう。

【生前に地主との合意で分割した借地権と、自宅を長男に相続させるための遺言の文例】

第1条 遺言者は、その所有する下記建物および借地権を、遺言者の長男○○に相続させる。

記

1 所　　在　　○○市△△町１番地の１

　家屋番号　　１番１

　種　　類　　居宅

　構　　造　　木造瓦葺平家建

　床 面 積　　100.00m²

2 前項記載の建物所有を目的とする下記土地賃貸借契約（令和○年○月○日締結）における借地権。

　　　賃 貸 人

　　　所　　在

　　　借地面積

　　　地　　代

基礎編　作成編　見直し編　相続発生後編

【一筆の土地に数件の借地権が存在し、借地権境が明確でなく、借
地契約書もない場合に借地権の遺言を書く文例】

第1条　遺言者は、その所有する下記建物および、その建物にか
　　　　かわる借地権を、遺言者の長男○○に相続させる。
記

（不動産の表示）

　1　所　　　在　　○○市△△町1番地の1
　　　家屋番号　　1番1
　　　種　　　類　　居宅
　　　構　　　造　　木造瓦葺平家建
　　　床 面 積　　100.00m²
　2　所　　　在　　○○市△△町 1-1
　　　種　　　類　　物置
　　　構　　　造　　木造
　　　床 面 積　　10.00m²
　〔未登記建物・固定資産税課税資産明細書より〕

　「その建物にかかわる」という表現で、借地権が及ぶ範囲はすべて
という解釈になります。ですので、未登記建物も漏らさずに書くこと
が大切です。書き漏らすと、建物だけでなく、その未登記建物に及ぶ
借地権の有無、範囲が問題になることがあるからです。

Q82 不動産の特性を理解して遺言を書くことの大切さ

遺言書を書く場合の不動産調査をするポイントを教えてください。

不動産は個性的で、相続財産の価格に占める割合が大きい財産です。ですから、遺言を書くうえで、不動産の特性を知ることは重要です。調査の結果遺言書の内容が変わることもあります。

1 不動産の特性

不動産、特に土地は他の財産とは異なり次のような特徴があります。
①動かない（固定性、非移動性）、②増えない（不増性）、③半永久的に残る（永続性、不変性）、④全く同じものはない（個別性、非代替性、非同質性）、⑤いろいろな用途に利用できる、⑥物理的につながっているため分割したり、合体したりして利用できる、⑦いろいろな権利が付着する、⑧捨てられない

2 遺言書の内容が変わった事例

① 事例1

・財産　自宅（遺言者が想定していた時価約2,000万円）
　　　　預貯金2,000万円。
・遺言者の希望
　自宅→長男　預貯金→長女
　「相続時に煩わしいことはさせたくない」
　「長男・長女均等に相続させたい」

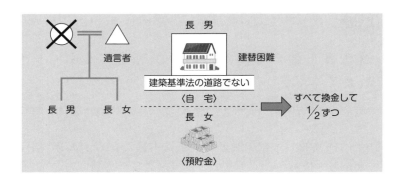

　自宅敷地に面している道路を役所で調べたら、建築基準法の道路^(※1)ではありませんでした。調査の結果、建替えが困難であることが判明しました。建替えが困難な土地は価値が大きく下がります。これでは遺言者の「均等に相続させたい」という希望に合いません。そこで遺言は下記のような清算型遺言（Q53）に変えました。

> 死亡時に有するすべての財産を換価した代金から換価に要した費用を控除した金額を長男○○、長女△△に二分の一ずつ分配する。

②　事例2

　自宅の土地（200m²。以下、「甲地」という）を2区画に分割して長男・長女に相続させたい。

（Q61 参照）

　2区画は同等の価値になるようにしたい。

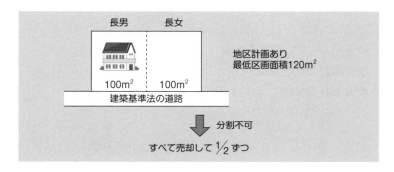

役所で調査したところ、自宅は建築基準法上の道路に面していて、分割してもそれぞれ建築するための接道要件は満たされています。しかし都市計画課へ行くと、この地域には地区計画があり、最低区画面積が$120m^2$と定められていました。2区画に分割するには最低$240m^2$必要ですから、分割ができない土地だと判明しました。

遺言は事例1と同様、清算型遺言に変えました。

③　不動産の調査項目は多い

事例2で、地区計画がなく分割できるとしても、他にもチェックするべき項目があります。その一つが容積率です。例えば、容積率[※2]が60％だと、一区画$100m^2$に建てられる建物は$60m^2$（18坪）です。18坪では満足のいく間取りはとれず、資産価格も大きく下落します。よって、分割はできますが合理的とはいえず、適切な遺言とはいえないでしょう。

価値を同等に分けたいという要望があると、調査項目は増えます。2区画に分けると、1区画は水道がない土地になります（家が建っていた土地だから1個所は引込みがある）。水道引込みには、前面道路の状況等で多額のお金がかかる可能性もあります。また、道路との高低差、隣地との高低差で擁壁が必要になることもあります。価格に影響する要因は多く、現場で気が付くことが大切になります。

（※1）その道路に2m以上接していると建物が建てられる道路（市区町村の条例で接道要件が独自に定められていることがあります）。

（※2）都市計画で用途地域ごとに定められている値。敷地面積に対する建築延べ面積の割合のこと。

③　相続人が相続したくない不動産

不動産は捨てられないやっかいな財産です。誰も欲しくない不動産を無理に相続させようとするとQ78のような問題も生じます。

相続したくないと思う財産に次のようなものが考えられます

・土壌汚染された土地　➡対処費用が高額（調査費用も）

・アスベスト使用建物　➡解体費用が高額

- 築年が古く管理費の高いリゾートマンション
  - ➡安くても売れず、管理費　修繕積立金が高い。
- がけ付近の土地、高低差のある土地
  - ➡擁壁工事が高額　災害リスク。
- 活断層。液状化。津波。造成宅地防災区域。
  - ➡自然災害に対する意識が高く、価格下げの要因
- 問題のある貸地・古アパート
  - ➡収益性が低い。借地人・借家人とかかわりたくない。
- 市街化調整区域
  - ➡建物が原則、建てられない（建てられる場所もある）。

4　不動産の特性の変化

　東日本大震災が不動産の価値に大きく影響を与えたのは記憶に新しいことです。海から近い地域では「海抜○○Ｍ」という標識を見かけるようになりました。各行政は、津波の危険地域や液状化が起こりやすい地域を示したマップを作成しています。

　震災は不動産の価値が一時に大きく下落する代表的な事象です。自然災害のほかにも、土壌汚染対策法等の法の制定・改正、姉歯事件、アスベスト問題等の社会的事件により価格が大きく変わることがあります。

　「不動産は突然、価値が変わる可能性がある財産である」ことを認識しておく必要があります。状況に応じて遺言の書き換えも必要になります。

Q83 未登記建物を遺言する場合の注意点

私は登記をしていない建物を所有しています。遺言を書きたいのですがどのように書けばよいでしょうか。注意点を教えてください。

1 1棟の建物が未登記

(1) 遺言の文例

第○条　遺言者は、その所有する下記不動産を遺言者の二男○○
　　　　に相続させる。
1　所　　　在　　○○市△△１番地２
　　家屋番号　　未登記
　　種　　　類　　居宅
　　構　　　造　　木造スレート葺　２階建
　　床 面 積　　120.00m^2
　　未登記建物　固定資産税家屋公課証明書より記載

(2) 未登記建物がある場合の注意点

　未登記建物を遺言から漏らすと、その建物には遺言の効力が及ばず遺産分割の対象となってしまいます。また二男が取得すべき建物なのに、「その他のすべての財産・債務を遺言者の長男△△に相続させる」と書かれていたら、書き漏らした建物は長男に相続されてしまいます。面倒なことにもなりかねませんので、未登記建物がある場合は注意が必要です。

基礎編　作成編　見直し編　相続発生後編

② 増築部分が未登記

(1) 遺言の文例

第○条　遺言者は、その所有する下記不動産を遺言者の二男○○
　　　　に相続させる。
1　所　　　在　　○○市△△字××１番地２
　　家屋番号　　１番２
　　種　　　類　　居宅
　　構　　　造　　木造スレート葺　２階建
　　床 面 積　　１階 60.00m^2　２階 60.00m^2
　　上記建物の増築部分（未登記）を含む。

(2) 増築部分が未登記の場合の注意点

　　増築部分の未登記は、遺言で書き漏らしやすい項目です。登記簿がありますから登記簿どおりに書いてしまい、最後の一文「増築部分を含む」を書かないからです。

　　民法 242 条は不動産の付合について、「不動産の所有者は、その不動産に従として付合した物の所有権を取得する。」と規定しています。この条文によれば、本体部分を相続登記した相続人は、従として付合した増築部分も取得したことになります。

　　しかし、相続した建物を売却する場合、問題が生じる場合があります。買主は増築未登記部分を登記して引き渡してくれと要望することがあります（未登記部分の登記がないと住宅ローンを融資しない銀行が多いことが理由の一つです）。

　　相続人が未登記部分の登記をする場合、遺言書に未登記部分が書かれていないと、法務局は相続人全員の合意を要求してきます。登記手続に支障をきたすこともありますから注意が必要です。

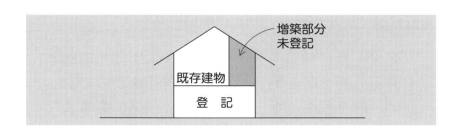

3 未登記建物の記載漏れを防ぐ方法

第○条　遺言者は、前条の建物の他、下記土地上に存在する一切
　　　の建物を遺言者の二男○○に相続させる。
１　所　　在　　○○市△△字××
　　地　　番　　１番２

　未登記で名寄帳にも記載されていない建物もあります。このような
場合、上記のように書けばその土地上の建物一切を含みますから、書
き漏らしを防ぐことができます。

Q84　死因贈与の特徴と遺贈との違い

　死後、誰に財産を渡すか決める方法に死因贈与があると聞きました。遺贈[※]とどう違うのでしょうか。贈与税も心配です。税金についても教えてください。

※ここでの遺贈は特定遺贈を意味します。

1　概　　要

⑴　死因贈与

　「死因贈与」とは、「死んだら、財産をあげる」といったような贈与者の死亡によって効力を生ずる、贈与者・受贈者両当事者による贈与契約です。

⑵　遺　　贈

　一方、「遺贈」とは、遺言により人に遺言者の財産を無償で譲る、遺言者単独の意思表示です。

2　死因贈与と遺贈との共通点・相違点

⑴　共　通　点

　贈与者（遺言者）の死亡によって効力が生じる点、（民554・民985）、贈与者（遺言者）が贈与（遺言）を撤回できる点で共通しています（民1022）。ただし、遺贈の撤回は、遺言の方式（書面）で行わなければならないのに対し、死因贈与の撤回は遺言の方式による必要はありません（最一小判昭和47年5月25日）。なお、すべて死

因贈与の撤回が認められるわけではなく、一定の場合撤回が制限されます^(※1)[※1]。

その他、農地について贈与（遺贈）する場合は、農地法の許可が要ること（相続人に対する遺贈は許可不用）、借地権、借家権については、賃貸人の許可が要ることが共通しています。

(※1) 負担付死因贈与の取消しを制限した判決（最二小判昭和57年4月
30日）

「負担の履行期が贈与者の生前と定められた負担付死因贈与契約に基づいて受贈者が約旨に従い負担の全部又はそれに類する程度の履行をした場合においては、贈与者の最終意思を尊重する余り受贈者の利益を犠牲にすることは相当でないから、右贈与契約締結の動機、負担の価値と贈与財産の価値との相関関係、右契約上の利害関係者間の身分関係その他の生活関係等に照らし右負担の履行状況にもかかわらず負担付死因贈与契約の全部又は一部の取消をすることがやむをえないと認められる特段の事情がない限り、遺言の取消に関する民法1022条（遺言の撤回は自由）、1023条（第二の遺言や、処分行為による第一の遺言の撤回）の各規定を準用するのは相当でないと解すべきである。」

(2) 相違点

遺贈は、遺言者が行う遺言書の作成といった単独行為であるのに対し、死因贈与は、贈与者および受贈与者両当事者の契約です。

不動産の場合、遺贈は、生前に登記できませんが、死因贈与は、受贈者の契約による期待権を保護するため、後述するように仮登記をすることができます。ただし、不動産仮登記をしても、(1)で述べたように贈与者が贈与を撤回できることは変わりません。

遺贈は、作成した事実、撤回した事実を受贈者に知られないようにすることができますが、死因贈与は契約である以上、必ず受贈者は死因贈与の事実がわかっています。撤回する場合には、相手方の期待権に背くことにもなります。

遺贈は15歳以上でできますが、死因贈与は契約ですから、未成年では単独でできません。公正証書で行う場合、遺贈は証人2人が必要ですが、死因贈与は必要ありません。

基礎編

作成編

見直し編

相続発生後編

3 不動産登記

　死因贈与は、贈与者および受贈者の共同申請により仮登記をすることができます。

　この仮登記は順位を保全するためのもので、第三者に対する対抗力はありません。贈与者の死亡後、本登記をします。原則、受贈者および相続人全員の共同申請になります。

　しかし、死因贈与で相続人全員の承諾を得ることは難しいので、通常は死因贈与契約作成を公正証書にし、かつ執行者（受贈者が執行者になることも可）を定めておきます。こうすることで、本登記は受贈者および執行者の共同申請ができ、相続人全員の関与が不要になります（登記研究 322、566 号）[※2]。

> （※2）
> （登研 322 号）
> 　死因贈与契約において執行者が指定されている場合には、執行者と受贈者の共同申請により、当該契約に基づく所有権移転の登記をすることができる。
> （登研 566 号）
> 　死因贈与による登記を執行者が申請する場合の代理権限を証する書面は、執行者の指定のある死因贈与契約書が公正証書であるときは、当該公正証書のみで足りるが、私署証書によるときは、当該私署証書に押印した贈与者の印鑑証明書又は贈与者の相続人全員の承諾書（印鑑証明書付き）のいずれかを添付すべきである。

4 税金の取扱い

　死因贈与は贈与契約時に贈与税として課税されるわけではなく、遺言の場合と同様に相続開始時に相続税が課税されます（**Q21** 参照）。

　なお、不動産の承継について、相続人に対する相続や遺贈による移転の場合には、不動産取得税[※3]はかかりませんが、死因贈与の場合には不動産取得税が課税されます。登録免許税は、相続人に対する相続や遺贈による移転の場合の税率は、固定資産税評価額の 0.4％ですが、死因贈与の場合は 2％となります。仮登記をした場合は仮登記時

1％、本登記時1％となります。

> （※3）不動産取得税は、有償・無償または登記の有無を問わず不動産を取得した場合に課税される税金です。売買、贈与、交換、建築等による取得は課税対象となりますが、相続、包括、遺贈、相続人に対する特定遺贈による取得は非課税とされています。

【死因贈与契約公正証書例】

令和　年第　号

死因贈与契約公正証書

　本公証人は、当事者の嘱託により下記の法律行為に関する口述の趣旨を録取し、この証書を作成する。

　贈与者○○（以下「甲」という）と受贈者△△（以下「乙」という）は、本日下記の死因贈与契約を締結した。

第1条　甲は、その所有する下記の物件を乙に贈与することを約し、乙はこれを受諾した。

不動産の表示　A市B町1丁目3番2の土地

宅地　240平方メートル

第2条　第1条の贈与は甲の死亡によって効力を生じ、贈与物件の所有権はその時に乙に移転する。

第3条　甲及び乙は、前記贈与物件につき、乙のために、令和××年××月××日までに始期付所有権移転仮登記(※4)手続をする。

第4条　甲及び乙は、本契約の執行者を乙とすることに合意した。

　　　　乙は本死因贈与執行に必要な場合、代理人を選任することができることとする。

本旨外要件

住　　所

基礎編

作成編

見直し編

相続発生後編

　　　　甲　会社員　○○（昭和　年　月　日生）

住　所

　　　　乙　無職　△△（昭和　年　月　日生）

　上は、印鑑証明書の提出により人違いでないことを証明させ
た。

　この証書は、令和　年　月　日本職役場において、法律の規定
に従い作成し、列席者に閲覧させその承諾を得た。

本職及び列席者各自下に署名捺印する。

東京都○○区○○番地○号

　　法務局所属

公証人　丙　　　　　　　印

○○　　　　　　　　　　印

△△　　　　　　　　　　印

　（※4）始期は、それが到来することが確実な時で、その時に権利が発生し
　　　　ます。「甲は、A土地を乙に死因贈与する」という契約により、甲死亡
　　　　時にA土地の所有権は乙に移転しますので、甲の死亡時期を始期とす
　　　　る所有権移転仮登記ができます。

Q85 死因贈与を選択するケース

死後、財産を渡す方法に死因贈与があることを教えてもらいました。実際どのような場合に利用するのでしょうか。

遺贈は単独行為ですが、死因贈与は、贈与者から受贈者が無償で財産をもらうことを約束するお互いの契約です。死因贈与を選ぶ場面は、お互いの意思を確認し合い財産を承継していきたい場合です。

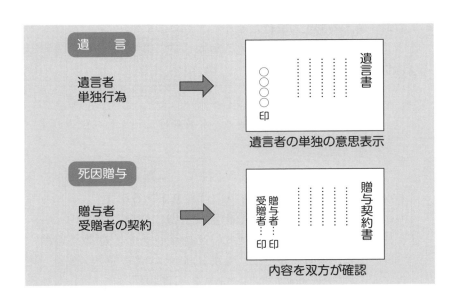

1 死因贈与の問題点

Q84 で解説したように死因贈与は双方の契約ですが、贈与者の単独の意思で契約を取り消せる特殊な契約です。不動産の場合、死亡を始期とする所有権移転仮登記をすることができますが、仮登記をしてもこのことは変わりません（ただし、仮登記を抹消するためには双方

の合意が必要です。争いがある場合、受贈者は取り消されることに合意はしないでしょうから、裁判で判決をもらうしかなくなりますので取消しの抑止力にはなります）。

2　死因贈与を選ぶケース

上記を考えると、死因贈与を選ぶのは次のようなケースでしょう。

①　遺贈だと遺言者に取り消される心配がある場合

死因贈与も贈与者が取り消すことは可能ですが、お互いが合意して行う契約ですから、心理的に取り消しにくくする効果があります。また、不動産の場合、上記のように仮登記をすることで取り消すことの抑止力を持たせることができます。

②　自分の死後に財産を与える見返りに、生前に受贈者の世話になりたい場合

> 私が死んだら、甥〇〇に自宅を贈与します。ただし、私が生きている間、生活・療養費として月額〇〇円を私に仕送りすることを条件とします。

このように、生前に面倒を見てもらう見返りに、死後財産を与える場合に利用が考えられます（仕送りをある程度すれば贈与者の撤回も制限されます。**Q84 2**(1)参照）。

③　贈与者の死後、財産の受取りを拒まれる心配がある場合

遺贈では、遺言者死亡後、受遺者はいつでも、遺贈の放棄ができます。（民986。相続人に相続させる遺言は**Q78**参照）しかし死因贈与は双方の契約ですから、遺贈の承認・放棄の規定は準用されません（最一小判昭和43年6月6日）。贈与者の死後、受贈者は遺贈のように贈与を放棄することはできません。贈与者の死後、財産を受けることを拒まれる心配がある場合に利用が考えられます。

Q86 遺贈と遺言執行者選任の必要性

遺贈の場合、遺言執行者を決めておいたほうがよいのでしょうか。

1 不動産の遺贈における登記申請手続

(1) 遺言執行者がいる場合

特定遺贈による所有権移転の登記は、遺言執行者と受遺者の共同申請により行うことになっています。包括遺贈の場合も同様です（最二小判平成 8 年 1 月 26 日）。

(2) 遺言執行者がいない場合

遺言執行者がいない場合、遺贈の登記は、共同相続人全員と受遺者の共同申請となり手続きが煩瑣になる可能性があります。したがって、遺贈の場合は、遺言執行者を決めておいたほうがよいといえます。

なお、遺言執行者と受遺者は兼ねることが可能なので、そうしておけば受遺者だけで登記申請手続ができることになります。

Q87　相続人一人でも遺言を書く理由

　私の相続人は息子ひとりです。すべて息子に相続させたいと思っています。それでも遺言書を書く意味があるでしょうか。相続財産は不動産と預貯金です。

1　想いを伝えたい場合

　遺言がなくても、財産はすべて息子さんに相続されます。しかし、遺言では「付言」を書くことができます。付言は**Q26**で解説したように、遺言者の想いを伝える手段です。引き継ぐ財産に込めた想いを、息子さんに伝えたい場合に利用します。また**Q47**で述べたように、他の人や団体に遺贈しないことを明確に意思表示したい場合にも利用できます。

2　手続きの煩雑さをなくすため

　預金が複数の金融機関にあると、各金融機関へ出向かなければならず、息子さんが遠方に住んでいる場合、手続きの負担が大きくなります。また、不動産の登記手続も面倒です。遺言を書けば、信頼できる遺言執行者に息子さんの相続手続を任せることができます。なお、遺言執行者の預金手続に関する詳細は、**Q111**を参照してください。

3　相続人に意思能力がない場合

　相続人が一人でも、意思能力がなければ相続手続をするのに成年後見人が必要です。しかし後見人を付けることをためらう人は多いです。相続後も裁判所の管理下のもと、財産管理を行わなければならないからです。

　改正後の民法 1014 条 2 項では、「相続させる」旨の遺言があったときは遺言執行者は当該共同相続人が対抗要件を備えるために必要な行為とすることができるとされたので、被相続人名義の財産を意思能力のない相続人の名義に変えることができると考えられます。

コラム　相続人以外に預金を遺贈する場合の注意点

> 被相続人：父
> 相続人：長男
> 遺言書：「〇〇銀行預金を知人 A に遺贈する」
> 遺言執行者：B

　上記のような遺言がある場合でも、B が遺言執行手続を開始する前に、長男が銀行で相続手続を行えば預金を引き出せてしまいます。もちろん A は長男に対して返してくれと言えますが、銀行に対して、長男の預金引出を無効だと主張することはできません。

　なぜなら、銀行に遺贈を受けたことを主張するためには、遺贈義務者である遺言執行者 B から指名債権譲渡と同じように銀行に対して通知、あるいは債務者（銀行）に承諾をしてもらわなければならないからです(※1)。

　受遺者甲でなく、遺言執行者 B からの通知が必要ですから、遺言執行者 B には相続後迅速に銀行対応をしてもらわなければなりません。

　また、民法 1013 条(※3) により遺言執行を妨げる行為は無効だと主張しても、民法 478 条(※4) の規定は排除されないという最高裁の判例(※2) があります。さらに、改正後の民法 1013 条 2 項ただし書で、善意の第三者に対抗することはできないという条文ができました。これらより銀行に無効を主張することはできません。詳しくは Q108 を参照してください。

（※1）最高裁判例（二小昭 49·4·26）
　　　「指名債権が特定遺贈された場合、遺贈義務者の債務者に対する通知又は債務者の承諾がなければ、受遺者は、遺贈による債権の取得を債務者に対抗することができない。」

（※2）最高裁判例（二小昭 43·12·20）
　　　「民法 1013 条の規定が適用される場合においても、同法 478 条の規定が排除されるわけではない。」

（※3）民法 1013 条（遺言執行の妨害行為の禁止）
　　　「遺言執行者がある場合には、相続人は、相続財産の処分その他遺言の執

行を妨げるべき行為をすることができない。」（1項）

（※4）平成29年改正前の民法478条（債権の準占有者に対する弁済）

　「債権の準占有者に対してした弁済は、その弁済をした者が善意であり、かつ、過失がなかったときに限り、その効力を有する。」

（参考）平成29年改正後の民法478条（受領権者としての外観を有する者に対する弁済）

　「受領権者（債権者及び法令の規定又は当事者の意思表示によって弁済を受領する権限を付与された第三者をいう。以下同じ。）以外の者であって取引上の社会通念に照らして受領権者としての外観を有するものに対してした弁済は、その弁済をした者が善意であり、かつ、過失がなかったときに限り、その効力を有する。」

Q88 遺言執行者の指定

　手引書を参考に自筆証書遺言を作りました。遺言執行者を指定しておいたほうがよいとありますが、指定していない場合はどうなるのでしょうか。

1　遺言の執行とは

　「遺言の執行」とは、遺言の内容を実現するための手続きのことをいいます。そして、遺言執行の指定または選任された者のことを遺言執行者といい、その権限内において遺言執行者であることを示してした行為は、相続人に対して直接にその効力を生じます（民1015）。ただ、すべての遺言事項につき遺言執行（者）が必要になるのではなく、遺言者の死亡によって当然に効力が生じるものもあります。また、遺言執行が必要な遺言事項につき、遺言執行者のみができる執行と遺言執行者が選任されていない場合相続人がする執行に分類されます。

【遺言事項】

遺言執行が不要な主な事項	遺言執行が必要な主な事項
・未成年後見人の指定（民839） ・相続分の指定（民902） ・特別受益の持戻免除（民903Ⅲ） ・遺産分割方法の指定（民908） ・遺産分割の禁止（民908） ・遺言執行者の指定（民1006） ・遺言の撤回（民1022） ・遺留分負担割合の指定（民1047Ⅰ②）	相続人または遺言執行者の執行行為 ・遺贈（民964） 遺言執行者のみの執行行為 ・認知（民781Ⅱ、戸籍64） ・推定相続人の廃除・廃除取消し（民893、894）

2　遺言執行を必要とする事項と遺言執行者

　遺言で不動産、預貯金、有価証券等財産を移転（遺贈）する場合、遺言執行が必要になります。遺言執行者がいない場合は、相続人全員が遺言執行手続を行うことになります。しかし、遺言執行は法律行為ですので複雑です。また、遺言内容が相続人の意思や利益に反したり、相続人間でトラブルがある場合等は、相続人全員の協力を得ることはできないので、相続人以外の者に執行させるのが適当な場合が少なくありません。遺言執行者の制度はこのような場合のために創設されました。ただし、相続人が遺言執行者になることは認められています。

　遺言執行者は、「遺言で指定する方法」、あるいはその指定を「第三者に委託する方法」（民1006）、または指定（指定委託含む）がない場合、「利害関係人の請求により家庭裁判所が選任する方法」（民1010）があります。遺言執行者は、遺言内容を実現するため、遺言の執行に必要な一切の行為をなす権利義務があり（民1012Ⅰ）、民法の改正により、遺言執行者がある場合には遺言の履行は、遺言執行者のみが行うことができる規定が明文化されました（民1012Ⅱ）。

　この改正は、令和元年7月1日から施行されています（Q108 参照）。相続人もその執行を妨げてはいけません（民1013）。また、認知、相続人の廃除またはその取消しのように遺言執行者にしか遺言執行できない遺言事項もあります。

3　遺言執行者と不動産登記

(1)　遺贈を登記原因とする場合

　「遺贈」を原因とする所有権移転登記をする場合、遺言執行者が選任されているときは受遺者と遺言執行者との共同申請となり、遺言執行者が選任されていないときは、受遺者と相続人全員の共同申請となります（不動登60、昭和33年4月28日民甲779号通達）。

(2) 「相続させる」遺言と不動産登記

　「相続させる」遺言がある場合、財産の承継を指定された相続人は、単独で相続を登記原因とする所有権移転登記を申請することができます（登記研究523-140）。

　また、民法の改正により、遺言執行者も登記申請が可能となりました（民1014 II）（**Q109**参照）。

Q89 遺留分と遺言

遺言があれば相続争いは防ぐことができるのでしょうか。遺言の作成をお願いした行政書士さんは、遺留分を侵害していないので争いは起きないと言ってくれています。

遺留分を侵害していない遺言があれば、法的には相続で争う余地はなくなります。ですが、相続人の感情までは防ぐことができません。いくら遺留分を侵害していなからと言っても、他の相続人を考慮しない遺言では、法的争いは起こらなくても兄弟喧嘩になるでしょう。相続での感情的な争いは兄弟姉妹の縁が切れる最たるものです。遺言があっても内容によっては、争いが起こる可能性はあります。相続が原因で切れた兄弟姉妹の縁を戻すのは至難の業です。単に法律だけではなく、一族全体を見てバランスを取りながら遺言を作成する配慮も必要です。

　私が死亡した場合の相続人は、妻Ａと、先妻の子甲、乙の３人です。私の現在の財産は預金が3,000万円です。妻Ａに2,000万円、子甲に1,000万円相続させる遺言を書きたいと思っています。子乙には何も相続させたくはありません。しかし、子乙が遺留分を請求することが心配です。妻Ａは病弱ですから2,000万円は残してあげたいと思っています。良い方法はないでしょうか。

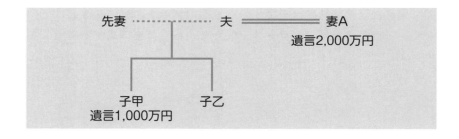

3　遺留分の計算

　ご心配のように、子乙には遺留分侵害額請求権が発生します。誰に、どれだけ遺留分を請求できるかは民法1047条１項２号に次のように記載されています。

　「受遺者が複数あるときは、受遺者は（遺留分侵害額を）その目的の価額の割合に応じて負担する。ただし、遺言者がその遺言に別段の意思を表示したときは、その意思に従う」

　前段部分の「目的の価額の割合に応じて」とは、具体的には受遺者が相続人でない場合、数口の遺贈がされたときはそれぞれの遺贈の価

額の割合に応じて遺留分侵害額で負担します。

　受遺者が相続人の場合は受遺者の遺留分額を超える部分の割合に応じて負担します。詳しくは**Q15**を参照してください。

(1)　子乙の遺留分請求額

　民法1047条1項2号を基に子乙が妻A・子甲に請求できる遺留分侵害額を計算します（以下、遺留分を超える部分を「目的の価額」といいます）。

　　妻Aの目的の価額　　妻Aの遺留分額　3,000万円×1/4=750万円①
　　　　　　　　　　　　∴　2,000万円−750万円（①）=1,250万円②

　　子甲の目的の価額　　子甲の遺留分額　3,000万円×1/8=375万円③
　　　　　　　　　　　　∴　1,000万円−375万円（③）=625万円④

　子乙の遺留分額は　3,000万円×1/8=375万円⑤
　子乙が妻Aに請求できる遺留分侵害額は子乙の遺留分額⑤を妻Aの目的の価額②と子甲の目的の価額④で按分しますから、
　375万円⑤×1,250万円②／（1,250万円②+625万円④）=250万円
　同様に子乙が子甲に請求できる遺留分侵害額は
　375万円⑤×625万円④／（1,250万円②+625万円④）=125万円

(2)　妻Aに確実に2,000万円相続させる方法

　民法1047条1項2号ただし書に、「遺言者がその遺言に別段の意思を表示したときは、その意思に従う。」と書かれていますので、遺言で次のように遺留分侵害額請求権を行使する順番の意思表示をしておくとよいです。

【文例】

> 子乙が遺留分侵害額請求権を行使する場合は、子甲から先に請求すること。

　このような遺言があると子乙が遺留分を請求する場合、まずは子甲に請求しなければなりません。子甲に請求できる金額は、子甲の目的の価額 625 万円④が限度です。しかし、この価額内で子乙の遺留分（375 万円⑤）は満たされますので、妻 A には子乙の遺留分は及びません。したがって、妻 A に 2,000 万円相続させることができます。

Q91　遺留分に配慮した遺言の書き方②

　私が死亡した場合の相続人は妻Ａと、先妻子甲、乙の３人です。私の現在の財産は預金が2,000万円です。この2,000万円は病弱な妻Ａに相続させたいと思っています。子甲には５年前に事業資金として1,000万円贈与しています。子乙には何も相続させたくはありません。しかし、子乙が遺留分を請求してくることが心配です。子乙の遺留分を妻Ａに請求させない方法はあるでしょうか。

1　生前贈与がある場合の遺留分額

　生前の子甲に対する贈与も Q8 1(4)に該当すれば、特別受益となり遺留分の計算の基礎に算入されます（ただし、民法1044条3項により相続開始前の10年間にされたものに限ります。詳しくは Q16 を参照してください）。ご質問の事業資金の贈与が該当すると、遺留分の計算に含まれますので、子乙の遺留分侵害額は Q90 と同様375万円[※1]となります。

　　（※1）（2,000万円＋1,000万円（生前贈与））×1／8＝375万円

2　生前贈与がある場合の遺留分侵害額の負担の順序

　「子乙が遺留分侵害額請求権を行使する場合は、子甲から先に請求すること」と遺言で書けば Q90 と同様、子乙が遺留分を請求する場合、順序を指定することは有効でしょうか。

　民法1047条1項1号では遺贈と生前贈与がある場合は、受遺者が先に負担すると定めています。詳しくは Q15 を参照してください。

この条文は強行規定と解釈されています。理由は、

・民法1047条1項2号のようなただし書部分がないこと。

・遺留分侵害額の請求による取引安全上の犠牲をできるだけ少なくしようとの趣旨であること。

したがって、上記のように遺言書で遺留分侵害額を負担する順番を書いても、効力はありませんので、子甲に先に請求することはできません。上記民法とおり、妻Aから先に遺留分を請求することになります。子乙は全額妻Aに遺留分侵害額請求することができます^(※2)。

子乙が遺留分侵害額請求をする可能性が高ければ、妻Aを争いに巻き込まないため、子乙に遺留分額を相続させる遺言を書くことも検討してみてください。

> （※2）**Q90** で解説した妻Aの目的の価額が、子乙の遺留分額を超えているため、全額妻に請求できます。

Q92　遺留分に配慮した遺言の書き方③

　私は現在自宅で１人で暮らしています。財産は自宅と預貯金です。介護が必要になり年金では生活費を補えないため、預貯金を取り崩していこうと思います。また、リバースモーゲージも検討しています。

　私には子が２人いて、長男にすべてを相続させたいと思っていますが、争いを避けるため長女にも遺留分相当額を相続させる遺言を考えています。しかし私の死亡時、いくら財産が残るかわかりません。どのような遺言を書けばよいでしょうか。

1　問　題　点

　年金で賄えない生活費は預貯金や、リバースモーゲージ(※)による融資で補っていくことになるのでしょう。将来自宅生活が困難になれば、施設入所でお金が必要になります。自宅の売却が必要になることも考えられます。いずれにしても、ご質問のとおり亡くなったとき、どの財産がどれくらい残るか予測がつきません。

　「すべてを長男に相続させる」と遺言を書けば、長女に死亡時の財産価額の1/4の遺留分侵害額請求権が発生します。問題はこの金額が今から決められないということです。

　(※)　自宅を担保にして銀行などの金融機関から借金をし、その借金した金額を、毎月定額や必要な都度受け取ることができます。契約者が死亡すると一括返済が必要なため、自宅を手放す可能性が高いですが、生存（契約期間）中はその家に住み続けられることが特徴です。

2 解 決 策

(1) 長女に相続させる分を第三者に決めてもらう

　民法 902 条 1 項では「共同相続人の相続分」を、民法 908 条では「遺産の分割の方法」を遺言で第三者に決めてもらうことができると書かれています。この条文を利用し、遺言で、長女に相続させる遺留分相当額を、第三者に決めてもらいます。

(2) 遺言を執行せず、遺産分割で分ける

　長男が遺留分相当額を長女に与えることを承知していれば、すべてを長男に相続させる遺言を書き、死亡後、遺言を使わず（**Q119** 参照）、長女に遺留分額相当額を与える旨の遺産分割協議書で手続きを進めていく方法があります。遺留分侵害額請求を防ぐには、長男のしっかりしたモラルが大切です。

(3) 清算型遺言で分ける

　上記の方法の問題は、死亡時に不動産（自宅）のように価値を一律に判断できない財産がある場合、遺留分額が、不動産の査定価額によって異なり（不動産の価額が高く査定されれば長女の遺留分が増える）争いの種になることです。

　長男が自宅を利用することがなければ清算型遺言（**Q53**）で、すべての財産を換金した金額の 1/4 を長女に与えるという遺言も検討してください。

【リバースモーゲージ型住宅ローンの仕組み】

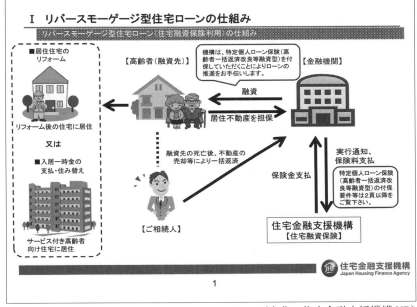

（出典：住宅金融支援機構HP）

Q93　信託と遺言の選択

　私は自宅とアパートを所有しています。私が死亡したらすべて妻に、妻が死亡したら長男に自宅、長女にアパートを相続させたいと考えています。遺言で行う方法と、信託で行う方法があると聞きました。どちらがよいのでしょうか。

　遺言で行う方法・信託で行う方法とも一長一短です。下記の注意点を考慮し、状況に応じて選択していくとよいでしょう。

1　遺言で行う場合の注意点

　Q48 Q58 で解説したように、予備的遺言と将来取得予定の遺言を組み合わせます。

　夫の遺言ですべて妻に相続させ、予備的遺言として妻が先に死亡した場合は、2人の子に財産を振り分けます。また、妻の遺言で夫から将来相続予定の財産を2人の子に振り分けます。

　問題は、妻の遺言が書き換えられる可能性があることです。夫が先に死亡した場合、長男が自分に有利な遺言に書き換えることを妻に強迫するかもしれません。

　しかし、書き換えることが必要になる場合もあります。例えば、長男に自宅を相続させられない事情が生じた場合等です。遺言が書き換えられるのは短所でもあり長所でもあります。

2　信託で行う場合の注意点

　Q25 の信託活用例の受益者連続信託を利用すれば、ご希望をかなえることは可能です。夫が死亡したら妻を受益者とし、妻はアパートからの収益により自宅で暮らすことができます。妻が死亡したら信託

行為に基づき自宅、アパートを子供達に振り分けます。

　信託期間は長期にわたります。受託者、受益者等が死亡等で変更しなければならないときの取り決め等々、信託の内容をどのように設定するかが大きなポイントになります。

　受託者の担い手は、業として行う信託会社、もしくは親族等です。信託会社へは報酬の支払いが発生します。信託会社に報酬を支払うと採算が合わなくなるので、親族が受託者になる民事信託の利用が多いようです。

　一方で、不慣れな親族が受託者の業務を全うするのは大変なことです。また長期にわたる業務ですから、受託者が死亡した場合、誰に受託者を引き継ぐかも考慮しなければなりません。

　民事信託は第三者機関の監督を義務付けてはいません。受託者の倫理に反する行動を防ぐことも課題となります。民事信託の最大の難問が、受託者の選任だといわれる所以です。これらの問題を補うため、信託監督人^(※)等を付け、受託者を監督する方法があります。

（※）受託者の信託事務を監督する等、受益者の保護ため重要な権限を有する者です。受益者に対し善管注意義務や誠実義務を負う重要な存在です。

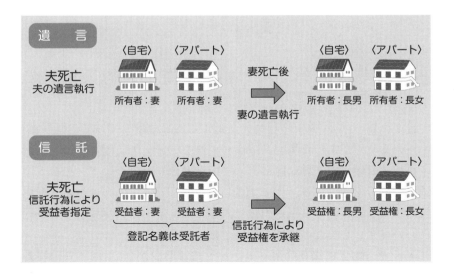

私は、配偶者に可能な限り多くの財産を残したいと思っていますが、遺産分割の場面で、配偶者の保護を厚くする方法はありますか。

平成30年7月6日、国会で民法（相続法分野）が改正され、遺産分割における配偶者の保護の方策が講じられました。この改正は、令和元年7月1日から施行されています。

1 これまでの問題点

高齢化社会が進展し、長年連れ添った夫婦の一方が亡くなった場合、残された配偶者のその後の生活にどのように配慮するのかが遺産分割の場面で問題となることが多くなっています。

そこで、今回の民法（相続法分野）の改正では、配偶者の保護のため、遺産分割において、一定の要件を満たす配偶者に対する生前贈与や遺贈を考慮しない方策が講じられました。

2 配偶者に対する「持戻免除の意思表示」の推定

遺産分割では、一般に、相続人に対する遺贈や贈与（以下「贈与等」といいます）があった場合、遺産の前渡しと考えて、贈与等の対象財産を相続財産（相続開始時に有していた財産）とみなして、相続人の法定相続分を修正します（これを「持戻し」という）。しかし、被相続人が贈与等について反対の意思表示（これを「持戻免除の意思表示」といいます）をしたときは、持戻しは行いません。

そこで、改正民法903条4項は、①婚姻期間が20年以上の夫婦の一方が、他の一方に対し、②その居住の用に供する建物またはその敷

地を遺贈または贈与したとき（配偶者居住権の遺贈を含みます。改正民1028Ⅲ）は、被相続人がその贈与等について持戻免除の意思表示をしたものと推定することとしました。このような贈与等は、被相続人が配偶者に対し、その生前の貢献に報いる趣旨や、被相続人亡き後の生活保障を厚くする趣旨で行ったもので、「持戻し」をする意思がないものと通常考えられ、また、配偶者の生活保障を充実させる政策目的とも合致するといえるためです。

3 具 体 例

　財産として自宅（1億円）と預貯金等（2,000万円）を有する者が、婚姻期間20年以上の配偶者に対し、自宅の持分2分の1（5,000万円相当）を生前贈与した場合、その後、その者が亡くなり、配偶者と子の間で遺産分割をすることを例に考えてみます。

(1)　これまでの場合

遺産	自宅の持分2分の1	5,000万円
	預貯金等	2,000万円
	合　計	7,000万円
贈与	自宅の持分2分の1	5,000万円
みなし相続財産		1億2,000万円（＝A）

　配偶者は、遺産分割で、A×相続分2分の1－贈与5,000万円＝1,000万円を新たに取得でき、生前贈与分（5,000万円）と合わせて、合計で6,000万円を取得できます。

(2)　配偶者に対する贈与等の持戻免除の意思表示の推定がある場合

遺産	自宅の持分2分の1	5,000万円
	預貯金等	2,000万円
	合　計	7,000万円（＝B）

配偶者は、遺産分割で、B×相続分2分の1＝3,500万円を新た
に取得でき、生前贈与分（5,000万円）と合わせて、合計で8,500
万円を取得できます。

　つまり、改正法を活用することで、配偶者は、⑴の場合よりも
2,500万円多く取得できることになります。

Q95　配偶者居住権

　私には配偶者と子があり、財産は自宅とわずかな預金です。同居している配偶者に、私の亡き後も自宅に住み続けるようにする方法はありませんか。

　平成30年7月、国会で民法（相続法分野）が改正され、配偶者の居住権を長期に保護するための方策が講じられました。この改正は、令和2年4月1日から施行されています。

1　これまでの問題点

　これまで、自宅を所有する者が亡くなった場合、配偶者が住み慣れた自宅に住み続けるためには、その自宅を相続する（所有権を取得する）か、その自宅を相続した者（例えば子）との間で賃貸借・使用貸借などの契約を締結することが必要でした。

　しかし、前者の場合、不動産価格が高額で、配偶者がそれ以外の遺産（預貯金等）を取得できず、その後の生活に支障をきたす可能性がありますし、後者の場合、必ずしも賃貸借契約等を締結できることが保障されているわけでもありません。

　そこで、改正法では、配偶者が従前からの居住建物を使用し続けられれば十分であるといったニーズにこたえるため、遺言や遺産分割において、配偶者居住権を設定できるようになります（民1028）。

2　配偶者居住権の成立要件

　配偶者は、以下の①および②を満たす場合に、居住建物の全部について、原則として配偶者の終身の間、無償で使用及び収益する権利（配偶者居住権）を取得できます（民1028〜1030）。

基礎編

作成編

見直し編

相続発生後編

① 配偶者が、相続開始の時点で、被相続人の財産に属した建物に居住していたこと
② 次のいずれかに該当すること
・ 遺産分割で配偶者居住権を設定したとき
・ 配偶者居住権が遺贈の目的とされたとき
・ 家庭裁判所の審判で配偶者居住権を設定したとき（ただし、共同相続人間で合意がある場合、または配偶者が配偶者居住権の取得を希望し、居住建物の所有者の受ける不利益を考慮してもなお配偶者の生活を維持するために特に必要と認められる場合）

③ 配偶者居住権の権利義務の内容

居住用建物について、配偶者居住権を有する配偶者と、所有権者の調整のため、配偶者居住権の権利義務は次のとおりとなっています。

(1) 配偶者の権利義務

配偶者は、従前の用法に従い、善良な管理者の注意をもって、居住建物を使用収益しなければなりません（民1032 I）。また、配偶者居住権は、譲渡することができず（同 II）、建物所有者の承諾を得なければ、居住建物の改築・増築をしたり、賃貸等により第三者に使用させたりすることができません（同 III）。

配偶者は、居住建物の使用収益に必要な修繕をすることができ（民1033 I）、配偶者が相当の期間内に修繕をしないときは、居住建物の所有者が修繕をすることができます（同 II）。また、居住建物の修繕を要するとき（配偶者自らが修繕したときを除く）、もしくは居住建物に権利を主張する者があるときは、配偶者は、遅滞なく居住建物の所有者にその旨の通知を要します（同 III）。

居住建物の通常の必要費は、配偶者が負担します（民1034 I）。これに対し、配偶者が居住建物について通常の必要費以外の費用を支出したときは、民法583条2項・196条の規定に従い、居住建物の所有者が償還しなければなりません（同 II）。

(2)　居住建物所有者の義務

　居住建物所有者は、配偶者居住権を取得した配偶者に対し、その設定の登記を備えさせる義務を負います（民1031Ⅰ）。

　そして、配偶者は、配偶者居住権の登記を備えると、居住建物について物権を取得した者その他の第三者に対抗することができ（同Ⅱ、605）、また、居住建物の占有を妨害する第三者に対して妨害排除を請求でき、居住建物を占有する第三者に対して返還を請求できます（同Ⅱ、605の4）。

４　配偶者居住権の消滅

(1)　配偶者居住権が消滅する事由

　配偶者居住権は、原則として配偶者が死亡するまでは存続しますが、次の場合は消滅します。
① 遺産分割の協議、遺言、または遺産分割の審判において、別段の定めをした場合
② 配偶者が、（ア）用法遵守義務に違反し、または（イ）居住建物所有者の許諾なく、改築・増築しもしくは第三者に使用収益させた場合において、居住建物の所有者が相当の期間を定めてその是正を催告したがその期間内に是正がされず、居住建物所有者が配偶者に対して配偶者居住権の消滅を通知したとき

(2)　配偶者居住権が消滅した後の義務

　配偶者は、配偶者居住権が消滅した場合、原則として、居住建物の原状回復義務を負います（民1035Ⅰ本文）。

　ただし、相続開始後に居住建物に生じた損傷のうち、通常の使用収益によって生じた損耗並びに経年変化は除かれます（同Ⅱ、621括弧書）。また、配偶者が相続の開始後に付属させたものが、分離することができずまたは分離に過分の費用を要する場合も、収去を要しないものとされています（同1035、599）。

Q96　配偶者短期居住権

　被相続人が死亡した場合、同人所有の建物に居住中の配偶者は、しばらくの間、そのままその建物に住むことはできますか。

　平成30年7月、国会で民法（相続法分野）が改正され、配偶者の居住権を短期的に保護するための方策が講じられました。この改正は、令和2年4月1日から施行されています。

1　これまでの問題点

　従前、判例（最判平成8年12月17日）は、相続人の一人が被相続人の許諾を得て被相続人所有の建物に同居していた場合、特段の事情がない限り、被相続人とその相続人の間で、相続開始時を始期とし、遺産分割時を終期とする使用貸借関係が成立したものと推認し、相続人である配偶者に対し遺産分割の終了までの間の短期的な居住権を認めていました。

　しかし、「特段の事情」がある場合、例えば、被相続人が配偶者の居住建物を第三者に遺贈するなど、被相続人が自己の死亡後も配偶者にその建物に居住させる意思があったとは認められない場合には、上記判例によっては配偶者は保護されません。

　そこで、改正法では、配偶者の居住権を短期的に保護するため、配偶者短期居住権の規律を設けました。

2　配偶者短期居住権の成立要件

　配偶者は、相続開始のときに遺産である建物に無償で居住していた場合、以下の2つのパターンに応じて、それぞれの期限まで、配偶者短期居住権（ただし、建物の一部のみを無償使用していた場合は、そ

の一部について無償使用する権利）を取得します。なお、配偶者が相続開始時に配偶者居住権を取得したときまたは相続人の欠格事由に該当しもしくは廃除により相続権を失ったときは、配偶者短期居住権は発生しません。

(1)　居住建物が遺産分割の対象である場合

　　配偶者短期居住権は、他の相続人らに対し、以下の<u>いずれか遅い日</u>までの間、存続します（民1037 I ①）。
　　①　遺産の分割による居住建物の帰属が確定した日
　　②　相続開始の時から6カ月を経過した日

(2)　前記(1)以外の場合

　例えば、配偶者以外の相続人やその他の第三者が、遺贈などにより居住建物の所有権を取得した場合、居住建物の取得者は、いつでも配偶者に対して申入れをすることができ（民1037 III）、その場合、配偶者の配偶者短期居住権は、遺産である居住建物の取得者の申入れがあった日から6カ月を経過した日までの間、存続します（同I ②）。

　被相続人にとって、配偶者の居住継続を望まなかった場合であっても、婚姻の余後効として配偶者に配慮すべき義務があるといえ、また、居住建物の取得者としても、申入れから6カ月で配偶者短期居住権が消滅するため利益を不当に害するとはいえないことから、配偶者を短期間に限り保護する居住権を認めることが許容されると解されています。

3　配偶者短期居住権の権利義務の内容

　居住用建物について、配偶者居住権を有する配偶者と、所有権者の調整のため、配偶者居住権の権利義務は次のとおりとなっています。

基礎編　作成編　見直し編　相続発生後編

(1)　配偶者の権利義務

　　配偶者は、従前の用法に従い、善良な管理者の注意をもって、居住建物を使用収益しなければなりません（民1038 I）。また、配偶者は、建物所有者の承諾を得なければ居住建物を賃貸等により第三者に使用させたりすることができません（同 II）。

　　配偶者は、居住建物の使用収益に必要な修繕をすることができ（民1041、1033 I）、配偶者が相当の期間内に修繕をしないときは、居住建物の所有者が修繕をすることができます（民1033 II）。また、居住建物の修繕を要するとき（配偶者自らが修繕したときを除く）、もしくは居住建物に権利を主張する者があるときは、配偶者は、遅滞なく居住建物の所有者にその旨の通知を要します（民1033 III）。

　　居住建物の通常の必要費は、配偶者が負担します（民1041、1034 I）。これに対し、配偶者が居住建物について通常の必要費以外の費用を支出したときは、民法583条2項、196条の規定に従い、居住建物の所有者が償還しなければなりません（民1034 II）。

(2)　居住建物所有者の義務

　　居住建物所有者は、配偶者短期居住権について、その登記を備えさせる義務は負いませんが、第三者に対する居住建物の譲渡その他の方法により、配偶者の居住建物の使用を妨げてはなりません（民1037 II）。

4　配偶者短期居住権の消滅

(1)　配偶者短期居住権が消滅する事由

　　配偶者短期居住権は、前記**2**の(1)または(2)の期間が経過したときのほか、次のときに消滅します。
　　① 　配偶者が、前記**3**(1)の居住建物の用法遵守義務に違反し、または居住建物所有者の承諾なく第三者に使用収益させた場合

に、居住建物所有者が配偶者に対し、その消滅を通知したとき

② 配偶者が、遺産分割・調停・審判等において、配偶者居住権（Q95参照）を取得したとき

③ 配偶者が死亡したとき（民597Ⅲ）

(2) 配偶者短期居住権が消滅した後の義務

配偶者は、配偶者短期居住権が消滅した場合、配偶者居住権を取得してそのまま居住し続ける場合を除き、原則として居住建物の原状回復義務を負います（民1040Ⅰ本文）。

ただし、相続開始後に居住建物に生じた損傷のうち、通常の使用収益によって生じた損耗並びに経年変化は除かれます（民1040Ⅱ、621括弧書）。また、配偶者が相続の開始後に付属させた物が、分離することができずまたは分離に過分の費用を要する場合も、収去を要しないものとされています（民1040、599）。

Q97　遺言作成にあたっての相続税の考慮

　遺言の作成にあたって、相続税など税金の面で配慮すべきことはありますか。また、節税の面から遺言を作成するメリットはありますか。

　相続財産が基礎控除額を超えて、相続税がかかると見込まれる場合には、納税資金および節税の観点をも織り込んで遺言を作成することが大切です。ただし、節税第一の遺言の作成にならないよう注意してください（Q21　Q22参照）。

1　小規模宅地等についての配慮

　小規模宅地等の特例は大きな節税効果のある規定ですが、遺産分割協議が調わずに未分割の宅地等については適用を受けることができません。したがって、小規模宅地等の特例を確実に受け、税負担を軽くするためには、この特例の適用要件も踏まえた宅地等の取得者を遺言によって決めてしまう必要があります（Q23参照）。

2　配偶者の税額軽減についての配慮

　配偶者の税額軽減は、小規模宅地等の特例と同様に大きな節税効果のある規定ですが、遺産分割協議がまとまらない場合など未分割の財産については適用を受けることができません。したがって、配偶者の税額軽減を確実に受け、税負担を軽くするために、配偶者が取得する財産の財産総額（1億6,000万円以下または法定相続分以下など）を踏まえ、遺言によって決めておきます（Q22参照）。

③ 納税資金への配慮

相続税はその取得財産の割合に応じて相続税を負担する制度となっています。したがって、その取得割合に応じて、遺言で現預金や上場有価証券など換金性の高い財産を配分し、納税資金に充てることができるようにしておきます。

また、物納や納税猶予、不動産の売却代金による納税を予定する場合おいても、未分割では適用要件を満たさない、売却活動ができないなどの支障がありますので、その対象となる財産の取得者を遺言によって決めておきます（**Q98**参照）。

④ 第2次相続への配慮

配偶者が取得する財産については、第1次相続における配偶者の税額軽減と、配偶者固有の財産が加算したところでの第2次相続における相続税負担とを総合的に考えることが必要です。

また、遺言は孫や第三者への遺贈も可能となりますが、相続税の2割加算による税負担増も考慮に入れることが必要です（**Q117**参照）。

⑤ 定期的な見直し

「相続税対策に既得権なし」といわれるように、税制は毎年改正されます。遺言作成にあたって、不確定要素の多い節税対策を重視しすぎることのないよう注意してください。

また、家族状況、財産状況の変化とあわせて、税制改正の観点からも数年に一度は、既に作成した遺言の内容を見直すことが大切です（**Q98**参照）。

Q98　取得費加算

　父が亡くなりました。兄弟姉妹の仲は良く、遺産分割でもめることはありません。税理士に計算してもらったら億単位の相続税がかかるとのことでした。遺産の中に現金預金がほとんどありませんので、土地を売却して相続税の納付にあてたいと考えています。その際、相続した土地は３年以内に売ると税金が有利と聞きましたが、どういうことでしょうか。

1　相続した土地の売却

　相続税申告期限後３年以内に土地を売却した場合は、相続した土地に課税された相続税を売却した土地の取得費に加えることができます（これを、「取得費加算」という）。これは相続税を払うためという要件はありません。相続時に土地を売却する場合は、世間や親戚にも大義名分が通ります。相続は土地を現金に組み替えるまたとないチャンスです。

2　譲渡所得

⑴　譲渡所得とは

　「譲渡所得」とは、一般的に、土地、建物、株式、ゴルフ会員権などの資産を譲渡することによって生ずる値上がり益に相当する所得をいい、所得税および住民税（譲渡所得税）が課税されます。所得税および住民税は、次の式により計算されます。

$$譲渡所得税 = \{売却金額 - (取得費 + 譲渡経費) - 特別控除額\} \times 税率$$

(2) 取得費加算

　相続税は現金一括納付が原則とされていることから、相続後不動産を売却して納税資金を捻出することがあります。このような場合に、同一の財産の移転を原因として短期間に相続税および譲渡所得税が発生し、あたかも「二重課税」のような状況になることから、相続開始後の一定の譲渡については相続税額を取得費に加算できる特例が設けられています（措法39）。

① 適用要件

　　・相続開始後3年10カ月以内の譲渡であること
　　・相続または遺贈により取得した財産の譲渡であること

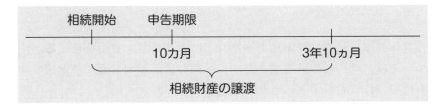

② 取得費に加算される相続税額

$$譲渡者の相続税額 \times \frac{譲渡した財産の課税価格}{譲渡者の課税価格 + 譲渡者の債務控除額}$$

3　遺産分割のポイント

　本ケースの場合には、相続税額と所得税額を総合的な観点で節税するために、次の点を踏まえた遺産分割がポイントになると考えられます。

① 売却予定地を誰に、どのような割合で相続させるか

② 土地売却につき譲渡所得税がかかること

③ 取得費加算の適用があること

④ 小規模宅地等についての課税価格の計算の特例等について申告期限までの所有継続要件を伴うものがあること（**Q23**参照）

⑤ 居住用財産の 3,000 万円特別控除など相続人の中に特例の適用条件を満たす者がいるか

⑥ 想定される売却金額

⑦ 地価変動の傾向

⑧ 売却までにかかる時間

⑨ 測量代など売却に要する費用

⑩ 譲渡所得が生じることにより扶養および社会保険への影響

　具体的には、売却予定地を誰に、どのような割合で相続させるかについては、相続税の負担額または負担割合に応じて、売却予定地の共有持ち分にて相続することが一般的だと思われます。

Q99　二世帯住宅と相続税対策

　相続対策になるからと言われ、二世帯住宅の建築計画をしています。妻の親の土地に夫の私がローンを組んで建物を建てるつもりです。このままでよいでしょうか。

1　使用貸借には遺言を

　あなたがローンを組み、妻の親の土地に二世帯住宅を建てて妻の親と同居している場合は、妻がその敷地を親から相続すると小規模宅地の特例が適用となり大きな節税効果が生じます。一体の建物で1階2階が外階段、真ん中仕切りの玄関が2つ、このような完全別離の建物でも同居とみなされ特例を受けることができます。

　ただし、使用貸借している敷地は妻の親の財産です。親が亡くなると、他の兄弟姉妹も同じ権利を持つことになります。他の兄弟姉妹に権利を主張されてしまうと、妻が単独で相続できなくなる可能性もあります。

　このような場合は、遺言を作っておくとよいでしょう。ただし、他の相続人に遺留分相当額の代償金を払う原資の準備をしておくことをお勧めます。

2　税金の取扱い

(1)　家屋名義

　既存家屋の増築ではなく、義親が所有する土地の上に義親および子が共同で、各人が新たに資金負担をして二世帯住宅を新築する場合においては、それぞれの建築資金負担割合により、家屋の共有持分を決めれば贈与税の課税関係は生じません。

基礎編

作成編

見直し編

相続発生後編

(2) 小規模宅地等の特例 （**023**参照）

　二世帯住宅の用に供されている敷地に関する小規模宅地等の特例の適用については、次の点に注意が必要です。

① 区分所有建物の登記がされていない場合

　義父の居住の用に供されていた部分のみならず、子の居住の用に供されていた部分も、特定居住用宅地等として小規模宅地等の特例の対象となります。

② 区分所有建物の登記がされていた場合

　義父の居住の用に供されていた部分および子の居住用に供されていた部分については、子は自ら所有する家屋に居住し、かつ、義父と生計を一にしていない限り、特定居住用宅地等には該当しません。

　したがって、二世帯住宅を新築する場合には、家屋について区分所有権方式による建築と、親子で家屋を共有とする二世帯住宅を新築する方式では、小規模宅地等の特例の取扱いに違いが発生することとなります。

相続発生後編

遺言書

Q100 自筆証書遺言の検索

自筆証書遺言が法務局に保管されているか、どのように検索したらよいのでしょうか。また、自筆証書遺言が法務局に保管されていた場合、その後どのような手続きが必要でしょうか。

平成30年7月、国会で「法務局における遺言書の保管等に関する法律」が成立し、令和2年7月10日から施行されています。

相続人等は、これまで遺言者の自筆証書遺言を効率的に探す方法はありませんでしたが、この保管制度により、自筆証書遺言が法務局に保管されていれば、保管の有無や自筆証書遺言の内容等について次のように検索することができるようになります。

1 法務局での遺言書の保管の有無を確認する方法

遺言者の相続人、遺言書に記載された受遺者やその相続人、遺言書で指定された遺言執行者その他の関係相続人等は、法務局に対し自己が関係相続人等に該当する遺言書の保管の有無等に係る証明書（遺言書保管事実証明書）を交付請求できます（遺言書保管法10Ⅰ）。

(1) 申請先の法務局

遺言書保管事実証明書は、現に遺言を保管している法務局に限らず、どの法務局に交付請求してもよいこととなっています（遺言書保管法10Ⅱ、9Ⅱ）。手数料は1通につき800円です。

(2) 遺言書保管事実証明書の内容

遺言書保管事実証明書には次の事項が記載されます。
① 関係遺言書を法務局が保管しているか否か

②　保管されている遺言書に記載された作成の年月日

③　関係遺言書が保管されている法務局の名称及び保管番号

2　法務局に保管された遺言書の内容や状態を知る方法

(1)　遺言書情報証明書の交付請求

　関係相続人等は、現に遺言書を保管している法務局に限らず、どの法務局に対しても、遺言書情報証明書の交付を請求できます。手数料は、1通につき1,400円です。遺言書情報証明書に記載される内容は、次のとおりです。

①　保管されている遺言書の画像

②　遺言書に記載されている作成の年月日

③　遺言者の氏名、出生の年月日、住所及び本籍

④　遺言書に受遺者または遺言書で指定された遺言執行者の記載があるときはその者の氏名又は名称及び住所

⑤　法務局が遺言書の保管を開始した年月日

(2)　関係遺言書自体の閲覧

　遺言書の筆跡や筆圧など遺言書の画像ではなく保管されている遺言書自体を確認したい場合には、関係相続人等は現に遺言書を保管している法務局に対し遺言書の原本の閲覧を請求できます。手数料は、1回につき1,700円です。

　なお、遺言書をモニターで閲覧するだけでよい場合は、どの法務局でも行うことができます。この場合、手数料は1回につき1,400円です。

(3)　他の関係相続人等への通知

　上記(1)や(2)があった場合、遺言者の相続人、受遺者および遺言執行者に指定された者の保護のため、法務局からこれらの者に対し遺

基礎編

作成編

見直し編

相続発生後編

言書を保管している旨が通知されます（遺言書保管法9Ⅴ）。

3 検認の省略

　通常、自筆証書遺言は、家庭裁判所の検認が必要です（民1004Ⅰ）。検認は、遺言の形状、日付、署名など検認日時点の遺言の状態を明らかにしてその後の遺言の偽造等を防ぐための手続きです。

　これに対し、自筆証書遺言を法務局に保管した場合、その画像データが保存されるため、改めて遺言の状態を明らかにする必要がないことから検認手続は不要となります（遺言書保管法11）。

Q101 公正証書遺言の検索

> 遺言は複数出てきたら一番後のものが有効であると聞きましたが、このことについて詳しく教えてください。また、公正証書遺言の検索とはどのようなものでしょうか。

1 複数の遺言

　民法1023条1項は、「前の遺言が後の遺言と抵触するときは、その抵触する部分については、後の遺言で前の遺言を撤回したものとみなす。」と規定していますから、遺言が複数出てきたら一番最後の遺言に抵触するその前の遺言のその抵触する部分は、すべて一番最後の遺言によって撤回されたとみなされます。しかし、前の遺言に一番最後の遺言が触れていない事項について遺言したものであれば、それは前の遺言と一番最後の遺言が抵触していませんので、一概に一番最後の遺言だけが有効な遺言ということはできないでしょう。

　したがって、複数の遺言が出てきたら、遺言を作成年月日順に並べて、古い遺言がその後の新しい遺言のどれかに抵触するか確認する必要があります。接触する部分があれば、その部分は撤回されたとみなされますが、抵触する部分がなければその部分は有効です。

　極端な話、3通の遺言があったとして、3通ともそれぞれ別の事項について遺言しており相互に抵触していなければ、3通とも有効なわけです。

② 遺言書の検索

　複数の遺言が出てきた場合は、保管方法がずさんな場合は、これ以外の遺言があるかもしれないという目で探る必要があります。自筆証書遺言であれば、徹底的に探す必要があり、公正証書遺言であれば、昭和64年1月1日以降に作成されたものは、全国どこの公証役場でも、検索できますので検索して、その結果どこの公証役場で公正証書遺言を作成したかがわかれば、その公証役場に赴いて、公正証書遺言の謄本請求をして、遺言のすべてをよく検討して遺言者の真意を把握する必要があります。

　なお、この公正証書遺言の検索を公証役場に依頼する場合は、遺言者が死亡したことがわかる除籍謄本と、依頼者が遺言者の相続人であることを示す戸籍謄本、依頼者の本人性を確認できる運転免許証か依頼者本人の印鑑登録証明書と実印を用意する必要があります。

　この検索は全国どこの公証役場でもできますし、費用も一切かかりません。

【回答書の書式（該当見当たらずの場合）】

令和　年　月　日

○○△△　殿

□□公証役場

公証人　■■■■

遺言検索システム照会結果通知書

　あなたから照会のあった ○○○○ 様に係る公正証書遺言の有無を調査した結果は次のとおりですので通知します。

記

　あなたから提供された下記資料に基づいて、日本公証人連合会で運営する遺言検索システムにより検索しましたが、 ○○○○ 様の公正証書遺言は見当たりませんでした。

　（なお、遺言検索システムには、平成元年以降になされた遺言についてのみ記録されており、それ以前の分は記録されていません。）

□ 遺言者ご本人の死亡事項の記載のある除籍謄本

□ あなたと遺言者ご本人との続柄がわかる戸籍謄本（全部事項証明）

□ その他資料（　　　　　　　　　　）

以上

【回答書の書式（該当ありの場合）】

令和　年　月　日

○○△△　殿

□□公証役場

公証人　■■■■

遺言検索システム照会結果通知書

　あなたから照会のあった ○○○○ 様に係る公正証書遺言の有無を調査した結果は次のとおりですので通知します。

記

　日本公証人連合会で運営する遺言検索システムに登録されており、その内容は次のとおりです。

遺言作成日　令和　　年　　月　　日
証書番号　令和　　年第　　　号
遺言作成役場　▲▲公証役場
　所在地　　　県　　市　　丁目　　番　　号
　電話番号　×××－××××－××××
　作成公証人　▲▲△△

以上

Q102 公正証書遺言の訂正・誤記証明

公正証書遺言を作成しましたが、受遺者の名前や住所、不動産の所在地等に誤記を発見しました。このような場合はどのようにすればよいでしょうか。

(1) 作成中の訂正・修正

公正証書作成の過程でご質問のような誤記が発見された場合は、文字の訂正を行います。その方法については、公証人法 38 条に規定があります。

文字の挿入をするときは、その字数およびその箇所を欄外または末尾の余白に記載し、公証人および嘱託人またはその代理人が押印することを要します。

文字の削除をするときは、その文字を鮮明に読み取れる状態に字体を残して、削除した字数およびその箇所を欄外または末尾の余白に記載し、公証人および嘱託人またはその代理人が押印することを要します。

公正証書遺言の誤記の作成過程における訂正も上記のように行いますが、押印は公証人および嘱託人である遺言者と証人ということになります。

(2) 作成後の誤記の発見

公正証書遺言を作成した後に誤記を発見した場合は、公証人が誤記証明書を作成していますので、誤記証明書は、公証人が、誤記・遺脱部分を特定して、その正しい記載内容およびその根拠資料を記載して署名押印（記名押印でも可）して作成します。誤記証明書により更正できるのは、明白な誤記、遺脱に限られ、当該証書の附属書類もしくは戸籍謄本・登記簿謄本・登記事項証明書等の関係書類上

または当該証書の他の記載部分に照らして明白な場合に限られます。

　この誤記証明書は、法律上の根拠を有するものではありませんが、法務局で公正証書遺言により不動産の登記名義を変更しようとした際に、不動産の表示に誤記があることを指摘され、公証人の誤記証明書によって手続きを進めるという具合に、実務上定着しています。

　なお、この公正証書の誤記証明書の作成には費用は一切かかりません。

【誤記証明書】

　　　　　　　　　　　　誤記証明書

　令和○○年○○月○○日○○地方法務局所属公証人○○○○作成令和○○年第○号○○○○の公正証書遺言の第1条中の「私の所有する下記不動産の表示（1）の建物（私の持分100分の25）の7分の2」とあるのは、「私の所有する下記不動産の表示（1）の建物（私の持分100分の70）の7分の2」及び第2条中の「私の所有する前条の不動産の表示（1）の建物（私の持分100分の25）の7分の5」とあるのは、「私の所有する前条の不動産の表示（1）の建物（私の持分100分の70）の7分の5」の各誤記であることを証明する。

　同記載が誤記であることは、登記簿謄本に照らして明白である。

　令和○○年○○月○○日
　　　　　○○市○○区○○町○番地○
　　　　　○○地方法務局所属
　　　　　　公証人○○○○

　　　　　　　　　　　　　　　　　┌─────┐
　　　　　　　　　　　　　　　　　│職　　　│
　　　　　　　　　　　　　　　　　│　　員　│
　　　　　　　　　　　　　　　　　└─────┘

Q103　一部遺言

一部の相続人にのみ相続財産を相続させる旨の遺言がある場合、その他の相続財産はどのように分けるのでしょうか。

1　相続分の一部指定

被相続人は、相続人全員につき、もれなく相続分を指定することもできますが、一部の相続人についてだけ相続分を指定することもできます。指定した相続分が法定相続分を上回る場合には、相続分の指定を受けなかった他の相続人の相続分は法定相続分の規定（民900、901）に従って定められます（民902Ⅱ）。

「相続させる」旨の遺言は、原則として相続分指定を伴う遺産分割方法の指定と解されている（最二小判平成3年4月19日）ので同様となります。

2　具体的な算出方法

(1)　他の相続人に配偶者が含まれていない場合

相続人が3人の子のみである場合、被相続人が1人の子にのみ2分の1の相続分を指定したときは、残りの2人の相続分は4分の1ずつとなります。

(2)　他の相続人に配偶者が含まれている場合

相続人が子3人と配偶者の場合、被相続人が子1人にのみ2分の1の相続分を指定したときは、①配偶者の相続分を残り2分の1すべてとする考えと、②配偶者の相続分を4分の1、残り2人の子は各々8分の1とする考えがあります。①は配偶者の相続分は血族相

続人のグループの相続分とは別個のものとされていることを重視する考えであり、ⅱは共同相続人間の負担の衡平を重視する考えです。

　このようにこのケースでは、考え方が分かれますので、遺言者がこのようなケースで一部遺言をしたければ、1人の子に2分の1の相続分を指定するだけでなく配偶者の相続分も上記ⅰにするのかⅱにするのか指定するべきでしょう。

Q104　遺産の一部分割と残余の分割

　相続人間で、相続財産のうち預貯金の分割方法は決まったのですが、どの不動産を誰が取得するのか話がなかなかつきません。先にいったん、預貯金だけ遺産分割することはできますか、またその場合に気を付けることは何ですか。

1　これまでの問題点と改正法の趣旨

　遺産分割は、「遺産に属する物又は権利の種類及び性質、各相続人の年齢、職業、心身の状態及び生活の状況その他一切の事情を考慮して」(民906) 行うこととされています。そのため、一般的には、すべての遺産を確定させ、遺産の全部について一度に解決することが望ましいとされています。

　この点、これまでも実務上、審判・調停や協議において、遺産の一部だけを先行して遺産分割することが行われていました。もっとも、どのような場合に一部分割が可能であるのか、これまでは条文上、明確ではありませんでした。

　そこで、平成30年7月、国会で民法（相続法分野）が改正され、一部の遺産分割について明確化されました。この改正は、令和元年7月1日から施行されています。

2　一部の遺産分割に関する規律

　まず、共同相続人間の遺産分割協議について、改正後の民法は、被相続人が遺言で禁じている場合を除き、いつでもその協議で、遺産の「一部又は全部」をすることができる旨を明確にしました。

　また、家庭裁判所における遺産分割の審判等についても、共同相続人が遺産の「一部又は全部」の分割を請求できるものとされました。

ただし、家庭裁判所は、「遺産の一部を分割することにより他の共同相続人の利益を害するおそれがある場合」には、一部の分割をすることができないとされました。これは、もともと、遺産分割が「遺産に属する物又は権利の種類及び性質、各相続人の年齢、職業、心身の状態及び生活の状況その他一切の事情を考慮して」（民906）行うことに照らし、最終的に遺産の全部について共同相続人間で公平な分配を実現できるとの明確な見通しが立たない場合には、家庭裁判所が一部分割の審判をすることが不適当と考えられたためです。

③ 設問への回答

相続人間で、預貯金の一部を先に分割すべきと合意できれば、預貯金のみの一部分割をすることが可能です。

もっとも、預貯金を先に一部分割した場合、残りの遺産は不動産となるようですが、不動産は現物での分割にあまりなじまず、各共同相続人が取得する複数の不動産の価格差を金銭（預貯金等）で調整する必要も生じる場合があり得ます。そのため、預貯金だけの一部分割を先行することで、その後の分割において、各相続人が売却等ではなく現物での分割を望むものの、複数の不動産の評価額に差があった場合などに、不動産の価格差を預貯金等で調整することが困難となる可能性も考えられます。

そのため、遺産に占める預貯金や不動産の価格・割合や不動産の件数、不動産（の一部）を売却する予定か否か等にもよりますが、例えば、預貯金を一部分割するにあたり、後の不動産の分割の際の調整用にある程度の預貯金は一部分割の対象から外しておくなど、共同相続人間で合意しておくのが望ましいと考えます。

預貯金債権の払戻し

　被相続人の預貯金は遺産分割を経なければ払戻しできないと聞きましたが、手許現金がなく、葬儀費用や被相続人が組んだローンの支払いがままならないので、何か方策はありませんか。

　平成28年12月19日最高裁大法廷決定等は、それまでの判例を変更して、預貯金債権が遺産分割の対象に含まれると判断し、被相続人の預貯金は遺産分割を経なければ払戻しができなくなりました。

　もっとも、これにより葬儀費用等の資金需要に対応できない、被相続人自身が負っていた債務の弁済が滞る、被相続人から扶養を受けていた相続人が生活費等を支弁できなくなる等の不都合が生じ得ます。

　そこで、平成30年7月、国会で民法（相続法分野）が改正され、遺産分割前に預貯金債権を払い戻す方法として、以下の2つが新たに設けられました。この改正は、令和元年7月1日から施行されています。

1　家庭裁判所の判断を経ないで払戻しを得る方法

　改正後の民法909条の2により、相続人は、預貯金債権ごとに次の計算式により算定した金額（ただし、法務省令による限度額があります）まで、裁判所の判断を経ることなく、各金融機関に対し単独で預貯金を払い戻すことができるようになりました。

【計算式】相続開始時点の預貯金額 × 1/3 × 各法定相続分

　ここで、相続分は、特別受益等による修正前の原則的なものを指します。これによって、相続開始後、各相続人は他の相続人と共同する必要がなく、また、迅速に被相続人の預貯金から一定の範囲で払戻し

を受けられるようになります。

　なお、法務省令による限度額は、標準的な当面の必要生計費、平均的な葬式の費用の額その他の事情を勘案して、預貯金債権の債務者（金融機関）ごとに150万円とされています（民909の2第1文）。

　また、この方法で払い戻された預貯金は、それを取得した相続人が遺産の一部分割により取得したものとみなして精算されます（同第2文）。

②　家庭裁判所の判断を経て仮に取得する方法

　上記①の方法では、払い戻せる金額に限度があり大口の資金需要は賄えません。

　この点、もともと遺産分割の調停・審判の手続中に「急迫の危険を防止するため必要がある場合」であれば、遺産の仮分割等が認められていました（家事事件手続法200Ⅱ）。しかし、要件が厳しく、これまであまり活用されていませんでした。

　そこで改正法では、以下のように緩和された要件を満たす場合に、裁判所の判断により、預貯金の全部または一部について相続人に仮の取得を認めることができると規定しました（家事事件手続法200Ⅲ）。

①　遺産分割の調停・審判が家庭裁判所に申し立てられていること
②　相続人が、相続財産に属する債務の弁済、相続人の生活費の支弁その他の事情により、遺産に属する預貯金を行使する（払い戻す）必要があると認められること
③　相続人が、上記②の事情による権利行使を申し立てたこと
④　他の相続人らの利益を害さないこと

　この方法の場合、実際にどの範囲で預貯金の仮分割が認められるのかは、裁判所がケースバイケースで、裁量的に判断します。

> ## Q106　相続人による遺産の処分の遺産分割における取扱い
>
> 　　共同相続人の一人が、遺産分割前に、①遺産である不動産を法定相続分に応じた割合で売却した場合、遺産分割はどのように行われますか。
> 　　また、①に代えて、②共同相続人が、自己の法定相続分を超えて不動産を売却した場合は、どうなるのでしょうか。

1　従前の問題点

　遺産分割の対象財産は、相続開始時に被相続人に属し、かつ、遺産分割時も存在する未分割の財産とされています。そのため、相続開始後に売却等で処分された財産は、遺産分割時に存在しないため、原則として遺産分割の対象になりません。この場合、遺産分割前に遺産を処分した相続人は、最終的な遺産の取得額において、他の共同相続人よりも取得額が多くなるなど、不公平な結果が生じることがあり得ます。

　例えば、遺産が不動産（900万円）だけで、3名の子（A、BおよびC）が相続人である場合で、このうちAが、不動産のうち共有持分3分の1（300万円）を売却したことを考えましょう。

　この例では、遺産分割の対象は、原則、不動産の共有持分3分の2だけであり、これを各相続人が法定相続分（3分の1ずつ）で分割すると、3名はそれぞれ不動産の共有持分9分の2ずつ（200万円ずつ）取得することになります。結果として、Aは、法定相続分の売却分300万円と合わせて合計で500万円を得ることになり、BおよびCが200万円ずつしか取得できないことと不公平が生じます。

　従前、相続人間の合意があれば、遺産分割前に処分された財産等も遺産分割の対象と取り扱ってきました。平成30年7月、国会で民法（相続法分野）が改正され、このような相続人間の不公平を是正する

実務での取扱いについて明確にしました（この改正は、令和元年7月1日から施行されています）。

2 設問の回答

(1) 設問①について

改正後の民法906条の2第1項は、「遺産の分割前に遺産に属する財産が処分された場合であっても、共同相続人は、その全員の同意により、当該処分された財産が遺産の分割時に遺産として存在するものとみなすことができる。」と規定しました。この「全員の同意」は、財産を処分した相続人から得ることを要しません（同Ⅱ）。

これにより、上記■の例のような場合であっても、売却された不動産の共有持分3分の1が分割時に遺産として存在するとみなし、相続人間の公平を確保できることが明確になりました。

ここで、遺産分割の対象となるのは、処分された財産（例では不動産の共有持分）そのもので、財産を処分して得た代金等の代償財産ではないので、注意が必要です。これは、代償財産を遺産分割の対象とした場合、財産処分が無償または相当な対価を得ずに行われた場合、その損失を他の相続人が被ることになり、相当ではないと考えられたためです。

なお、遺産である預貯金について、家庭裁判所の判断を得ることなく、法定相続分の3分の1（または法務省令による上限額）を払い戻した場合（民909の2第1文）、当該払戻しは、上記の「遺産の分割前に遺産に属する財産が処分された場合」に該当しますが、この場合には、上記のような共同相続人全員の同意がなくとも当然に、当該払戻しを受けた相続人は、遺産の一部を分割により取得したものとみなされ（同第2文）、その分だけ、残余の遺産を分割する際に取得できる遺産が少なくなります。

(2) 設問②について

　共同相続人が、自己の法定相続分を超えて財産を処分した場合、法定相続分を超える部分は、相続人が無権限で処分したものであるため、原則として無効であり、当然に遺産分割の対象となります。

　もっとも、法定相続分を超える部分の処分であっても、例えば、金融機関が被相続人の死亡を知る前に相続人の一人が預貯金を引き出した場合など、準占有者に対する弁済（民478）として有効となる可能性があります。その場合には、設問①と同様、処分した以外の相続人全員の同意（民906の2）により、有効に処分された財産を遺産分割の対象とみなすことで相続人間の公平を確保できることが明確になりました。

Q107　清算型遺言とその他の遺言

　清算型遺言の場合とそれ以外の遺言で遺言執行者の権限に差がありますか。

　遺言執行者は、相続財産の管理その他遺言の執行に必要な一切の行為をする権利義務を有しますが（民1012 I）、具体的に問題となる行為について検討します。

1　不動産の占有・管理

(1)　清算型遺言

　遺産を換価処分して債務などを支払った後の残余を取得させる旨の清算型の遺言は、遺産を売却処分しなければならないので、不動産の占有管理をし、違法占有者がある場合には、その占有を排除することが必要となります。しかし、使用権限の解約および明渡請求は長期の訴訟を要する場合もあり、必ずしも容易とは言い切れません。

　したがって、原則として清算型遺言の場合は、占有権限を解約して明渡しを求めるところまで遺言執行者の権利であり義務といえますが、それが容易でないときは、そこまでの義務はないと解されます。

(2)　その他の遺言

　遺言者の意思は、現状をそのまま承継させようというのが通常でしょうから、不動産の占有権限の解除や不動産の引渡しは原則として、遺言執行者の義務ではないと解されます。

2　賃料の取立て・受領

(1)　清算型遺言

賃料の取立て・受領は遺言執行者の義務となります。

(2)　その他の遺言

原則として、賃料の取立て・受領は遺言執行者の義務でも権利でもありません。

3　相続債務の弁済

(1)　清算型遺言

債務弁済後の財産を分配することを内容とする清算型遺言の場合は、債務弁済は遺言執行者の権利であり義務といえます。

(2)　それ以外の遺言

債務の承継は遺言の対象とならず、法定相続分に基づき当然に法定相続人に承継され遺言執行の余地がありません。また、相続財産は、債務の承継と関係なく受遺者・受益相続人に承継されます。

したがって、原則として、債務の弁済は遺言執行者の義務でも権利でもないと言えます。もっとも、相続財産が遺産債務の引当てになっていることを考えると、遺産債権者の相続財産全体に対する強制執行を認める必要があり、そのためには遺言執行者を相手に遺言執行者の管理する相続財産からの弁済を求めることができなければならないという見解も存在します（東京高決平成13年11月19日、東京高判平成15年9月24日参照）。

　遺言執行者の権利義務や相続人との関係について、平成30年の民法改正で何か変更が行われたのでしょうか。

　平成30年7月現在、国会で民法（相続法分野）が改正され、これまで明確ではない部分の多かった遺言執行者の法的地位や相続人らとの関係を明確にする規定が盛り込まれました。この改正は、令和元年7月1日から施行されています。

1　遺言執行者の権利義務の明確化

(1)　遺言執行者の職務は遺言の内容の実現であること

　まず、改正後の民法1012条1項は、「遺言執行者は、遺言の内容を実現するため、相続財産の管理その他遺言の執行に必要な一切の行為をする権利義務を有する。」ことを明確にしました。

　これはあくまでも、遺言執行者は遺言の内容を実現することが責務であり、相続人らの利益のために職務を行うものではないこと（最判昭和30年5月10日）を明確にしたものです。

(2)　遺言執行者の復任権

　改正前の民法1016条1項本文は、遺言執行者が遺言者との一身専属的な関係から執行者に選任されることを前提に、「やむを得ない事由」がなければ第三者に復任できませんでした。

　ところが、選任される遺言執行者は必ずしも法的知識が十分とは言えず現実に遺言執行が困難となる場合があり得るし、他の法定代理人らは一般に復任権を有すること（民106等）とアンバランスであるなどの問題がありました。

　そこで、改正後の民法第1016条は、これまでと原則・例外を逆転させ、遺言執行者は遺言に別段の意思が表示された場合を除き、「自己の責任で第三者にその任務を行わせることができる。」と、原則として復任権を認めました。

　なお、復任に「やむを得ない事由」があるときは、相続人に対しその選任および監督についてのみ責任を負うものとされました。

2　遺言執行者と相続人との関係

(1)　遺言執行者の行為の効果

　改正前の民法1015条に「遺言執行者は、相続人の代理人とみなす。」と規定されていました。改正後の民法1015条は、「遺言執行者がその権限内において遺言執行者であることを示してした行為は、相続人に対して直接にその効力を生じる。」と規定し、その意味内容を明確化しました。

(2)　遺言執行を妨げる行為の禁止

　相続人は、遺言執行者がいる場合、相続財産の処分その他遺言の執行を妨げるべき行為が禁止されています（民1013 I ）。そして、改正後の民法1013条2項により、相続人の当該行為が原則として無効であることが明確化されました。

　もっとも、当該行為の無効もそれを知らない善意の第三者には対抗できず（民1013 II 但書）、また、遺言執行者がいる場合であっても相続人の債権者や相続債権者（被相続人の債権者）が相続財産に対して権利行使することは妨げられません（同 III ）。

(3)　遺言執行者の相続人らへの通知義務

　遺言執行者の行為の効果が相続人らに帰属し、また、遺言の執行を妨げる行為ができないため、相続人らは遺言の内容や遺言執行者の行為に重大な利害関係があります。

そこで、改正後の民法1007条2項は、かかる相続人らの利害に配慮し、「遺言執行者は、その任務を開始したときは、遅滞なく、遺言の内容を相続人に通知しなければならない。」と、「遺言の内容」を通知すべきことが明確にされました。

Q109　遺言執行者の権限（遺贈や相続させる旨の遺言の場合）

　被相続人の遺言には、ア）特定の預貯金を孫へ遺贈する旨、イ）自宅不動産を配偶者へ「相続させる」旨が記載されており、私が遺言執行者に指名されていました。遺言執行者として、これら遺言の内容を実現するためにどのようなことができますか。

　遺言執行者は、遺言の内容を実現するため、相続財産の管理その他遺言の執行に必要な一切の行為をする権利義務を有します（民1012 I）が、遺贈や相続させる旨の遺言の場合、何が「遺言の執行に必要な一切の行為」であるか、明確とはいえませんでした。

　そこで、平成30年7月、国会で民法（相続法分野）が改正され、遺贈や相続させる旨の遺言があった場合の遺言執行者の権利義務について、明確にする規定が盛り込まれました。この改正は、令和元年7月1日から施行されています。

1　特定遺贈の場合

　判例は、特定遺贈において遺言執行者がいる場合、遺贈義務の履行請求訴訟の被告適格を有する者は遺言執行者に限られるとしています（最判昭和43年5月31日）。そこで、改正後の民法1012条2項は、「遺言執行者がある場合には、遺贈の履行は、遺言執行者のみが行うことができる。」ことを規定しました。

　したがって、設問の場合、遺言執行者が受贈者である孫に対して遺贈の履行を行う「遺贈義務者」として、「遺贈の目的」である預貯金債権を、「相続開始の時…の状態で引き渡し、又は移転する義務」を負い（民998）、具体的には、「遺言の内容…を明らかにして債務者〔注：設問の場合は銀行〕にその承継の通知」をすることになります

（民 899 の 2 Ⅱ）。

　さらに、遺言執行者は、下記**2**とのバランスから、遺言執行に必要な行為として、受贈者である孫のために遺贈の目的である預貯金の払戻しや解約もできるものと解されます。

2　相続させる旨の遺言（「特定財産承継遺言」）の場合

　実務では、遺産分割の方法の指定として、特定の財産を特定の共同相続人に「相続させる」旨の遺言が多用されています。判例は、「相続させる」旨の遺言がある場合、特段の事情のない限り、何らの行為を要せず、相続開始と同時に対象財産が相続人に承継されるとしています（最判平成 3 年 4 月 19 日）。

　そうすると、「相続させる」旨の遺言の場合、遺言執行者には、「遺言の内容を実現のため」にすべき行為がもはや観念できないのではないかなど、遺言執行者の権限が不明確でした。

　そこで、改正後の民法 1014 条 2 項は、「相続させる」旨の遺言、すなわち、「遺産の分割の方法として遺産に属する特定の財産を共同相続人の一人又は数人に承継させる旨の遺言（以下「特定財産承継遺言」という。）があったときは、遺言執行者は、当該共同相続人が第 899 条の 2 第 1 項に規定する対抗要件〔注：登記、登録その他の対抗要件〕を備えるために必要な行為をすることができる。」としました。

　したがって、設問の場合、遺言執行者は、相続人である配偶者のために自宅不動産について、不動産登記を備えるために必要な行為をすることができます。

　なお、「相続させる」旨の遺言の対象が預貯金債権の場合、遺言執行者は、「遺言の内容…を明らかにして債務者〔注：銀行〕にその承継の通知」をすること（民 899 の 2 Ⅱ）に加えて、その預貯金の払戻しの請求および解約の申入れをすることができることとされました（民 1014 Ⅲ）。

Q110　遺言執行者の債務支払い権限

　相続人が被相続人のために立て替えた費用があると言ってきた場合、遺言執行者は精算しなければならないのでしょうか。

1　遺言執行者の権限・義務

　Q107でも述べましたように、債務の承継は遺言の対象とならず、法定相続分に基づき当然に法定相続人に承継され遺言執行の余地がありません。また、相続財産は、債務の承継と関係なく受遺者・受益相続人に承継されます。

　したがって、原則として債務の弁済は遺言執行者の義務でも権利でもないと言えます。もっとも、相続財産が遺産債務の引当てになっていることを考えると、遺産債権者の相続財産全体に対する強制執行を認める必要があり、そのためには遺言執行者を相手に遺言執行者の管理する相続財産からの弁済を求めることができなければならないという見解も存在します（東京高決平成13年11月19日）。

2　実務対応

　それでは、「立て替えた費用があるので支払ってほしい」と相続人が遺言執行者に申し立ててきた場合、どのようにすればよいのでしょうか。これを無視し精算をせずに遺言執行をすると、支払いを求めた相続人から遺言執行者が損害賠償などを請求されるおそれがあります。そこで、遺言執行者は、支払いを求める相続人に対し、「遺言執行者として支払い権限はないと思うが、支払い権限があると主張するなら訴訟を遺言執行者宛てに提起してほしい。訴訟提起がなければ清算せず遺言を執行します」と言い、場合によっては裁判所で決着をつけてもらうことも必要だと思います。

Q111　遺言執行の預貯金払戻し権限

　遺言執行者は、預貯金の払戻しができますか。公正証書遺言と自筆証書遺言で差異がありますか。遺言書の記載で注意すべきことを教えてください。

　詳しくは Q108 Q109 を参照してください。

1　遺贈の場合

　預金の遺贈の場合は、遺贈義務者による債務者に対する通知がなければ債務者に対抗できないため（最二小判昭和49年4月26日）、遺言執行者による通知が必要であり、遺言執行者が払戻し権限を有することに争いはありません。包括遺贈の場合も同様です。

2　相続させる旨の遺言の場合

　「相続させる」旨の遺言の対象が預貯金債権の場合、遺言執行者は、「遺言の内容…を明らかにして債務者〔注：銀行〕にその承継の通知」をすること（民899の2Ⅱ）に加えて、その預貯金の払戻しの請求及び解約の申入れをすることができることとされました（民1014Ⅲ）。

3　遺言における記載

　遺言執行者の権限の遺言への記載については、金融機関などが対応しやすいので次ページを参考にしてください。

【遺言例】

> 遺言者は、遺言執行者に対し、預貯金の払戻し、解約および名義の変更、貸金庫の開扉および内容物の受領、貸金庫契約の解約、有価証券および株式等の名義変更および売却、不動産の登記手続その他本件遺言の執行に必要な一切の行為をする権限を与える。遺言執行者は、代理人をして遺言執行させることができるものとし、その選任については遺言執行者に一任する。

基礎編

作成編

見直し編

相続発生後編

遺言執行者の指定、権限、権利義務、復任権な
どを教えてください。

1　遺言執行者の指定・委託

　遺言者は、遺言によって、遺言執行者を指定することができます（民
1006Ⅰ）。

【遺言例】

> 「第○条　遺言者は、次の者をこの遺言の遺言執行者に指定する。
> 　　　　事務所　東京都○区○町○番○号○法律事務所
> 　　　　弁護士　○○○○」

2　就職の承諾と拒絶

　遺言執行者に指定された者は、自由な判断で就職を承諾するか否か
を決定すればよく、承諾すべき義務はありません。

3　遺言執行者の権限

(1)　遺言執行者の管理処分権

　改正民法1012条1項は、「遺言執行者は、遺言の内容を実現する
ため、相続財産の管理その他遺言の執行に必要な一切の行為をする
権利義務を有する。」ことを明確にしました。
　これはあくまでも、遺言執行者は遺言の内容を実現することが責
務であり、相続人らの利益のために職務を行うものではないこと

（最判昭和 30 年 5 月 10 日）を明確にしたものです。そのために「相当かつ適切な行為をすることができる」とされています（最一小判昭 44・6・26）。遺言執行者は、個別の事案ごとに遺言者の真意を探求し、必要に応じてこれらの権限を行使する必要があります。

(2)　相続人の管理処分権の制限

相続人は、遺言執行者がいる場合、相続財産の処分その他遺言の執行を妨げるべき行為が禁止されています（民 1013）。そして、改正後の民法第 1013 条第 2 項により、相続人の当該行為が原則として無効であることが明確化されました。

もっとも、当該行為の無効もそれを知らない善意の第三者には対抗できず（同Ⅱ但書）、また、遺言執行者がいる場合であっても相続人の債権者や相続債権者（被相続人の債権者）が相続財産に対して権利行使することは妨げられません（同Ⅲ）。

遺言執行者の承諾なくなされた遺産分割協議・調停において、相続人間で、遺言により取得した財産を放棄したり、贈与しあうことも許されるので、遺産分割協議や調停も有効と解されます（東京地判平 13・6・28）。

4　遺言執行者の権利義務

(1)　遺言執行者の権利

①　費用償還請求権

遺言執行者が遺言を執行するために必要な費用を支出した場合（例・遺言検認費用、相続財産目録作成費用など）、相続人に対してその費用の償還を請求できます（民 1012Ⅱ、650Ⅰ）。ただし、遺言の執行費用は、相続財産の負担とされていますから（民 1021）、相続人の固有財産に対して執行することはできません。遺言執行者が必要な債務を負担したときは、相続人に対し、自己に代わって弁済をすることを請求できます（民 650Ⅲ）。遺言執行者が過失

基礎編

作成編

見直し編

相続発生後編

なくして損害を受けた場合は、相続人に対しその損害の賠償を請求できます（民650Ⅲ）。

② 報酬請求権

遺言執行者は遺言執行の報酬を請求できます（民1018Ⅰ、648Ⅱ Ⅲ）。遺言に報酬の定めがあればそれにより、なければ家庭裁判所に決めてもらいます（民1018）。

(2) 遺言執行者の義務

① 善管注意義務

遺言執行者は、善良なる管理者の注意をもって、任務を遂行する義務を負っています（民1012Ⅱ、644）。

② 報告義務

遺言執行者は、相続人の請求があるときは、いつでも遺言執行の状況などについて報告する義務があります（民1012Ⅱ、645）。

③ 受取物引渡しの義務

遺言執行者は、遺言執行にあたって受領した金銭その他の物を相続人に引き渡さなければなりません（民1012Ⅱ、646）。

④ 任務開始義務

遺言執行者は、就職を承諾したときは、直ちにその任務を行わなければならない（民1007）。

⑤ 財産目録の作成・交付義務

遺言執行者は、財産目録を作成し相続人に交付する義務があります（民1011）。

⑥ 補償義務

遺言執行者には、相続人に引き渡すべき金銭等を自己のために費消したときは損害等を賠償しなければなりません（民1012Ⅱ、647）。

⑦ 通知義務

遺言執行者の行為の効果が相続人らに帰属し、また、遺言の執行を妨げる行為ができないため、相続人らは遺言の内容や遺言執行者の行為に重大な利害関係があります。

　そこで、改正後の民法1007条2項は、かかる相続人らの利害に配慮し、「遺言執行者は、その任務を開始したときは、遅滞なく、遺言の内容を相続人に通知しなければならない。」と、「遺言の内容」を通知すべきことが明確にされました。

(3)　遺言執行者の復任権

　改正前の民法1016条1項本文は、遺言執行者が遺言者との一身専属的な関係から執行者に選任されることを前提に、「やむを得ない事由」がなければ第三者に復任できませんでした。

　ところが、選任される遺言執行者は必ずしも法的知識が十分とは言えず現実に遺言執行が困難となる場合があり得るし、他の法定代理人らは一般に復任権を有すること（民106等）とアンバランスであるなどの問題がありました。

　そこで、改正後の民法1016条は、これまでと原則・例外を逆転させ、遺言執行者は遺言に別段の意思が表示された場合を除き、「自己の責任で第三者にその任務を行わせることができる」と、原則として復任権を認めました。

　なお、復任に「やむを得ない事由」があるときは、相続人に対しその選任および監督についてのみ責任を負うものとされました。

Q113 　相続による権利義務の承継

　金融機関からの借入れがある被相続人が、遺産のうち価額の高い不動産を特定の相続人に相続させる旨の遺言を残して亡くなりました。
　この場合に注意すべきことはありますか。

　平成30年7月、国会で民法（相続法分野）が改正され、相続による権利義務の承継について、従前の取扱いを変更する部分も含め具体的な規律が設けられました。この改正は、令和元年7月1日から施行されました。

1 相続による権利の承継【変更】

(1) 不動産及び動産の承継について

　これまで、特定の不動産を特定の相続人に相続させる旨の遺言があった場合、当該相続人は登記を経由しなくとも、不動産の取得を第三者に対抗できるとされていました（最判平成14年6月10日）。そのため、被相続人や相続人の債権者は、自らの知り得ない遺言の有無によって、遺産に対する差押等の権利行使の有効無効が変わってしまうため法的地位が不安定でした。

　そこで、改正後の民法899条の2第1項は、この判例の立場を変更し、「相続による権利の承継は、遺産の分割によるものかどうかにかかわらず、次条及び第901条の規定により算定した相続分〔注：特別受益等による修正前の、原則的な法定相続分〕を超える部分については、登記、登録その他の対抗要件を備えなければ、第三者に対抗することができない。」ことになりました。

　設問の場合、不動産について相続させる旨の遺言を受けた相続人は、当該不動産の登記を経なければ、（法定相続分の割合を超える

部分について）第三者に対抗できません。債権者（金融機関等）は、遺言の有無にかかわらず、登記を基準に判断すればよくなります。

(2) 債権の承継について

遺産のうち債権（預貯金等）も、改正後の民法899条の2第1項により、相続人は「対抗要件」を備えなければ対抗できません。

ここで、債権の「対抗要件」は、民法467条により、①共同相続人全員による債務者への通知または債務者による承諾によって、債務者対抗要件を取得でき（同Ⅰ）、また、②確定日付のある証書により上記の通知または承諾をすることによって、第三者対抗要件を取得できます（同Ⅱ）。

もっとも、債権を承継した相続人が、他の相続人全員の協力を得て債務者に通知することは、手間がかかります。そこで、法定相続分を超えて債権を承継した相続人が遺言や遺産分割の内容を明らかにして債務者にその承継を通知したときは、共同相続人全員が債務者に通知したものとみなすこととし、手間を緩和しました（民899の2Ⅱ）。

2 相続による義務の承継 【明文化】

これまで判例では、遺言により相続分の指定がされた場合、相続人間の内部的な負担割合は当該相続分の指定による承継割合に従うものの、債権者との関係では、原則として法定相続分に応じて相続債務を承継すると解されてきました（最判平成21年3月24日）。

そこで、改正後の民法902条の2本文は、これを明文化し、相続債権者は、遺言による相続分の指定がされた場合であっても、各共同相続人に対し、特別受益等による修正前の原則的な法定相続分に応じてその権利を行使することができることを規定しました。

ただし、相続債権者が「共同相続人の一人に対してその指定された相続分に応じた債務の承継を承認したときは、この限りでは」ありません（民902の2但書）。

基礎編

作成編

見直し編

相続発生後編

Q114　遺言執行と遺留分侵害額請求

　遺留分を侵害する遺言に基づき、遺言執行はできるのでしょうか（既に遺留分侵害額請求されている場合）。

1　遺留分侵害額請求がなされる前

　相続人から遺留分侵害額請求がなされていない時点では、遺言執行者は、遺言の内容どおりの遺言を執行しなければなりません。

2　遺留分侵害額請求がなされた後

　遺留分侵害額請求がなされた後は、説が分かれますが、相続人間の紛争が解決するまで遺言の執行を留保すべきでしょう。しかし、受遺者や受益相続人から任務懈怠の責任を追及される可能性もあります。ですから、遺留分を侵害している遺言の場合、遺言執行者に就任するか否かを慎重に判断する必要があります。

Q115　遺留分侵害額請求権の行使方法

遺留分侵害額請求権は具体的にどのように行使するのですか。

1　遺留分侵害額請求権者

① 配偶者
② 子
③ 直系尊属
で遺留分を侵害された者です。

2　遺留分侵害額請求権の行使方法

(1) 遺留分侵害額請求権

訴えの方法によることを要しません。相手方に対する意思表示によってなせば足ります。ただし、事後の立証のため配達証明付内容証明郵便をもって、遺留分侵害額請求権を行使すべきです。

(2) 遺留分侵害額請求の記載内容

① 請求をする本人と相手方
② 請求の対象となる遺贈・贈与・遺言の特定
③ 遺留分侵害額に相当する金銭の支払を請求する旨
④ 請求の日時
を記載します。

① 記 載 例

例えば、「私は、甲の相続人で遺留分権者ですが、貴殿が被相続人甲から令和○年○月○日付遺言書により遺贈を受けたことによって、私の遺留分を侵害しているので遺留分侵害額に相当する

金銭の支払を請求します」と記載します。

② **対象となる遺留分侵害行為（贈与や遺贈など）の特定**

　　厳密には、遺留分侵害額請求の範囲を定めるには、複雑な遺留分の算定をしなければならないし、その対象を定めるにも、請求の順序が問題となります。そこで、念のため判明した遺留分侵害行為をすべて遺留分侵害額請求しておくべきです。

③ **目的物の特定**

　　事実上すべての目的物を特定するのは困難なので目的物の特定は不要です。

④ **遺留分額ないし割合額の表示**

　　遺留分額の算定は、かなり難しいのでこれも表示は不要です。

3　遺留分侵害額請求の相手方

⑴　原　　則

　　遺留分侵害額請求権行使の相手方は、原則的には、遺留分を侵害する贈与または遺贈を受けた者です。

⑵　遺言執行者が存在する場合

　　判例は、包括遺贈の場合に関し、遺言執行者を相手としてよいとの見解を示しています（大判昭和13年2月26日民集17巻275頁）。特定遺贈の場合にも、遺言執行者を相手方に減殺請求をなし得るとする下級審判例もあります（東京高判平成5年5月31日判タ855号265頁）。しかし、反対説も有力です。

　　したがって、遺言執行者だけでなく、遺留分を侵害する贈与または遺贈を受けた者等のすべてに対し、内容証明郵便をもって遺留分侵害額請求の意思表示をするのが安全です。

Q116　遺留分侵害額請求がなされ確定した場合の課税関係

　遺言に基づき相続税の申告および納付を済ませたところ、遺留分侵害額請求がなされ、取得財産額が減少してしまいました。この場合、相続税は多く払っていることとなると思うのですが、もう戻ってこないのでしょうか。

　相続税法は、遺留分侵害額請求に基づき返還すべきまたは弁償すべき額が確定した場合において、それにより財産を返還した者は、既に申告した相続税について更正の請求をすることができることとし、一方、財産の返還を受けた者は、相続税の期限後申告または修正申告をすることができるとされています。

　なお、この期限後申告または修正申告は任意ですので、税務手続によることなく、遺留分義務者と権利者の当事者間で、増減する相続税額を精算して終了することもできます（**Q18** **Q115**参照）。

1　遺留分義務者の更正の請求の特例

　遺留分侵害額請求を受けた遺留分義務者は、遺留分として返還すべきまたは価額弁償すべき額が確定するまでは、遺留分を考慮しないところで、通常どおり（**Q21**参照）相続税の期限内申告および納付を行います。その後、遺留分額が確定した場合には、相続税の更正の請求を行って、既に納付した相続税を還付してもらいます。

　相続税の申告期限までに遺留分侵害額請求がなされ、受遺者もこれを認めて、当事者間で遺留分につき合意が成立すれば、それを前提にして遺留分権利者および遺留分義務者の課税価格を算出して相続税の申告をすれば足ります。しかし、争族となった場合には、具体的遺留分の確定に至るまでには相当の長期間を要することから、相続税法では遺留分侵害額請求権が行使されたことにより返還すべき財産や弁償

すべき額が確定したときに、既に納付した相続税の還付手続きとしての更正の請求ができる旨を定めています（相法 32）（**Q115** 参照）。

　この更正の請求は、遺留分侵害額請求により返還すべきまたは価額弁償すべき額が確定したことを知った日の翌日から 4 カ月以内に行うことができます。なお、「確定したこと」とは、遺留分侵害額請求に係る紛争が、調停、判決等で解決した場合にはその調停成立や判決確定の時、訴訟上の和解で解決した場合にはその和解成立日となります。また、裁判外の合意によって確定したときはその合意成立日となりますが、この場合には更正の請求の起算日の観点から、合意成立日を客観的に明らかにした書面を作成することが大切です。

② 遺留分権利者の期限後申告または修正申告

(1) 期限後申告

　「すべての財産を他の者に遺贈する」等の遺言により、相続税の申告義務者となっていなかった者が、遺留分侵害額請求により返還を受けまたは価額弁償を受けたことにより、新たに申告をすべき要件に該当することとなった場合には期限後申告書を提出することができます（相法 30）。

(2) 修正申告

　相続税の申告を行っていたが、遺留分侵害額請求により返還を受けまたは価額弁償を受けたことにより、既に納付していた相続税額に不足が生じた場合には修正申告書を提出することができます（相法 31）。

【更正の請求書】

税務署
受付印

_____税の更正の請求書

_____税 務 署 長

令和___年___月___日提出

（前 納 税 地_____ ）
〒
住 所 又 は
所 在 地_____

納 税 地_____

フ リ ガ ナ
氏 名 又 は
名 称_____ 印

個人番号又は法人番号

（個人番号の記載に当たっては、左端を空欄とし、ここから記入してください。）

（法人等の場合）
代表者等氏名_____ 印

職 業_____電話番号_____

1．更正の請求の対象となった申告又は通知の区分及び申告書提出年月日又は更正の請求のできる事由
の生じたことを知った日
平成
令和————年分
平成
令和————年___月___日

2．申告又は通知に係る課税標準、税額及び更正後の課税標準、税額等
次葉のとおり

3．添付した書類
_____
_____
_____

4．更正の請求をする理由
_____
_____

5．更正の請求をするに至った事情の詳細、その他参考となるべき事項
_____
_____
_____
_____

6．還付を受けようとする銀行等	1 銀行等の預金口座に振込みを希望する場合	2 ゆうちょ銀行の貯金口座に振込みを希望する場合
	銀 行 本店・支店	貯金口座の記号番号_____ー_____
	金庫・組合 出 張 所	
	農協・漁協 本所・支所	3 郵便局等の窓口で受取りを希望する場合
	_____預金 口座番号_____	_____

関 与 税 理 士		印	電 話 番 号	

税務署整理欄	通信日付印年月日	確認者印	整理簿	整 理 番 号	名 簿 番 号	番号確認	身元確認	確 認 書 類
	令和 年 月 日					□ 済 □ 未済	個人番号カード / 通知カード・運転免許証 その他（ ）

（資 15－1－1－A4 統一）

基礎編

作成編

見直し編

相続発生後編

－393－

【相続税の修正申告書】

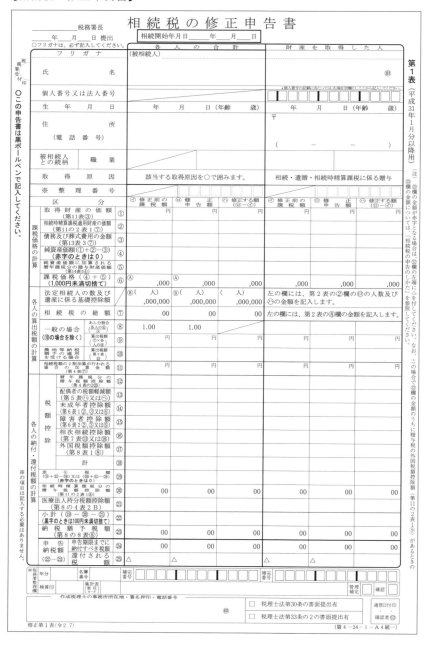

３　当事者による増減相続税額の精算

　以上のように遺留分義務者が更正の請求を行い、遺留分権利者は修正申告または期限後申告をすることができます。上記の期限後申告または修正申告は義務的なものではないことから、税務手続の手間を省き、当事者間で増減する相続税の精算をするという処理でも構いません。この場合には、和解を成立させるにあたり、相続税の更正の請求や修正申告をしないことについても合意し、相続税額の調整のための金額を考慮して和解金額を定めるということになります。

　なお、遺留分義務者が更正の請求をして還付を受けたにもかかわらず、遺留分権利者が修正申告または期限後申告をしない場合は、税務署長が更正または決定をすることとされています（相法35）。

４　小規模宅地等の特例を受ける宅地の選択替え

　小規模宅地等の特例は、一度ある宅地を選択して申告した場合には、仮にもっと有利な宅地があったことに気が付いたとしても、その選択を変更することはできません。

　ただし、遺留分侵害額請求にからみ、例えば小規模宅地等の適用要件を満たすＡ宅地とＢ宅地の遺贈を受け、この特例はＡ宅地を選択して申告していたが、その後、遺留分侵害額請求によりＡ宅地を他の者が取得することとなったということも考えられます。

　この場合には、遺留分侵害額請求という相続固有の後発的事由に基づくことから、小規模宅地等の対象地をＢ宅地と変更したうえで、更正の請求ができるとされています（Q23参照）。

５　現物返還と価額弁償

　遺留分侵害額請求に対して土地そのものなど、現物での返還が行われた場合には、その返還物の相続税評価額をもとに、遺留分義務者は課税価格から返還した額を控除し、遺留分権利者は当該額を加算して

相続税額を計算し直すこととなりますので、相続開始時から返還が確定するまでの間に、返還物の価格が変動しても相続税の負担に不公平は生じません。

　しかし、価額弁償を行う場合において、相続開始時から返還が確定するまでの間に、取引価格に変動があるときは、返還時の取引価格を基準にすると、相続税の負担において当事者間に不公平が生ずることが考えられます。このような場合には、代償分割（**Q53**参照）が行われた場合の課税価格の計算（相基通11の2-10）に準じて、価額弁償金につき圧縮計算をすることで対応することが考えられます。和解条項等では、価額弁償金額が弁償時の時価を基準にしてなされたことを明らかにしておく等の工夫が必要でしょう。

【代償財産の価額（相基通11の2-10）】

　次に掲げる場合に該当するときは、当該代償財産の価額はそれぞれ次に掲げるところによります。

(1)　共同相続人および包括受遺者の全員の協議に基づいて代償財産の額を次の(2)に掲げる算式に準じてまたは合理的と認められる方法によって計算して申告があった場合…当該申告があった金額

(2)　(1)以外の場合で、代償債務の額が、代償分割の対象となった財産が特定され、かつ、当該財産の代償分割の時における通常の取引価額を基として決定されているとき…次の算式により計算した金額

$$A \times \frac{C}{B}$$

※　算式中の符号は、次のとおりです。

　　Ａは、代償債務の額

　　Ｂは、代償債務の額の決定の基となった代償分割の対象となった財産の代償分割の時における価額（時価）

　　Ｃは、代償分割の対象となった財産の相続開始時における価額（通常の相続税評価額）

具体例）・相続人：甲、乙

・甲が遺贈により取得した土地（相続税評価額 6,000 万円、返還時の取引価格 8,000 万円）

・乙の遺留分侵害額請求につき価額弁償金 2,000 万円で和解

乙の取得財産額
2,000 万円　　$\times\ \dfrac{6,000\ 万円}{8,000\ 万円}\ =\ $　1,500 万円

甲の取得財産額
6,000 万円　　$-$　　1,500 万円　　$=$　　4,500 万円

　　子と孫に相続または遺贈させる旨の遺言があり
ました。このとき、子と孫とで相続税の計算の仕
方に違いがあれば教えてください。
　　なお、被相続人と孫は養子縁組をしていません。

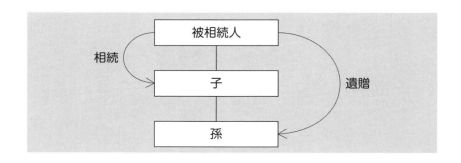

　子は法定相続人ですが、孫は養子縁組をしている場合を除き、法定
相続人ではありません。さらに、相続税は世代飛ばしによる通算での
税負担観点等から、各計算過程において孫の相続税が増える計算構造
となっています（Q22　Q54参照）。

1　法定相続人および法定相続人の数

　法定相続人の数は基礎控除額に関係するなど相続税負担に直接的に
影響することから、恣意性を排除し、租税回避行為を防止するために、
民法上の相続人に修正が加えられています。
　相続税法上の「法定相続人の数」とは、原則として民法における法
定相続人の数となります。ただし、家庭裁判所において相続の放棄
（Q11参照）をした人がいても、その放棄がなかったものとした場
合の相続人の数をいいます。

また、法定相続人の中に養子がいる場合には、次のようになります（相法15②）。

・その被相続人に実子がある場合…1人まで

・その被相続人に実子がない場合…2人まで

2　子と孫による相続税計算上の相違

(1)　生命保険金等の非課税

生命保険金等の非課税は、相続人がその適用対象者となります。したがって、ご質問の場合、孫は受遺者ではありますが、相続人ではないためその適用がありません（相法12⑤）（**Q77**参照）。

(2)　退職手当金等の非課税

生命保険金等の非課税と同様に、退職手当金等の非課税は相続人がその適用対象者となります。したがって、ご質問の場合、孫は受遺者ではありますが、相続人ではないためその適用がありません（相法12⑥）。

(3)　債務控除

債務や葬式費用を相続税の計算上控除できる者は、相続人または包括受遺者とされています。したがって、ご質問の場合、孫への遺贈形態が、包括遺贈（**Q120**参照）であれば債務控除できますが、特定遺贈である場合には債務控除できません（相法13）。

(4)　相続税額の2割加算

遺産形成の貢献度、遺産取得の偶然性や子を飛ばして孫へ遺贈するなどの相続税課税機会回避を防止するため、次の者の相続税額は、通常の相続税額の2割増となります（相法18）。

①　1親等の血族以外の者

②　配偶者以外の者

基礎編　作成編　見直し編　相続発生後編

なお、被相続人の直系卑属でその被相続人の養子となっている者、いわゆる「孫養子」は、1親等の血族には含まれませんので、2割加算の適用を受けることとなります。ただし、被相続人の直系卑属が相続開始以前に死亡または相続権を喪失している場合において、その孫養子が代襲により相続人となっている場合には、2割加算の適用はありません。

　2割加算の対象者を例示すれば次のようになります。

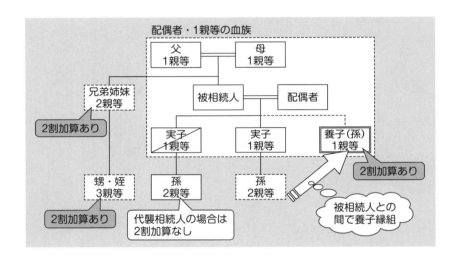

(5)　未成年者控除

　未成年者控除は、法定相続人がその適用対象者となります。したがって、ご質問の場合、孫が養子縁組をしていなければ法定相続人ではありませんのでその適用はありません（相法19③）（**Q22**参照）。

(6)　障害者控除

　障害者控除は、法定相続人がその適用対象者となります。したがって、ご質問の場合、孫が養子縁組をしていなければ法定相続人ではありませんのでその適用はありません（相法19④）（**Q22**参照）。

(7)　相次相続控除

　　相次相続控除は、相続人がその適用対象者となります。したがっ
て、ご質問の場合、孫は受遺者ではありますが、相続人ではないた
めその適用はありません（相法20）（**Q22**参照）。

Q118　遺言の無効と課税関係

　　遺言無効確認訴訟の結果、遺言が無効となることが確定しました。相続税の申告および納税は遺言内容に基づいて既に済んでいますが、無効となった後の課税関係はどのようになりますか。

　遺言が有効であることを前提に相続税の申告および納税をしていた者は、既に申告した相続税について更正の請求をすることができます。一方、財産の返還を受けた者は、相続税の期限後申告または修正申告をすることができます。

　なお、この期限後申告または修正申告は任意であることから、税務手続によることなく、当事者間で、増減する相続税を精算して終了することもできます。

1　遺言の無効

　遺言が存在しても、それが遺言者の意思に基づくものか、強迫によって遺されたものか、遺言者に遺言能力はあったのか等の理由によって、遺言の有効性について争いが起きることがあります。公正証書遺言であっても作成状況いかんによっては、無効とされることもあります（Q31参照）。

　遺言無効確認訴訟の結果としてその遺言の無効が確定した場合には、その遺言の効力は失われ、相続時にさかのぼって、遺産は未分割状態になります。

2　相続税の精算

　遺言の無効が確定した場合には、まずは、遺言が有効であることを

前提に相続税を申告および納付している者と、それ以外の者との間で、遺産分割協議等（**Q19**参照）を行って遺産の取得者を決定します。そして取得した財産の価額をもとに、相続税額を計算し直し、各人の相続税の負担を決めることになります。相続税の精算方法は、税務上の手続きとしての更正の請求および期限後申告または修正申告による方法と、税務上の手続きによらずに、当事者間で増減する相続税を清算してしまう方法があります（修正申告、期限後申告については**Q116**を参照）。

3　更正の請求

　申告等の基礎となった事実に関する訴えについての調停、和解や判決により、相続税の計算の前提が異なることが確定したときは、確定日の翌日から起算して2カ月以内に、更正の請求ができる旨を定めています。これは、後発的な事由に対応した例外的救済手続です。

　遺言無効確認訴訟の結果、遺言の無効を認める判決が確定した場合には、遺言が有効であることを前提に相続税を納付していた者は、その判決確定の結果、課税価格が減額になるのであれば、更正の請求を行って納めすぎとなる相続税の還付を受けることができます（国通法23）。

　遺言の無効が確定した後は、遺産分割協議等を行って遺産の取得者を決定し、相続税もその取得財産の割合によって各人の負担額を決定します。しかし、実務上は、その後の遺産分割協議の成立までにさらに長期を要することがあり、確定日の翌日から起算して2カ月以内とする更正の請求期限まで、遺産分割協議が成立しないことも考えられます。

　このような場合には、まず未分割の状況での相続税計算により更正の請求を行い、その後、遺産分割協議が成立した場合には、その協議結果に基づいて相続税を再計算し、必要に応じて更正の請求または修正申告を行うというような段階的な対応も可能です。この場合の更正の請求期限は、遺産分割協議の成立を知った日の翌日から4カ月以内となります（相法32）（**Q116**参照）。

基礎編　作成編　見直し編　相続発生後編

Q119 遺言と遺産分割協議の関係

遺言と異なる遺産分割はできますか。

1 遺言執行者がいない場合

相続人全員の同意があれば、遺言と異なる遺産分割をすることも可能です。遺言どおり分割をすることが、税務上の不都合を生じさせたり、相続人間の争いを生じさせたり、自筆証書遺言の場合、遺言の不備により直ちに遺言内容を実現できない場合があります。そのような場合は、遺言が存在しても遺産分割協議をする意義があります。

2 遺言執行者がいる場合

遺言執行者は、相続財産の管理その他遺言の執行に必要な一切の権限を有しており（民1012）、相続人は遺言執行を妨げることができません（民1013）。したがって遺言執行者は、相続人の意向にかかわらず遺言を執行できます。

もっとも相続人全員（受遺者がいればそれも含む）が遺言と異なる遺産分割を行うことを望んだ場合、遺言執行者がそれに同意すれば、その処分行為は有効であると考えられます。

Q120　包括遺贈の相続手続と注意点

　父親が亡くなりました。相続人は子である私一人です。遺言があり、「従妹Aに財産の2分の1を包括して遺贈する」と書かれています。今後どのような手続きが必要になりますか。

1　割合的包括遺贈

　ご質問の遺言は、「割合的包括遺贈」です。

　受遺者のAさんは、民法990条により相続人のあなたと同一の権利義務を受遺分（2分の1）に応じて包括的に承継します。その結果、お父様の遺産の2分の1はあなたが相続し、2分の1はAさんが包括的に遺贈を受けて現在は遺産共有状態ですから、Aさんと遺産分割協議を行い、共有状態を解消していく必要があります。

　Aさんはお父様に債務があれば、2分の1の割合で承継します。ただし、債権者はあなたにすべて（法定相続分）請求することもできます（Q79参照）。

　Aさんは包括受遺者ですので、民法990条で相続人と同一の権利義務を有することから、民法986条以下の遺贈の放棄に関する規定は適用されず、相続人の承認・放棄に関する規定（民915〜940）が適用されますので、債務を承継したくなければ、包括遺贈があったことを知った時から3カ月以内に、家庭裁判所で放棄の手続きを行う必要があります。

　Aさんとの話し合いで、どのような遺産分割でも可能ですが、Aさんが2分の1以上取得するような遺産分割の場合は、Aさんにあなたからの贈与があったとして贈与税が課税される可能性がありますので注意が必要です。

　上記のように、包括遺贈と特定遺贈は法的効果が大きく異なります。したがって、包括遺贈として遺言する場合は、特定遺贈と間違え

られないように、ご質問のように「包括して」という文言を使うとよいでしょう。

2 税金の取扱い

(1) 相 続 税

① 納税義務

Aさんは、遺贈により財産を取得した者として、当然に相続税の納税義務者となります（**Q21**参照）。

② 法定相続人の数

包括受遺者のAさんは、相続税の基礎控除額の算定の基礎となる法定相続人の数には含まれません。この点では、包括受遺者は相続人とは異なる扱いを受けます（**Q22**参照）。

③ 小規模宅地等の特例

分割要件のある小規模宅地等の特例を受けるためには、遺産分割協議等による取得者の確定が必要となります。

一方、特定遺贈である場合には、財産の取得者が特定されていますので、遺産分割等を経ることなくその財産については親族要件などの他の要件を満たしていれば上記の適用を受けることができます（**Q22** **Q23**参照）。

(2) 不動産取得税

不動産取得税が非課税になる場合として、「相続（包括遺贈および被相続人から相続人に対してなされた遺贈を含む）による不動産の取得」と規定されておりますので、包括遺贈である場合には、受遺者に不動産取得税は課税されません（地法73⑦）。

一方、相続人以外の者が特定遺贈により不動産を取得した場合については、不動産取得税が課税されます。

Q121 税制改正

近年の民法改正を受けて、その後税制改正ではどのような手当がなされましたか。

1 配偶者居住権に係る税制改正

相続税における配偶者居住権等の評価方法は次のとおりとなります（**Q95**、**Q96** 参照）。

(1) 配偶者居住権の価額

$$\text{建物の時価} \quad - \quad \frac{\text{建物の時価} \times (\text{残存耐用年数} - \text{存続年数})}{\text{残存耐用年数} \times \text{存続年数に応じた民法の法定利率による複利現価率}}$$

※1 残存耐用年数とは、居住建物について所得税法に基づいて定められている住宅用の耐用年数に 1.5 を乗じて計算した年数から居住建物の築後経過年数を控除した年数をいいます。

※2 存続年数とは、配偶者の平均余命年数または遺産分割協議等により定められた配偶者居住権の存続期間の年数（配偶者の平均余命年数を上限）をいいます。

(2) 配偶者居住権が設定された建物（以下「居住建物」という）の所有権価額

建物の時価 － (1)の配偶者居住権の価額

(3) 配偶者居住権に基づく居住建物の敷地利用権価額

土地等の時価 － 土地等の時価 × 存続年数に応じた民法の法定利率による複利現価率

(4) 居住建物の敷地の所有権等

土地等の時価 － (3)の敷地の利用権価額

② 特別寄与料に係る税制改正

特別寄与者が支払を受けるべき特別寄与料の額が確定した場合には、当該特別寄与者が、当該特別寄与料の額に相当する金額を被相続人から遺贈により取得したものとみなして、相続税が課税されます。

特別寄与料の額が確定したことにより、新たに相続税の申告義務が生じた者は、当該事由が生じたことを知った日から 10 月以内に相続税の申告書を提出しなければなりません。

一方、相続人が支払うべき特別寄与料の額は、当該相続人に係る相続税の課税価格から控除することとし、更正の請求等により対応することとなります（**Q27**参照）。

③ 遺留分侵害額請求を受けて不動産等で弁償した場合

遺留分侵害額の請求に基因するその負担額として金銭の支払をした場合には、所得課税の問題は生じません。

しかし、金銭がない等を理由に、相続財産たる不動産や株式等譲渡所得の基因となる財産をもって弁償した場合には、遺留分侵害額請求権と引き換えに「代物弁済」に相当するものとして譲渡所得税の課税対象とすることとなります（所基通 33-1 の 6）。

したがって、遺留分請求者への弁償とは別に、譲渡所得税の納付に伴う金銭負担が発生しますので注意が必要です。

④ 18 歳成人に係る税制改正

令和 4（2022）年 4 月 1 日より、成人年齢が 20 歳から 18 歳に引き下げられることにより、次の項目について年齢が 18 歳に引き下げられます。

① 相続税の未成年者控除の対象相続人（**Q22**参照）
② 相続時精算課税制度の受贈者（**Q8**参照）

③　直系尊属から贈与受けた場合の贈与税の特例税率の適用

④　非上場株式等に係る贈与税の納税猶予制度の適用者

　先日、遺産分割協議が完了した後で、タンスの中から遺言が発見されました。遺言内容は遺産分割協議とは異なるもので、長男は遺言でやり直したいと言いますが、長女と二女は話合いで決まった協議書どおりだと主張しています。この場合、遺産分割はどのように決まるのでしょうか。

1　包括遺贈の場合

(1)　全部包括遺贈

　遺産の全部を包括遺贈する遺言が存在する場合、遺産分割の対象となる遺産は存在しないので、既になされた分割協議は無効です。後は遺産分割の問題は生じません。

(2)　被相続人に対する割合的遺贈

　割合的遺贈を受けた被相続人を除外してなされた分割協議は無効です。この被相続人を含めた遺産分割協議が必要です。

(3)　共同相続人に対する割合的遺贈

　このような遺贈があることを知っていれば当初のような遺産分割協議はしなかったであろうといえる場合、当初の遺産分割協議は錯誤により無効となります。遺産分割協議のやり直しとなります。

2　特定遺贈の場合

特定遺贈された財産は遺産分割の対象ではないため、少なくともそ

の限度では、分割協議は無効です。また、その財産の重要度によっては、遺産分割協議全体が錯誤で無効となります。

3　相続させる遺言の場合

(1)　全部相続させる遺言の場合

遺産分割の対象財産がないので、すでになされた分割協議は無効です。後は遺産分割の問題は生じません。

(2)　特定の遺産を相続させる遺言の場合

特定遺贈の場合と同様に考えられます。

Q123　調停・審判後に発見された遺言の扱い

　家庭裁判所における調停や審判を経た後に、遺言が発見された場合はどうなるのでしょうか。

1　遺産分割調停の場合

　遺産分割協議と本質は同じなので、その有効性は遺産分割協議の場合と同じ判断となります。そして、遺産分割協議が必要であれば再度調停を申し立てることになります。

　無効を確認する必要性（確認の利益）があれば調停無効確認の訴え（民執39 I ②）を提起することができます。また、強制執行を止めるには、請求異議の訴え（民執39 I ①）の提起が必要となります。

2　遺産分割審判の場合

　定説はないようですが、審判は一律に無効であるとする考えと、遺言と抵触する審判でその抵触の程度が軽微でないときは審判は無効となるという考えがあります。そして、再審判が必要な場合は、再度審判の申立てをすることになります。審判無効確認の訴えや請求異議の訴えも、1と同様にできます。

Q124　すべての財産を相続させる遺言と相続債務

　　ある相続人に積極財産すべてを相続させるという遺言がある場合、相続債務も財産を取得した人に引き継がれるのでしょうか。また、遺留分侵害額請求の額に影響することはありますか。

1　相続債務への影響

　遺言は、全積極財産を相続する相続人に債務をすべて相続させる趣旨ですが、それは相続人間では有効ですが、債権者には主張できません。債務は、本来相続分で当然に分割されます。

　もっとも、当該相続人が債務をすべて担保できるだけの財産を相続などで有している場合、金融機関が、他の相続人を免責して当該相続人のみを債務者とする免責的債務引受けという契約に応じてくれる可能性があります。

2　遺留分の計算方法

　詳しくは、Q17を参照してください。

⑴　遺留分侵害額

　遺留分侵害額は以下の算定式で導かれます。

遺留分侵害額＝遺留分額−（遺留分権利者が被相続人から相続で取得すべき財産額）−（遺留分権利者の特別受益額＋遺留分権利者が受けた遺贈額）＋（遺留分権利者が相続分に応じて承継した相続債務の額）

(2) 遺留分額

遺留分額は以下の計算式で導かれます。

遺留分額＝遺留分算定の基礎となる財産額×個別的遺留分の割合

遺留分算定の基礎となる財産額＝（被相続人が相続開始時に有していた財産）＋（贈与財産の価格）－（相続債務の全額）

個別遺留分の割合＝（総体的遺留分＝遺留分権利者全体に残されるべき遺産全体に対する割合）×（法定相続分の割合）

(3) すべての財産を相続させる旨の遺言がある場合の遺留分侵害額

遺産の中に相続債務（被相続人が負っていた債務）がある場合、遺留分侵害額の算定上、(1)のとおり、相続債務のうち遺留分権利者の負担する割合に相当する金額は、加算することになります（改正民1046Ⅱ③）。

しかし、Aがすべての財産をBに相続させる旨の遺言を残したのは、相続債務も含めてBに負担させる趣旨であったといえます。そのため、この場合には、Cの遺留分侵害額の計算上、Cが相続分に応じて承継した相続債務を加算することはできません。

例えば、被相続人A、被相続人の子である相続人BCがいる場合、財産総額5,000万円、相続債務2,000万円で、遺言で財産のすべてをBに相続させることになっていたとします。この場合のCの遺留分は、750万円です（（5,000万円－2,000万円）×1/4）。（最判平成21年3月24日）

もしCが相続債務のうち2分の1にあたる1,000万円を債権者に支払ってしまった場合には、CはBに対して、（遺留分侵害額請求とは別に）本来負担すべきでない債務を支払ったことによる求償権として1,000万円を請求することになります。

コラム　自筆証書遺言が無効とされないための工夫

　自筆証書遺言で怖いのは、遺言が「無効」だと言われることです。無効理由で多いのは、

　①「被相続人が書いた字ではない」

　②「遺言作成時、遺言書を書く意思能力はなかったはずだ」

　このように言われたとき、「遺言が有効である」とする証拠が必要です。

　①に備え、被相続人が生前（できれば遺言作成近時）に書いたものが必要です。手紙・ハガキは消印がありますから、書いた日を推定でき有用です（ただし、年賀状は消印がありませんから注意が必要）。文字の形は体の具合や、姿勢等によって異なりますから数個の自筆の書を集めておくとよいでしょう。自筆の書を相手方から、本人が書いた証拠があるのかと言われることもあります。保険契約、銀行借入等、銀行員等の面前で本人に記入を求められる書類があるとよいでしょう。しかし、字を書くことが少なくなった時代です。自筆の書を収集するのも簡単ではありません。

　②に備え、病院での医療記録や、介護施設での介護記録も役立つことがあります。遺言作成時の本人の生活状況、家族の関わり方等の周辺状況も判断材料になります。ビデオで遺言書作成風景を撮る、遺言作成時の会話を録音することも証拠には役立ちます。また、遺言の内容がシンプルなほど、意思能力に関して有効性が認められやすいでしょう。

Q125　遺言執行手続の着手

　　自筆証書遺言では、相続人全員またはその代理人に通知して、家庭裁判所で検認を受けなければ遺言執行手続に着手できませんが、公正証書遺言では、家庭裁判所の検認は必要ないので直ちに遺言執行手続に着手できると聞きました。

ということは、公正証書遺言では、長期間不在の相続人またはその代理人には一切遺言者の死亡等を知らせずに、遺言執行手続を進めてもよいということでしょうか。

1　自筆証書遺言の場合

　ご質問のとおり、自筆証書遺言では相続人全員またはその代理人に通知し、家庭裁判所でその立会いのうえ、検認を受けなければ遺言執行手続に着手できません。長期間不在の相続人またはその代理人については、不在者の財産管理人を選任して、その立会いのもとに開封して検認の手続きをすればよいという説もあります。

　なお、平成30年の民法改正により、令和2年7月10日から自筆証書遺言を法務局に保管できるようになりました。その場合、自筆証書遺言であっても検認は不要となります（詳しくは Q36 を参照してください）。

2　公正証書遺言の場合

　一方、公正証書遺言の場合は、家庭裁判所の検認は必要ありませんので、直ちに遺言執行手続に着手できます（民1004Ⅰ・Ⅱ・Ⅲ）。これは、公正証書遺言に関しては公証人法による厳格な規定により作成さ

れて公正証書遺言の原本が公証役場に保管されていることから、遺言書そのものを検証する必要がないからです。法務局に保管された自筆証書遺言も、原本が法務局にあることから、同様に検認を要することなく、直ちに遺言執行に着手できます。

　ただし、遺言で遺言執行者に指定された者は、改正後の民法1007条2項は、「遺言執行者は、その任務を開始したときは、遅滞なく、遺言の内容を相続人に通知しなければならない。」と規定し、また、民法1011条1項に「遺言執行者は、遅滞なく、相続財産の目録を作成して、相続人に交付しなければならない。」と規定しています。ですので、遺言執行者は、遺言者死亡後、遅滞なく、遺言の内容と相続財産の目録を相続人全員に交付しなければなりません。また、民法1012条3項は、遺言執行者について委任に関する規定を準用すると規定していますので、遺言執行者は相続人から報告を求められた場合は、これに回答する義務があります。

　したがって、ご質問のように公正証書遺言や法務局に保管された自筆認書遺言の場合、遺言執行者は、家庭裁判所の検認の手続きを経ることなく、直ちに遺言執行手続に着手できますが、長期間不在の相続人またはその代理人については、**1**の自筆証書遺言の場合と同じように考えて、不在者の財産管理人を選任して、その者に遺言の内容を通知して相続財産の目録を交付し、その者から報告を求められたら、これに回答する義務があるという説もあります。

Q126 遺言と同じ内容の遺産分割協議書を作成する意味

　遺言と同じ内容の遺産分割協議書を作成する意味を教えてください。

　遺言書の内容が遺留分を侵害している場合、遺留分侵害額請求されるおそれがあります。その期間は、遺留分を侵害されていることを知った日から1年です。

　この期間に遺留分侵害額請求をされるリスクをなくす方法として、同じ内容の遺産分割協議書を作る方法があります[※]。遺産分割協議書を作成すれば、遺産分割は確定し遺留分侵害額請求できなくなるからです。

[※] 遺留分の侵害額請求をされない方法として、他に遺留分を放棄してもらう方法があります（Q66参照）。

Q127　住居表示しかない遺言での登記

　　自筆証書遺言で住居表示しかない不動産の登記はどうなるのでしょうか。住居表示がそもそも間違いの場合はどうなるのでしょうか。

1　住居表示と地番

　日本には、地番と住居表示の2種類の住所の表記方法があります。
　「地番」とは、土地の一筆（土地登記簿上で一個の土地とされているもので、土地を数える単位）ごとに付けられた番号をいいます。地番での表記では、市、区、町、村、字にあたる地域によって地番区域が定められています。
　一方、「住居表示」は、建物を町名・街区符号・住居番号で表記します。各建物の住居番号は、その建物の出入り口が接したところの基礎番号が使われています。以前は地番が使われていましたが、日本の市街化が進むにつれて、その土地がどこにあるのかを地番で特定することが困難となってきたことから、昭和37年に「住居表示に関する法律」が制定され、住居表示が実施されるようになり、それまでは「○○市××町△△番地」と表記されていた住所が、「○○市××▲丁目△△番●●号」というように表記されるようになりました。
　なお、住居表示を実施していない地区の住所は、従来どおり地番を使用しています。

2　移転登記

　遺言に住居表示しかない場合でも、地図などで地番の特定等がなされる場合、法務局の担当者によっては移転登記を認めてくれます。また、住居表示がそもそも間違っているような場合でも、名寄帳や上申書などによって遺言者の真意を説明すれば、法務局の担当者によって

は移転登記を認めてくれます。

コラム　日記等を確認することも大切

　自筆証書遺言の要件は全文自筆、日付、署名、捺印です。日記に書こうが、チラシの裏面に書こうがこの要件さえ満たしていれば有効です。印鑑は認印でもよく、２ページにまたがっていても割印は遺言の有効要件ではありません。

　亡き人の日記やエンディングノートの中に、自筆証書遺言の要件を満たしているものがあるか確認しておくことが必要です。

Q128　養子縁組と遺言の選択

　甥や姪に財産を承継させたい場合には、養子縁組をするか、それとも遺言に書けばこと足りるのでしょうか。

　孫に財産を取得させる方法としては、一般的に、養子縁組を行って第1順位の相続人とする方法と、遺言を作成して孫に遺贈する方法が考えられます。相続税の観点からは、法定相続人の数に変更を生じさせ、基礎控除額も変更させることとなります（Q22参照）。
　下図のような親族関係である場合、相続税の観点からは法定相続人が多くカウントされる遺言のほうが有利となる場合もあります。

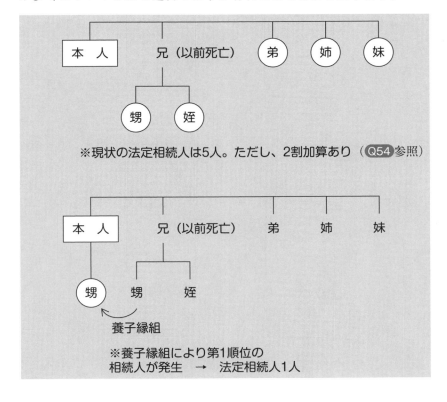

※現状の法定相続人は5人。ただし、2割加算あり（Q54参照）

※養子縁組により第1順位の
相続人が発生　→　法定相続人1人

コラム　法的要件に欠ける自筆証書遺言

　法的要件を満たしておらず無効の自筆証書遺言でも、そこから遺言者の気持ちを察することはできます。それは付言と同じ効果を生じる場合もあります。

　ある父親は前婚を隠して再婚しました。先妻との間に子が1人いました。自筆の遺言を作成してあったのですが、法的要件に欠け無効です。

　内容は不動産のみの指定でした。預貯金は指定しておりません。父親にしてみれば前婚の子も同じ子どもです。可愛さに変わりはありません。ですが、前婚を隠していれば、そんなことは後妻と子には言えません。あえて預貯金を指定していなかったのは、遺産分割で先妻の子へ財産を渡したかったからと推測されます。父親のこの気持ちを先妻の子に伝え、遺産分割が円滑に進行する場合もあります。

用 語 索 引

著者略歴

●**奈良　恒則**（なら　つねのり）
　KAI 法律事務所代表・弁護士（第一東京弁護士会）、NPO 法人相続ア
ドバイザー協議会専務理事。遺言作成・遺産分割調停・遺留分侵害額請
求など相続法務問題を多く手がける。
　URL：https://sozoku.kailaw.com

●**麻生　興太郎**（あそう　こうたろう）
　弁護士。最高検検事を最後に退官後平塚公証役場の公証人に就任。公正
証書遺言を中心として公証業務に従事するかたわら、市役所、NPO 法
人相続アドバイザー協議会等、各種団体で年数十回遺言等の講演を行っ
た。弁護士就任後も、各種団体で講演を行っている。
　URL：http://asou-ikigai.com

●**佐藤　健一**（さとう　けんいち）
　税理士法人 JP コンサルタンツ副代表、㈱ JP 不動産鑑定代表、NPO 法
人相続アドバイザー協議会副理事長。土地評価を中心に、多くの相続案
件をサポートしている。
　URL：http://jpcg.co.jp/

●**中條　尚**（なかじょう　たかし）
　行政書士中條尚事務所代表・行政書士、社会福祉士、NPO 法人相続ア
ドバイザー協議会副理事長。
　遺言作成・遺産分割協議書作成等の相続手続、不動産・成年後見を中心
に業務を行っている。
　URL：http://www.souzoku-s.com

●野口　賢次 (のぐち　けんじ)

有限会社アルファ野口・代表取締役、NPO法人相続アドバイザー協議会評議員。常に相続を心の視点からとらえ、多くの相続問題の処理にあたっている。

URL：http://alfa-n.co.jp/

●佐藤　量大 (さとう　ともひろ)

KAI法律事務所・弁護士（東京弁護士会）、NPO法人相続アドバイザー協議会会員。遺言作成・遺産分割調停・遺留分侵害額請求など相続法務問題を多く手がける。

URL：https://sozoku.kailaw.com

3訂版		平成 26 年 11 月 15 日　初版発行
遺言相談標準ハンドブック		令和 3 年 5 月 20 日　3訂初版

検印省略

共　著　　奈良佐中野佐青岩倉国　則郎一尚大次光刷社
麻生藤條口藤木倉敷　太
良生藤條口藤木倉敷
恒興健　賢量健春印
則郎一尚大次光刷社

発行者
編集者
印刷所
製本所

〒 101-0032
東京都千代田区岩本町 1 丁目 2 番 19 号
https://www.horei.co.jp/

（営　業）	TEL	03-6858-6967	Eメール	syuppan@horei.co.jp
（通　販）	TEL	03-6858-6966	Eメール	book.order@horei.co.jp
（編　集）	FAX	03-6858-6957	Eメール	tankoubon@horei.co.jp

（バーチャルショップ）　https://www.horei.co.jp/iec/
（お 詫 び と 訂 正）　https://www.horei.co.jp/book/owabi.shtml
（書籍の追加情報）　https://www.horei.co.jp/book/osirasebooks.shtml

※万一、本書の内容に誤記等が判明した場合には、上記「お詫びと訂正」に最新情報を掲載
　しております。ホームページに掲載されていない内容につきましては、FAX または E
　メールで編集までお問合せください。